U0929277

绿色经济与绿色发展丛书

编 委 会

广西大学马克思主义生态经济发展研究院、商学院特别委托项目

"十二五"国家重点图书出版规划项目
绿色经济与绿色发展丛书 / 刘思华・主编

增长主义生态批判

ECOLOGICAL CRITIQUE OF ECONOMIC GROWTHISM

李济广　著

中国环境出版社・北京

图书在版编目（CIP）数据

增长主义生态批判/李济广著. —北京：中国环境出版社，2015.12（2017.12 重印）
（绿色经济与绿色发展丛书/刘思华主编）
ISBN 978-7-5111-2683-2

Ⅰ. ①增… Ⅱ. ①李… Ⅲ. ①生态经济学—研究
Ⅳ. ①F062.2

中国版本图书馆 CIP 数据核字（2015）第 313280 号

出 版 人 王新程
策　　划 沈　建　陈金华
责任编辑 陈金华　刘　杨
助理编辑 宾银平
责任校对 尹　芳
封面设计 耀午设计　彭　杉

出版发行 中国环境出版社
（100062　北京市东城区广渠门内大街 16 号）
网　　址：http://www.cesp.com.cn
电子邮箱：bjgl@cesp.com.cn
联系电话：010-67112765（编辑管理部）
010-67113412（教材图书出版中心）
发行热线：010-67125803，010-67113405（传真）
印　　刷 北京中科印刷有限公司
经　　销 各地新华书店
版　　次 2015 年 12 月第 1 版
印　　次 2017 年 12 月第 2 次印刷
开　　本 787×960　1/16
印　　张 15.75
字　　数 285 千字
定　　价 45.00 元

总　序

迈向生态文明绿色经济发展新时代

在党的十七大提出的“建设生态文明”的基础上，党的十八大进一步确立了社会主义生态文明的创新理论，构建了建设社会主义生态文明的宏伟蓝图，制定了社会主义生态文明建设的基本任务、战略目标、总体要求、着力点和行动方案，并向全党全国人民发出了“努力走向社会主义生态文明新时代”的伟大号召。按照生态马克思主义经济学观点，走向社会主义生态文明新时代，就是迈向生态文明与绿色经济发展新时代。这既是中华文明演进和中国特色社会主义经济社会发展规律与演化逻辑的必然走向和内在要求，又是人类文明演进和世界经济社会发展规律与演化逻辑的必然走向和内在要求。因此，绿色经济与绿色发展是 21 世纪人类文明演进与世界经济社会发展的大趋势、大方向，集中表达了当今人类努力超越工业文明黑色经济发展的旧时代而迈进生态文明绿色经济发展新时代的意愿和价值期盼，已成为人类文明演进和世界经济社会发展的必然选择和时代潮流。据此，建设绿色文明、发展绿色经济、实现绿色发展，是全人类的共同道路、共同战略、共同目标，是生态文明绿色经济及新时代赋予我们的神圣使命与历史任务。毫无疑问，当今世界和当代中国一个生态文明绿色经济发展时代正在到来。为了响应党的十八大提出的“努力走向社会主义生态文明新时代”的伟大号召，迎接生态文明绿色经济发展新时代的来临，中国环境出版社特意推出“十二五”国家重点图书出版规划项目“绿色经济与绿色发展丛书”（以下简称“丛书”）。笔者作为“丛书”主编，并鉴于目前“半绿色经济论”“伪绿色经济发展论”日渐盛行，故就“中国智慧”创立的绿色经济理论与绿色发展学说的几个重大问题添列数语，是为序。

一、关于绿色经济的理论本质问题

绿色经济的本质属性即理论本质：不是环境经济学的范畴，而是生态经济学与可持续发展经济学的范畴。西方绿色思想史表明，"绿色经济"这个词汇最早见于英国环境经济学家大卫·皮尔斯 1989 年出版的第一本小册子《绿色经济的蓝图》（后称"蓝图 1"）的书名中。其后"蓝图 2"的第二章的第一节两次使用了"绿色经济"这个名词，直到 1995 年出版"蓝图 4"，也没有对绿色经济作出界定，这就是说 4 本小册子都没有明确定义绿色经济及诠释其本质内涵。对此，方时姣教授从世界绿色经济思想发展史的视角进行了全面评述：[①]"蓝图 1"主要介绍英国的环境问题和环境政策制定，正如作者指出的"我们的整个讨论都是环境政策的问题，尤其是英国的环境政策"。"蓝图 2"1991 年出版，是把"蓝图 1"的环境政策思想拓展到世界及全球性环境问题和环境政策。"蓝图 3"1993 年出版，又回到"蓝图 1"的主题，即英国的环境经济与可持续发展问题的综合。"蓝图 4"则又回到"蓝图 2"讨论的主题，正如作者在前言中所指出的"绿色经济的蓝图从环境的角度，阐述了环境保护及改善问题"。因此，从"蓝图 1"到"蓝图 4"，对绿色经济的新概念、新思想、新理论，没有作任何诠释的论述，仅仅只是借用了绿色经济这个名词，来表达过去的 25 年环境经济学流派发展的新综合，确实是"有关环境问题的严肃书籍"。

皮尔斯等人在当今世界率先使用"绿色经济"这一词汇并得到了广泛传播，但基本上只是提及了这个概念，没有深入研究，尤其是理论研究。因此，在西方世界的整个 20 世纪 90 年代至 2008 年爆发国际金融危机的这一时期，仍然主要是环境经济学界的学者使用绿色经济概念，从环境经济学的视角阐述环境保护、治理与改善等绿色议题，其核心问题是讨论经济与环境相互作用、相互影响的环境经济政策问题，而关注点集中于环境污染治理的经济手段。在我国首先使用皮尔斯等人的绿色经济概念的是环境污染与保护工作者，并对其进行界定。例如，原国家环境保护局首任局长曲格平先生在 1992 年出版的《中国的环境与发展》一书中指出："绿色经济是指以环境保护为基础的经济，主要表现在：一是以治理污染和改善生态为特征的环保产业的兴起；二是因环境保护而引起的工业和农业生产方式的变

① 方时姣：《绿色经济思想的历史与现实纵深论》，载《马克思主义研究》2010 年第 6 期，第 55～62 页。

革，从而带动了绿色产业的勃发。”[①]在这里，十分清楚地表明了曲格平先生同皮尔斯等人一样，是借用绿色经济的概念来诠释环境保护、治理和改善的问题。其后，我国学界有一些学者把绿色经济当作环境经济的代名词，借用绿色经济之名，表达环境经济之实。总之，长期以来，国内外不少学者按照皮尔斯等人的学术路径，对绿色经济作了狭隘的理解而被看作是环境经济学的新概括，把它纳入环境经济学的理论框架之中，成为环境经济学的理论范畴。这就必然遮盖了绿色经济的本来面目，极大地扭曲了它的本质内容与基本特征，不仅产生了一些不良的学术影响，而且会误导人们的生态与经济实践。正如方时姣教授指出的："把绿色经济纳入环境经济学的理论框架来指导实践，最多只能缓解生态环境危机，是不可能从根本上解决生态环境问题的，也不可能克服生态环境危机，也就谈不上实现生态经济可持续发展。"[②]

20世纪90年代，我国生态经济学界就有学者用绿色经济这一术语概括生态环境建设绿色议题和生态经济协调发展研究的新进展，论述重点是“一切都将围绕改善生态环境而发展，核心问题是要实现人和自然的和谐、经济与生态环境的协调发展。”[③]为此，笔者针对皮尔斯等国内外学者以环境经济学理论范式来回应绿色经济议题，在1994年出版了《当代中国的绿色道路》一书，以生态经济学新范式来回应绿色经济议题，以生态经济协调发展理论平台在深层次上阐述“发展经济必须与发展生态同时并举，经济建设必须与生态建设同步进行，国民经济现代化必须与国民经济生态化协调发展”的绿色发展道路。这就在国内外首次拉开了从学科属性上把绿色经济从环境经济学理论框架中解放出来的序幕。在此基础上，笔者于2000年1月出版的《绿色经济论——经济发展理论变革与中国经济再造》一书，深刻地论述了一系列重大的绿色经济理论前沿和现实前沿问题，科学地揭示了生态经济与知识经济同可持续发展经济之间的本质联系及其发展规律，破解了三者之间相互渗透、融合发展的绿色经济与绿色发展的内在奥秘，成为中国绿色经济理论与绿色发展学说形成的重要标志。尤其是该书把绿色经济看作是生态经济与可持续经济的新概括与代名词，并从这个新高度的最高层次对绿色经济提出了新命题："绿色经济

---

① 转引自刘学谦、杨多贵、周志强等：《可持续发展前沿问题研究》，北京：科学出版社，2010年版，第126页。

② 方时姣：《绿色经济思想的历史与现实纵深论》，载《马克思主义研究》2010年第6期，第55～62页。

③ 郑明焕：《把握机遇，在大转变中求发展》，1992年3月28日《中国环境报》。

是可持续经济的实现形态和形象概括。它的本质是以生态经济协调发展为核心的可持续发展经济。"[①]这个界定肯定了绿色经济的生态经济属性，揭示了它的可持续经济的本质特征，从学科属性上把它从环境经济学理论框架中彻底解放出来，真正纳入生态经济学与可持续发展经济学的理论体系，成为生态经济学与可持续发展经济学的理论范畴，恢复了绿色经济的本来面目。虽然这个绿色经济的定义十分抽象，却反映了它的本质属性与科学内涵，得到了多数绿色经济研究者的认同和广泛使用。然而时至今日，在我国仍有少数学者尤其在实际工作中也有不少人还在用环境经济学范畴中的绿色经济理念来指导经济实践，这种现象不能继续下去了。

二、关于绿色经济的文明属性问题

绿色经济的文明属性不是工业文明的经济范畴，而是生态文明的经济范畴。世界绿色经济思想史告诉我们，在学科属性上把绿色经济当作环境经济学的新观念与代名词，纳入环境经济学的理论框架，就必然在文明属性上把它纳入工业文明的基本框架，成为工业文明的经济范畴，即发展工业文明的经济模式。这是因为，环境经济学是调整、修补、缓解人与自然的尖锐对立、环境与经济的互损关系的工业文明时代的产物，是工业文明"先污染后治理"经济发展道路的理论概括与学理表现。自皮尔斯等人指出环境经济学范畴的绿色经济概念以来，国内外一个主流绿色经济观点就是对绿色经济的狭隘的认识与把握，只是把它看成是解决工业文明经济发展过程中出现的生态环境问题的新经济观念，是能够克服工业文明的褐色经济或黑色经济弊端的经济模式。在我国这种观点比较流行。例如，有的学者认为："绿色经济是以市场为导向、以传统产业经济为基础、以经济与环境的和谐为目标而发展起来的一种新型的经济形式即发展模式"，"是现代工业化过程中针对经济发展对环境造成负面影响而产生的新经济概念"。时至今日，这种工业文明经济范畴的绿色经济概念仍被人引用来论证自己的绿色经济观念。因此，在此我要再次强调：工业文明经济范畴的绿色经济观念，在本质上仍是人与自然对立的文明观，并没有从根本上消除工业文明及黑色经济反生态和反人性的黑色基因，丢弃了绿色经济是生态经济协调发展的核心内容和超越工业文明黑色经济、铸造生态文明生态经济的本质属性，从而否定了绿色经济是生态文明生态经济形态的理论内涵与实践价值。因此，

① 刘思华：《绿色经济论》，北京：中国财政经济出版社，2001 年版，第 3 页。

以工业文明经济范式或理论平台来回应绿色经济议题，是不可能从根本上触动工业文明黑色经济形态的，是难以走出工业文明黑色经济发展道路的；最多是缓解局部自然环境恶化，是不可能解决当今人类面对的生态经济社会全面危机的。因此，决定了我们必须也应当以生态文明新范式或理论平台在深层次回应绿色经济与发展绿色经济议题，才能顺应21世纪生态文明与绿色经济时代的历史潮流。

生态马克思主义经济学哲学告诉我们：彻底的生态唯物主义者，不仅要在学科属性上把绿色经济从环境经济学的理论框架中解放出来，成为生态经济与可持续发展经济的理论范畴，而且在文明属性上，要把它从工业文明的基本框架中解放出来，作为生态文明的经济范畴。前面提到的笔者所著的《当代中国的绿色道路》《绿色经济论》这两部著作，是实现绿色经济这两个生态解放的成功探索。早在1998年笔者在《发展绿色经济，推进三重转变》一文中就明确提出了发展绿色经济的新的经济文明观，明确指出："人类正在进入生态时代，人类文明形态正在由工业文明向生态文明转变，这是人类发展绿色经济、建设生态文明的一个伟大实践。"[①]邹进泰、熊维明的《绿色经济》一书中指出：绿色经济发展"是从单一的物质文明目标向物质文明、精神文明和生态文明多元目标的转变。发展绿色经济，尤其要避免'石油工业''石油农业'造成的高消耗、高消费、高生态影响的物质文明，而要造就高效率、低消耗、高活力的生态文明"。[②]可见"中国智慧"在世界上最早实现绿色经济的两个生态解放、纳入生态文明的基本框架，是人与自然和谐统一、生态与经济协调发展的建设生态文明的必然产物。下面还要作几点说明：

(1)按照人类文明形态演进和经济社会形态演进一致性的历史唯物主义社会历史观的理论思路，生态文明是继原始文明、农业文明、工业文明（包括后工业文明）之后的全新的人类社会文明形态，它不仅延续了它们的历史血脉，而且创新发展了它们尤其是工业文明的经济社会形态，使工业文明从人与自然相互对立、生态与经济相分裂的工业经济社会形态，朝着生态文明以人与自然和谐统一、生态与经济协调发展的生态经济社会形态演进。这是人类文明经济社会的全方位、最深刻的生态变革与绿色经济转型，可以说是人类文明历史发展以来最伟大的生态经济社会变革运动。

① 刘思华：《刘思华文集》，武汉：湖北人民出版社，2003年版，第403页。

② 邹进泰、熊维明等：《绿色经济》，太原：山西经济出版社，2003年版，第12页。

(2) 我们要深刻认识和正确把握绿色经济的概念属性与本质内涵，正是这个属性和内涵决定了它是生态文明生态经济形态的实现形式与形象概括。世界工业文明发展的历史表明，无论是资本主义工业化，还是社会主义工业化；无论是发达国家工业化，还是发展中国家工业化，都走了一条工业经济黑色化的黑色发展道路，形成了工业文明黑色经济形态。据此，工业文明主导经济形态的工业经济形态的实现形态与形象概括就是黑色经济形态。而生态文明开辟了经济社会发展绿色化即生态化的绿色发展道路，最终形成生态文明绿色经济形态。它是对工业文明及其黑色经济形态的批判、否定和扬弃，是在此基础上的生态变革和绿色创新。这就是说，绿色经济的根本属性与本质内涵是生态经济与可持续发展经济，使它必然在本质上取代工业经济并融合知识经济的一种全新的经济形态，是生态文明新时代的主导经济形态的现实形态。所以，笔者反复指出："绿色经济作为生态文明时代的经济形态，是生态经济形态的现实象征与生动概括。"[①]这不仅肯定了绿色经济是生态经济学与可持续发展经济学的理论范畴，而且界定了绿色经济是生态文明的经济范畴，恢复了绿色经济的本来面目。

(3) 绿色经济实现"两个生态解放"之后，就应当对它重新定位。现在我们可以将绿色经济的科学内涵和外延表述为：以生态文明为价值取向，以自然生态健康和人体生态健康为终极目的，以提高经济社会福祉和自然生态福祉为本质特征，以绿色创新为主要驱动力，以促进人与自然和谐发展和生态与经济协调发展为根本宗旨，实现生态经济社会发展相统一并取得生态经济社会效益相统一的可持续经济。因此，发展绿色经济是广义的，不仅是指广义的生态产业即绿色产业，而且包括低碳经济、循环经济、清洁能源和可再生能源、碳汇经济以及其他节约能源资源与保护环境、建设生态的经济等。[②]这个新界定正确地揭示了绿色经济的本质属性、科学内涵、概念特征与实践主旨，准确地体现了绿色经济历史趋势与时代潮流；绿色经济观念、理论是人与自然和谐统一、生态与经济协调发展的生态文明新时代的理论概括与学理表现。只有这样认识和把握绿色经济，才能真正符合生态文明与绿色经济发展的客观进程与内在逻辑。

(4) 生态文明经济范畴的绿色经济包含两层经济含义：一是它作为理论形态是

① 中国社会科学院马克思主义学部：《36位著名学者纵论中国共产党建党90周年》，北京：中国社会科学出版社，2011年版，第409页。

② 刘思华：《生态文明与绿色低碳经济发展总论》，北京：中国财政经济出版社，2001年版，第1页。

生态文明的经济社会形态范畴，是生态文明时代崭新的主导经济，我们称之为绿色经济形态。二是它作为实践形态是生态文明的经济发展模式，是生态文明崭新时代的经济发展模式，我们称之为绿色经济发展模式。这就决定了建设生态文明、发展绿色经济的双重战略任务，既要形成生态和谐、经济和谐、社会和谐一体化的绿色经济形态，又要形成生态效益、经济效益、社会效益最佳统一的绿色经济发展模式。据此，建设生态文明、发展绿色经济应当是经济社会形态和经济社会发展模式的双重绿色创新转型发展过程，这是革工业文明的黑色经济形态和经济发展模式之故、鼎生态文明的绿色经济形态和经济发展模式之新的过程。因此，每个战略任务都是双重绿色使命：一方面背负着克服、消除工业文明的黑色经济形态与发展模式的黑色弊端，对它们进行生态变革、绿色重构与转型，改造成为绿色经济形态与绿色经济发展模式；另一方面担负着创造人类文明发展的新形态，即超越资本主义工业文明（包括高度发达的后工业文明）的社会主义生态文明，构建与生态文明相适应的绿色经济形态和绿色经济发展模式。这是生态文明建设的中心环节，是绿色经济发展的实践指向，因此双重绿色经济就是我们迈向生态文明与绿色经济发展新时代，也是推动人类文明形态和经济社会形态与发展模式同步演进的双重时代使命与实践目标。实现双重时代使命所推动的变革不仅仅是工业文明形态及其黑色经济形态与发展模式本身的变革，而且是超越工业文明的生态文明及其他的经济形态与发展模式的生态变迁与绿色构建。这才符合生态文明与绿色经济的本质属性与实践主旨。

三、关于绿色发展理论与道路的探索问题

自 2002 年以来的 10 多年间，一直流传着联合国开发计划署在《2002 年中国人类发展报告：让绿色发展成为一种选择》中首先提出绿色发展，中国应当选择绿色发展之路。这个“首先”之说不知是何人的说法，是根本不符合绿色发展思想理论发展的历史事实的，是一种学术误传。

1. 我们很有必要对中国绿色发展思想理论发展的历史作简要回顾

如前所述，1994 年笔者在《当代中国的绿色道路》一书中，以生态经济学新范式及生态经济协调发展的新理论平台来回应绿色发展道路议题，阐述了绿色发展的一系列主要理论与实践问题，明确提出中国绿色发展道路的核心问题是“经济发展生态化之路”，“一切都应当围绕着改善生态环境而发展，使市场经济发展建立在

生态环境资源的承载力所允许的牢固基础之上，达到有益于生态环境的经济社会发展。”[①]1995 年著名学者戴星翼在《走向绿色的发展》一书中首次从“经济学理解绿色发展”的角度，明确使用“绿色发展”这一词汇，诠释可持续发展的一系列主要理论与实践问题，并认为“通往绿色发展之路”的根本途径在于“可持续性的不断增加”。[②]在这里，绿色发展成为可持续发展的新概括。2012 年著名学者胡鞍钢出版的《中国：创新绿色发展》一书，创新性地提出了绿色发展理念，开创性地系统阐述了绿色发展理论体系，总结了中国绿色发展实践，设计了中国绿色现代化蓝图。所以，笔者认为该书虽有不足之处，但从总体上说，丰富、创新、发展了中国绿色发展学说的理论内涵和实际价值，提出了一条符合生态文明时代特征的新发展道路——绿色发展之路。总之，中国学者探索绿色发展的理念、理论与道路的历史轨迹表明，在此领域“中国智慧”要比“西方智慧”高明，这就在于绿色发展在发展理念、理论、道路上突破了可持续发展的局限性，“将成为可持续发展之后人类发展理论的又一次创新，并将成为 21 世纪促进人类社会发生翻天覆地变革的又一次大创造。”[③]

2. 21 世纪的绿色经济与绿色发展观

进入 21 世纪以后，绿色经济与绿色发展观念逐步从学界视野走进政界视野，尤其是面对 2008 年国际金融危机催化下世界绿色浪潮的新形势，以胡锦涛为总书记的中央领导集体正确把握当今世界发展绿色低碳转型的新态势、未来世界绿色发展的大趋势，站在与世界各国共建和谐世界与绿色世界的发展前沿上，直面中国特色社会主义的基本国情，提出了绿色经济与绿色发展的一系列新思想、新观点、新理论，揭示了发展绿色经济、推进绿色发展是当今世界发展的时代潮流。正如习近平同志所指出的：“绿色发展和可持续发展是当今世界的时代潮流”，其“根本目的是改善人民生活环境和生活水平，推动人的全面发展。”[④]李克强还指出：“培育壮大绿色经济，着力推动绿色发展”，“要加快形成有利于绿色发展的体制机制，通过政策激励和制度约束，增强推动绿色发展的自觉性、主动性，抑制不顾资源环境承

---

① 刘思华：《当代中国的绿色道路》，武汉：湖北人民出版社，1994 年版，第 86 页、第 101 页。

② 戴星翼：《走向绿色的发展》，上海：复旦大学出版社，1998 年版，第 1～23 页。

③ 胡鞍钢：《中国：创新绿色发展》，北京：中国人民大学出版社，2012 年版，第 20 页。

④ 习近平：《携手推进亚洲绿色发展和可持续发展》，2010 年 4 月 11 日《光明日报》。

载能力盲目追求增长的短期行为。”[①]笔者曾发文把以胡锦涛为总书记的中央领导集体的绿色发展理念概括为“四论”，即绿色和谐发展论、国策战略绿色论、绿色文明发展道路论、国际绿色合作发展论。[②]在此我们还要重视的是胡锦涛同志在2003年中央经济工作会议上明确指出：“经济增长不能以浪费资源、破坏环境和牺牲子孙后代利益为代价。”其后，他进一步指出：“我国是社会主义国家，我们的发展不能以牺牲精神文明为代价，不能以牺牲生态环境为代价，更不能以牺牲人的生命为代价。”“我们一定要痛定思痛，深刻吸取血的教训。”[③]胡锦涛提出的不能以“四个牺牲为代价”换取经济发展的绿色原则，反映了改革开放以来，我国经济发展的基本经验和严重教训，这实质上是实现科学发展的四项重要原则，是推进绿色发展的四项重要原则。凡是以“四个牺牲为代价”换取的经济发展就是不和谐的、不可持续的非科学发展，这种发展可以称为黑色发展；凡是没有以“四个牺牲为代价”的经济发展就是和谐的、可持续的科学发展，这种发展可以称为绿色发展。正是在这个意义上说，不能以“四个牺牲为代价”是区分黑色发展和绿色发展的四项绿色原则。

3. 依法治国新政理念：发展绿色经济、推进绿色发展

当下中国执政者对绿色经济与绿色发展的认识与把握，已不只是学界那样把发展绿色经济、推进绿色发展视为全新的思想理论，而是一种崭新的全面依法治国的执政理念、发展道路与发展战略。党的十八大首次把绿色发展（包括循环发展、低碳发展）写入党代会报告，是绿色发展成为具有普遍合法性的中国特色社会主义生态文明发展道路的绿色政治表达，标志着实现中华民族伟大复兴的中国梦所开辟的中国特色社会主义生态文明建设道路是绿色发展与绿色崛起的科学发展道路。这条道路的理论体系就是“中国智慧”创立的绿色经济理论与绿色发展学说。它既是适应世界文明发展进步，更是适应中国特色社会主义文明发展进步需要而产生的科学发展学说，甚至可以说，是一种划时代的全新科学发展学说。对此，近几年来，我多次强调指出：绿色经济理论与绿色发展学说不是引进的西方经济发展思想，而是中国学界和政界马克思主义学人自主创立的科学发展新学说。它是立足中国、面向世界、通向未来的马克思主义发展学说，必将指引着中国特色社会主义沿着绿色发展与绿色崛起的科学发展道路不断前进。

---

① 李克强：《推动绿色发展　促进世界经济健康复苏和可持续发展》，2010年5月9日《光明日报》。

② 刘思华：《科学发展观视域中的绿色发展》，载《当代经济研究》2011年第5期，第65～70页。

③ 中共中央文献研究室：《科学发展观重要论述摘编》，北京：中央文献出版社，2008年版，第34页、第29页。

"中国智慧"不仅从绿色经济的根本属性与本质内涵论证了绿色经济是生态文明的经济范畴，而且从绿色发展的根本属性与本质内涵界定了绿色发展是生态文明的发展范畴。故笔者把绿色发展表述为："以生态和谐为价值取向，以生态承载力为基础，以有益于自然生态健康和人体生态健康为终极目的，以追求人与自然、人与人、人与社会、人与自身和谐发展为根本宗旨，以绿色创新为主要驱动力，以经济社会各个领域和全过程的全面生态化为实践路径，实现代价最小、成效最大的生态经济社会有机整体全面和谐协调可持续发展，因此，绿色发展必将使人类文明进步和经济社会发展更加符合自然生态规律、社会经济规律和人自身的规律，即支配人本身的肉体存在和精神存在的规律（恩格斯语）"[①]或者说"更加符合三大规律内在统一的"自然、人、社会有机整体和谐协调发展的客观规律。现在我要进一步指出的是，从学理层面上说，绿色发展的理论本质是"生态经济社会有机整体全面和谐协调可持续发展"；从实践层面上看，绿色发展的实践主旨是实现"生态经济社会有机整体全面和谐协调可持续发展"。现在我们完全可以作出一个理论结论：绿色发展是生态经济社会有机整体全面和谐协调可持续发展的形象概括与现实形态。正是在这个意义上说，绿色发展是永恒的经济社会发展。这是客观真理。

4．绿色发展学说中若干基本理论观点和现实问题

(1) 绿色发展的经济学诠释，就是绿色经济与绿色发展内在统一的绿色经济发展。笔者在 2002 年《发展绿色经济的理论与实践探索》的学术报告中，首次提出了绿色经济发展新观念和构建了绿色经济发展理论的基本框架，明确指出："发展绿色经济是建设生态文明的客观基础和根本问题"，"绿色经济发展是人类文明时代的工业文明时代进入生态文明时代的必然进程"，"是推进现代经济的'绿色转变'，走出一条中国特色的绿色经济建设之路"，"必将引起 21 世纪中国现代经济发展的全方位的深刻变革，是中国经济再造的伟大革命"，还强调指出："只有建立生态市场经济制度才能真正走出一条中国特色的绿色经济发展道路。"[②]因此，21 世纪中国绿色发展道路在经济领域内，就是绿色经济发展道路，这是中国特色社会主义经济发展道路走向未来的必由之路。

(2) 20 世纪人类文明发展事实表明工业文明发展黑色化是常态，故工业文明确实是黑色文明，其发展是黑色发展，它的一切光辉成就的取得，说到底是以牺牲

① 刘思华：《生态马克思主义经济学原理》（修订版），北京：人民出版社，2014 年版，第 578～579 页。
② 刘思华：《刘思华文集》，武汉：湖北人民出版社，2003 年版，第 607～612 页。

自然生态、社会生态和人体生态为代价，创造着黑色的文明史。因此，生态马克思主义经济学哲学得出一个人类文明时代发展特征的结论："工业文明是黑色发展时代，生态文明是绿色发展时代……'中国智慧'对从工业文明黑色发展向生态文明绿色发展巨大变革的认识，是21世纪中华文明发展头等重要的发现，是科学的最大贡献。"[①]从工业文明黑色发展走向生态文明绿色发展是生态经济社会有机整体的全方位生态变革与全面绿色创新转变，是人类文明发展史上最伟大的最深刻的生态经济社会革命。它的中心环节是要实现工业文明黑色发展道路向生态文明绿色发展道路的彻底转轨，其关键所在是要实现工业文明黑色发展模式向生态文明绿色发展模式的全面转型。[②]只有实现这两个"根本转变"，人类文明形态演进和经济社会形态演进才能真正迈向生态文明与绿色经济发展新时代。

(3) 和谐发展和绿色发展是生态文明的根本属性与本质特征的两种体现，是生态文明时代生态经济社会有机整体全面和谐协调可持续发展的两个方面。这是因为：① 生态马克思主义经济学哲学告诉我们，人类文明进步和经济社会发展的实质就是自然、人、社会有机整体价值的协调与和谐统一，是实现人与自然、人与人、人与社会、人与自身的全面和谐协调，成为人类文明进步与经济社会发展的历史趋势和终极价值追求。因此，笔者在《生态马克思主义经济学原理》一书中就指出了狭义与广义生态和谐论，指出"狭义生态和谐"就是人与自然的和谐发展即自然生态和谐，这是狭义生态文明的核心理念。而和谐发展不仅是人与自然的和谐发展，还包括人与人、人与社会及个人的身心和谐发展，于是我把这"四大生态和谐"称之为"广义的生态和谐"的全面和谐发展。这是广义生态文明的根本属性与本质特征，就必然成为生态文明的绿色经济形态与绿色发展模式的根本属性与本质特征。② 生态马克思主义经济学哲学还认为，从自然、人、社会有机整体的四大生态和谐协调发展意义上说，生态和谐协调发展已成为当今中国和谐协调发展的根基。这是绿色发展的核心与灵魂。因此，建设生态文明、发展绿色经济、推进绿色发展，必须贯穿于中国生态经济社会有机整体发展的全过程和各个领域，不断追求和递进实现"四大生态关系"的全面和谐发展，这是绿色发展的真谛。

---

① 刘思华：《生态马克思主义经济学原理》（修订版），北京：人民出版社，2014年版，第579页。

② 胡鞍钢教授在《中国：创新绿色发展》一书中认为："以高消耗、高污染、高排放为基本特征的发展，即黑色发展模式。"我认为应当以高投入、高消耗、高排放、高污染、高代价为基本特征的发展就是工业文明黑色发展模式，而以"五高"黑色发展模式为基本内容与发展思路就是工业文明黑色发展道路。

(4) 全面生态化或绿色化是绿色发展的主要内容与基本路径。2011 年夏，中国绿色发展战略研究组课题组撰写的《关于全面实施绿色发展战略向十八大报告的几点建议》一书指出：按照马克思主义生态文明世界观和方法论，生态化应当写入党代会报告，使中国特色社会主义旗帜上彰显着社会主义现代文明的生态化发展理念，这是建设社会主义生态文明的必然逻辑，是发展绿色经济、实现绿色发展的客观要求，是构建社会主义和谐社会的必然选择。这里所说的生态化发展理念，就是绿色发展理念。后者是前者的现实形态与形象概括，在此我们很有必要作进一步论述：

☞ 生态化是一个综合科学的概念，是前苏联学者首创的现代生态学的新观念：早在 1973 年苏联哲学家 B. A. 罗西在《哲学问题》杂志上发表的《论现代科学的"生态学化"》一文中，就将生态化称为"生态学化"，其本质含义是"人类实践活动及经济社会运行与发展反映现代生态学真理"。以此观之，生态化主要是指运用现代生态学的世界观和方法论，尤其依据"自然、人、社会"复合生态系统整体性观点考察和理解现实世界，用人与自然和谐协调发展的观点去思考和认识人类社会的全部实践活动，最优地处理人与自然的自然生态关系、人与人的经济生态关系、人与社会的社会生态关系和人与自身的人体生态关系，最终实现生态经济社会有机整体全面和谐协调可持续的绿色发展"。[①]生态化这个术语是国内外学者，尤其在中国新兴、交叉学科的学者广泛使用的新概念，其论著中使用的频率最高，当代中国已经出现新兴、交叉经济学生态化趋势。因此，这个界定从学理上说，我们可以作出一个合乎逻辑的结论：生态化应当是生态文明与绿色发展的重要范畴，甚至是基本范畴。

☞ 当今人类生存与发展需要进行一场深刻的生态经济社会革命，走绿色发展新道路，推进人类生存与发展的生产方式和生活方式的生态化转型，实现人类生存方式的全面生态化。它就内在要求人类社会的经济、科技、文教、政治、社会活动等经济社会运行与发展的全面生态化。在当代中国就是使中国特色社会主义生态经济社会体系运行朝着生态

---

① 刘思华：《论新型工业化、城镇化道路的生态化转型发展》，载《毛泽东邓小平理论研究》2013 年第 7 期，第 8～13 页。

化转型的方向发展。这种生态化转型发展就成为生态经济社会运行与发展的内在机制、主要内容、基本路径与绿色结果。这样的当代中国走生态化转型发展之路，是走绿色发展的必由之路与基本走向。可以说，“顺应生态化转型者昌，违背生态化转型者亡。”[①]这不仅是当今人类文明进步和世界经济社会发展，而且是中国特色社会主义文明进步和当代中国经济社会发展的势不可当的生态化即绿色化发展大趋势。

☞ 生态马克思主义经济学哲学强调生态文明是广义和狭义生态文明的内在统一，[②]并把广义生态文明称为绿色文明，既然生态化是生态文明的一个重要范畴，那么它就同生态文明，也是广义与狭义生态化的内在统一；这样说，可以把广义生态化称之为绿色化。两者的本质内涵是完全一致的。2015 年 3 月 24 日，中共中央政治局审议通过的《关于加快推进生态文明建设的意见》首次使用了绿色化这一术语，要求在当前和今后一个时期内，协同推进新型工业化、城镇化、信息化、农业现代化和绿色化。如果说绿色发展（包括循环发展和低碳发展）是生态文明建设的基本途径，那么可以说生态化发展是生态文明建设的内在机制和基本内容与途径。这是因为生态文明建设的理论本质是以生态为本，即主要是以增强提高自然生态系统适应现代经济社会发展的生态供给能力（包括资源环境供给能力）为出发点和落脚点，既要构建优化自然生态系统，又要推进社会经济运行与发展的全面生态化，建立起具有生态合理性的绿色创新经济社会发展模式。所以“生态文明建设的实践指向，是谋求生态建设、经济建设、政治建设、文化建设与社会建设相互关联、相互促进，相得益彰、不可分割的统一整体文明建设，用生态理性绿化整个社会文明建设结构，实现物质文明建设、政治文明建设、精神文明建设、和谐社会建设的生态化发展。这是中国特色社会主义生态文明建设的真谛。”[③]

☞ 笔者借写“丛书”总序之机，代表中国绿色发展战略研究组课题组和“丛书”的作者们向党中央建议：两年后把“绿色化”或“生态化”

① 刘本炬：《论实践生态主义》，北京：中国社会科学出版社，2007 年版，第 136 页。
② 刘思华：《生态马克思主义经济学原理》（修订版），北京：人民出版社，2014 年版，第 540～542 页。
③ 刘思华：《生态马克思主义经济学原理》（修订版），北京：人民出版社，2014 年版，第 549 页。

写入党的十九大报告，使它成为中国特色社会主义道路从工业文明黑色发展道路向生态文明绿色发展道路全面转轨的一个象征，成为当今中国社会主义经济社会发展模式从工业文明黑色发展模式向生态文明绿色发展模式全面转型的一个标志，成为中国特色社会主义文明迈向社会主义生态文明与绿色经济发展新时代的一个时代标识。

四、关于迈向生态文明绿色发展的使命与任务问题

自 2008 年国际金融危机以来，绿色经济与绿色发展迅速兴起，是有着深刻的生态、经济和社会历史背景的。应当说，首先是发源于回应工业文明黑色发展道路与模式的负外部效应所积累的全球范围"黑色危机"越来越严重，已经走到历史的巅峰。"物极必反"，工业文明黑色发展道路与模式的历史命运也逃避不了这个历史的辩证法。它在其黑色发展过程中自我否定因素不断生成，形成向绿色经济与绿色发展转型的因素日渐清晰彰显，使我们看到了绿色经济与绿色发展的时代晨光，人类正在迎来生态文明绿色发展的绿色黎明。这是人类实现生态经济社会全面和谐协调可持续发展的历史起点。

1. 我们必须深刻认识和正确把握生态文明的绿色发展道路与模式的时代特征

迈向生态文明绿色经济发展新时代的时代特色应是反正两层含义：一是当今世界仍然处于黑色文明且达到了全面异化的巨大危机之中，使当今人类面临着前所未有的工业文明黑色危机的巨大挑战；二是巨大危机是巨大变革的历史起点，开启了绿色文明绿色发展的新格局、新征途，使人类面临着前所未有的绿色发展历史机遇，并给予全面生态变革与绿色转型的强大动力。因此，当今人类正处于工业文明黑色发展衰落向生态文明绿色发展兴起的更替时期。这是危机创新时代，黑色发展危机逼进绿色创新发展，绿色创新发展走出黑色发展危机。毫无疑问，当今世界和当代中国的一个生态文明绿色创新发展时代正在到来。对此，我们必须从工业文明黑色发展危机来认识与把握生态文明绿色发展道路与模式的历史必然性和现实必要性与可能性。

(1) 历史和现实已经表明，自 18 世纪资本主义工业革命以来，在工业文明（包括其最高阶段的后工业文明）时代资本主义文明及工业文明成功地按照自身发展的工业文明发展模式塑造全世界，将世界各国都引入工业文明黑色经济与黑色发展道路与模式，形成了全球黑色经济与黑色发展体系。当今中外多学科学者在对工业文

明黑色发展的反思与批判中，有一个共识：黑色文明发展一方面使物质世界日益发展，物质财富不断增加；另一方面使精神世界正在坍塌，自然世界濒临崩溃，人的世界正在衰败。它不仅是自然异化，而且是人的物化、异化和社会的物化、异化。当今世界的南北两极分化加剧，以美国为首的国际垄断资本主义势力为掠夺自然资源不断发动地区战争，没有硝烟的经济战和经济意识形态战频发；恐怖主义嚣张，物质主义、拜金主义、消费主义盛行，道德堕落和精神与理智崩溃，无论是发达国家还是发展中国家内部的贫富悬殊、两极分化正在加剧，各种社会不公正与不平等的社会生态关系恶化加深，已成为当今世界的社会生态黑色发展现实。因此，当今工业文明黑色发展的黑色效应已经全面地、极大地显露出来了，使工业文明黑色发展成为当今世界以及大多数国家和民族发展的现状特征。正是在这个意义上，我们完全可以说，当今人类已经陷入工业文明发展全面异化危机及黑色深渊，使今日之工业文明黑色发展达到了可以自我毁灭的地步，同时也包含着克服、超越工业文明黑色发展险境的绿色发展机遇和种种因素条件，也就预示着黑色发展道路与模式的生态变革与绿色转型是历史的必然。这就是说，如果人类不想自我毁灭的话，就必须自觉地走超越工业文明的生态文明绿色发展的新道路，及构建绿色发展的新模式。这是历史发展的必然道路，是化解当今工业文明黑色发展危机的人类自觉的选择，也是唯一正确的选择。

(2)深刻认识和真正承认开创生态文明绿色发展道路与模式的现实必要性和紧迫性。这首先在于当今世界系统运行是依靠"环境透支""生态赤字"来维持，使自然生态系统的生态赤字仍在扩大，将世界各国都绑在工业文明黑色发展之舟上航行。工业文明发展的一切辉煌成就的取得，都是以自然、人、社会的巨大损害为代价，尤其是以毁灭自然生态环境为代价的，这是西方各学科的进步学者的共识，也是中国有社会良知的学者的共识。在 1961 年人类一年只消耗大约 2/3 的地球年度可再生资源，世界大多数国家还有生态盈余。大约从 1970 年起，人类经济社会活动对自然生态的需求就逐步接近自然生态供给能力的极限值，自 1980 年首次突破极限形成"过冲"以来，人类生活中的大自然的生态赤字不断扩大，到 2012 年已经需要 1.5 个地球才能满足人类正常的生存与发展需要。因此，《增长的极限》一书的第 2 版即 1992 年版译者序就明确指出："人类在许多方面已经超出了地球的承载能力之外，已经超越了极限，世界经济的发展已经处于不可持续的状况。"足见工业文明黑色发展确实是一种征服自然、掠夺自然、不惜以牺牲自然生态来换取经济发展的黑色发展道路，使“今天世界上的每一个自然系统都在走向衰落”。[①]进入21世纪的15年间，生态赤字继续扩大、自然生态危机及黑色发展危机日益加深。对此，《自然》杂志发文说：“地球生态系统将很快进入不可逆转的崩溃状态。”[②]联合国环境规划署2012年6月6日在北京发布全球环境展望报告中指出，当今世界仍沿着一条不可持续之路加速前行，用中国学者的话说，就是人类仍在继续沿着工业文明黑色发展道路加速前行。因此，从全球范围来看，“目前还没有一个国家真正迈入了‘绿色国家的门槛’”[③]，这是不可否认的客观事实。据报道，今年春季欧洲大面积雾霾污染重返欧洲蓝天，使巴黎咳嗽、伦敦窒息、布鲁塞尔得眼疾……这是今春西欧地区空气污染现状大致勾勒出的一幅形象的画面。这就意味着这些欧洲各城市又重新回到大气危机的黑色轨道上来了，因此，人们发出了西欧“霾害根除”还只是个传说之声。这的确是事实，欧洲遭遇空气污染已经不是新鲜事。2011年9月7日英国《卫报》网站曾报道，欧洲空气质量研究报告称空气污染导致欧洲每年有50万人提前死亡，全欧用于处理空气污染的费用高达每年7 900亿欧元。2014年11月19日西班牙《阿贝赛报》报道，欧洲环境署公布的空气质量年度报告显示空气污染问题造成欧洲每年大约45万人过早死亡，其中约有43万人的死因是生活在充满$PM_{2.5}$的环境中。2014年4月初，英国环境部门监测到伦敦空气污染达10级，是1952年以来最严重的污染，引发全国逾162万人哮喘病发[④]。近年来欧洲大面积雾霾污染事件，击碎了英国、法国、比利时等发达国家是“深绿发展水平国家”的神话。

(3) 一个国家和民族或地区经济社会运行，从生态盈余走向生态赤字并不断扩大的发展道路，就是工业文明的黑色发展道路，其自然生态环境必然是不断恶化的，没有绿色发展可言。与此相反，从生态赤字逐步减少走向生态盈余的发展道路，就是迈向生态文明的绿色发展道路，其自然生态环境不断朝着和谐协调绿色发展的方向前行。因此，逐步实现生态赤字到生态盈余的根本转变，构成判断是不是绿色发展及一个国家和民族及地区是不是“绿色国家”的一个基础根据与根本标准。据此，抛弃工业文明黑色发展模式，坚定不移走绿色发展道路，其根本的、最终的目标与

① 保罗·替肯：《商业生态学》（中译本），上海：上海译文出版社，2001年版，第26页。

② 详见2012年7月28日《参考消息》，第7版。

③ 杨多费、高飞鹏：《绿色发展道路的理论解析》，载《科学管理研究》第24卷第5期，第20～23页。

④ 戴军：《英国：“霾害根除”还只是个传说》，2015年3月22日《光明日报》。

首要任务就是尽快扭转自然生态环境恶化趋势，实现生态赤字到生态盈余的根本转变，达到生态资本存量保持非减性并有所增殖，这是人类生态生存之基、绿色发展之源。

2．开创绿色经济发展新时代的绿色使命与历史任务

当今人类发展已经奏响绿色经济与绿色发展的新乐章。发展绿色经济、推进绿色发展是开创绿色经济发展新时代的绿色使命与历史任务，必将成为人类文明演进与经济社会发展的时代潮流。从全球范围来看，迄今为止，世界上还没有一个国家或地区真正是生态文明的绿色国家或绿色地区，中国也不例外。但是当今世界主要发达国家和发展中国家，已经奏响经济社会发展绿色低碳转型的主旋律，开始朝着建设绿色国家或地区，推进绿色发展的方向前行。在此我们要指出的是，发展绿色经济、推进绿色发展是世界各国的共同目标和绿色使命。2010 年美国学者范·琼斯出版的《绿领经济》一书谈到美国兴起的绿色浪潮时说："不管是蓝色旗帜下的民主党人还是红色旗帜下的共和党人，一夜之间都摇起了绿色的旗帜。"[①]奥巴马政府实行绿色新政，主打绿色大牌，实施绿色经济发展战略，其战略目标是要促进经济社会发展的绿色低碳转型，再造以美国为中心的国际政治经济秩序。以北欧为代表的部分国家如瑞典、丹麦等在实施绿色能源计划方面走在世界前列。日本推进以向低碳经济转型为核心的绿色发展战略总体规划，力图把日本打造成全球第一个绿色低碳国家。韩国制定和实施低碳绿色增进的经济振兴国家战略，使韩国跻身全球"绿色大国"之列。尤其是在绿色新政席卷全球时，不仅美国而且英、德、法等主要发达国家，都企图引领世界绿色潮流。这些事实充分表明发展绿色经济、推进绿色低碳转型、实现绿色发展，是世界发展的新未来、新道路，已成为 21 世纪人类文明进步和经济社会发展的主旋律即绿色发展主旋律，标志着当今人类发展已经开启了迈向绿色经济发展新时代的新航程。

然而，历史发展不是一条直线，而是螺旋式上升的曲线。当今人类历史仍处在资本主义文明及工业文明占主导地位的时代，主要资本主义国家仍有很强的调整生产关系、分配关系和社会关系的能力和活力。因此，主要资本主义国家尤其是西方发达资本主义国家，在工业文明基本框架内对生态环境与绿色经济的认识，制定和实行生态环境保护、治理与生态建设政策、措施和行动，并发展绿色经济，来调节、

① 范·琼斯：《绿领经济》（胡晓姣、罗俏鹃、贾西贝译），北京：中信出版社，2010 年版，第 55 页。

缓解资本主义生态经济社会矛盾，力图走出工业文明发展全面异化危机即黑色发展困境。但是，正如一些学者所指出的，“事实的真相”则是到目前为止，西方发达资本主义国家所实施的绿色经济发展战略和自然生态环境治理与修复的思路与方案，主要是在工业文明基本框架内进行[①]，仍然没有根本触动工业文明也无法超越现存资本主义文明的黑色经济社会体系。这主要表现在两个方面：一是西方发达资本主义国家对内实行绿色资本主义的发展路线。目前西方发达国家主要是在不根本触动资本主义文明及工业文明黑色经济体系与发展模式的前提下，通过单纯的技术路线来治理、修复、改善自然生态环境，寻求自然生态环境和资本主义协调发展，缓解人与自然的尖锐矛盾，并在对高度现代化的工业文明重新塑造的基础上走有限的“生态化或绿色化转型发展道路”，即绿色发展道路，实践已经论证，这是不可能走出工业文明黑色危机的。今春欧洲大面积雾霾污染重返欧洲蓝天就是有力佐证。二是目前西方发达资本主义国家对外实行生态帝国主义政策，主要有 3 种形式：资源掠夺、污染输出和生态战争，使发达资本主义大多数踏上了生态帝国主义黑色之路，使西方发达国家的黑色发展道路与模式所付出的高昂生态环境成本即发生巨大黑色成本由发展中国家为他们“买单”。因此，我们从现实中可以看到，绿色资本主义和生态帝国主义的路线与实践不仅可以成功地改善资本主义国家国内的自然生态环境，缓解甚至能够度过“生存危机”，而且可以“在承担着创造后工业文明时代资本主义的‘绿色经济增长’和‘绿色政治合法性’新机遇的使命。”[②]

当今人类虽然正在迎来生态文明即绿色文明的黎明，但人类文明发展却是在迂回曲折中前进的。自 2008 年国际金融危机之后，先是美国实行“再工业化战略”，推进“制造业回归”。随后欧洲发达国家纷纷宣称要“再工业化”，不仅把包括绿色能源战略在内的绿色经济发展战略纳入经济复苏的轨道，而且还针对经济虚拟化、产业空心化，试图通过实施“再工业化战略”和“回归实体经济”，重塑日益衰落的工业文明生态缺位的黑色经济，重新走上工业文明增长的经济发展道路。这是向高度现代化的工业文明发展的回归，阻碍着人类文明发展迈向生态文明绿色经济发展新时代。

按照生态马克思主义经济学哲学观点，在资本主义文明及工业文明框架的范围

---

① 张孝德：《生态文明模式：中国的使命与抉择》，载《人民论坛》2010 年第 1 期，第 24～27 页。

② 郇庆治：《“包容互鉴”：全球视野下的“社会主义生态文明”》，载《当代世界与社会主义》2013 年第 2 期，第 14～22 页。

内，是不可能从根本上走出工业文明发展全面异化危机即黑色危机的深渊。对此，连西方学者也认为：在资本主义文明及工业文明的“基本框架内对经济运行方式、政治体制、技术发展和价值观念所作的任何修补和完善，都只能暂时缓解人类的生存压力，而不可能从根本上解决困扰工业文明的生态危机。”①这就是说，绿色资本主义和生态帝国主义的推行会使全球自然生态、社会生态和人类生态的黑色危机越来越严重。这与20世纪90年代以来世界各国在工业文明框架内实施可持续发展一样，其结果是“20多年来的可持续发展，并没有有效遏制全球范围的环境与生态危机，危机反而越来越严重，越来越危及人类安全。”②因此，世界人民有理由把更多的目光集聚到社会主义中国，将开创工业文明黑色发展道路与模式转向生态文明绿色发展道路与模式，这一人类共同的绿色使命与历史任务寄托于中国建设社会主义生态文明。2011年在美国召开的生态文明国际论坛上有位美国学者说道：“所有迹象表明，美国政府依然将在错误的道路上越走越远。”“所有目光都聚到了中国。放眼全球，只有中国不仅可以，而且愿意在打破旧的发展模式、建立新的发展模式上有所作为。中国政府将生态文明纳入其发展指导原则中，这是实现生态经济所必需的，并使得其实现变为可能，是一个高瞻远瞩的规划。”③

3．中国在当今世界已经率先拉开超越工业文明的社会主义生态文明绿色经济发展新时代的序幕，引领全人类朝着生态文明绿色经济形态与绿色发展模式的方向发展

我国改革开放以来，始终坚持保护环境和节约资源的基本国策，实施可持续发展战略，一些省市和地区实行“生态立省（市）、环境优先、发展与环境、生态与经济双赢”的战略方针。从发展生态农业、生态工业到建设生态省、生态城市、生态乡村；从坚持走生产发展、生活富裕、生态良好的文明发展道路，建设资源节约型、环境友好型经济社会，到发展绿色经济、循环经济、低碳经济；从大力推进生态文明建设到着力推进绿色发展、循环发展、低碳发展等，都取得了明显进展和积极成效。特别是党的十八大确立了社会主义生态文明科学理论，提出和规定了建设

① 转引自杨通进：《现代文明的生态转向》，重庆：重庆出版社，2007年版，总序第4页。

② 胡鞍钢：《中国：创新绿色发展》，北京：中国人民大学出版社，2012年版，第9页。

③ 《第五届生态文明国际论坛会议论文集（中英文）》，April 28-29，2011，Claremont，CA，USA，Fifth International Forum on Ecological Civilization：toward an Ecological Economics。

中国特色社会主义的两个“五位一体”[①]：建设中国特色社会主义“五位一体”总体目标，使中国特色社会主义道路的基本内涵更加丰富；建设中国特色社会主义“五位一体”总体布局，使中国特色社会主义的基本纲领更加完善。这不仅是奏响我们党“领导人民建设社会主义生态文明”（新党章语）的新乐章，而且标志着全国人民踏上社会主义生态文明绿色发展道路的新征途。因此，党的十八大明确提出“努力建设美丽中国”是社会主义生态文明建设的战略目标，即建设美丽中国首先是建设绿色中国，其中心环节就是走出一条生态文明绿色经济发展道路，构建绿色经济形态与发展模式。据此而言，党的十八大向全党全国人民发出的“努力走向社会主义生态文明新时代”的伟大号召，意味着中国特色社会主义文明发展要努力迈向生态文明绿色经济与绿色发展新时代。为此，《中共中央　国务院关于加快推进生态文明建设的意见》中又提出把经济社会绿色化作为生态文明建设与绿色发展的核心内容与基本途径，从而在当今世界率先开拓了从工业文明黑色发展道路与模式转向生态文明绿色发展道路与模式，使当下中国朝着生态文明绿色经济形态与发展模式的方向发展，努力成为成功走出工业文明的新型工业化道路、真正进入生态文明的绿色化发展道路的榜样国家。

当然，当今中国的客观现实还是一个加速实现工业化的发展中国家，刚走过发达国家100多年所走过的工业文明发展历程，成为以工业文明为主导形态的工业大国。在这几十年间，中国工业化、现代化道路的探索，尽管在一定程度上符合中国国情和实际情况，但仍然走的是工业文明黑色发展与黑色崛起道路，它在本质上是沿袭了西方发达资本主义文明所走过的高碳高熵高代价的工业文明——“先污染后治理、边污染边治理”的黑色发展道路。因此，我们“不得不承认，我们原先走在黑色发展和崛起的征途上，所以尽管我们即使按西方工业文明的标准未达到发展与崛起的程度，但是黑色发展和崛起的一切代价和后果我们都已尝到了。”[②]历史经验教训值得重视，党的十八大之前的20多年里，我们在没有根本触动刚刚形成的工业文明经济社会形态前提下，换言之，在工业文明基本框架内实施可持续发展战略、生态环境治理与修复，建设生态省市，走文明发展道路以及发展绿色经济等，是不可能有效遏制、克服工业文明黑色发展道路与模式的黑色效应，工业文明发展异化

① 刘思华：《生态马克思主义经济学原理》（修订版），北京：人民出版社，2014年版，第561～566页。
② 陈学明：《生态文明论》，重庆：重庆出版社，2008年版，第22页。

危机即黑色危机反而日益严重。它突出体现在3个方面[①]：一是当下中国自然生态恶化状况从总体上看，范围在扩大、程度在加深、危害在加重；二是城乡地区差距不断扩大、分配不公与物质财富占有的贫富悬殊已成常态；三是平民百姓生活质量相对变差等社会生态恶化，公众健康相对变差的国民人体生态恶化等，使得生态经济社会矛盾不断积累与日益突出甚至不同程度的激化，已成为建设美丽中国、全面建成小康社会的重大"瓶颈"，是实现绿色中国梦的最大桎梏。因此，我们必须正视当下中国"自然、人、社会"复合生态系统的客观现实，深刻认识与正确把握当今中国从工业文明黑色发展道路向生态文明绿色发展道路的全面转轨，从工业文明黑色发展模式向生态文明绿色发展模式的全面转型的必要性、迫切性、重要性与艰巨性。事实上，近年来，我国学术界有人为了所谓填补研究空白、标新立异，制造一些伪绿色发展论，不仅把西方主要发达国家说成是"深绿色发展国家"，掩盖当今资本主义国家工业文明发展全面恶化危机即黑色危机的客观现实；而且把处于"十面霾伏"的雾霾污染重灾区的京津冀、长三角、珠三角的一些城市界定为"高绿色城镇化"，这完全不符合客观事实的假命题，否定不了当下中国及城市自然生态危机仍在加深的严峻事实，动摇不了我国以壮士断腕的决心和信心，打好大气、水体、土壤污染的攻坚战和持久战。

所谓攻坚战和持久战，就在于当前国内外事实表明，大气、水体、土壤污染治理与修复已成为世界性的难题。而当今中国大气、水体、土壤污染日益严重，应当说是长期中国工业化、城市化黑色发展积累的必然恶果，是中国工业文明黑色发展道路与模式对自然生态损害的直观展示，是对中国过去GDP至上主义发展的严厉惩罚及严重警示。改革开放30多年，中国经济发展规模迅速扩大，快速成长为工业文明经济大国，这是世所罕见的。然而，它所付出的自然生态环境代价也是世所罕见的。当今世界上很少有国家像中国这样，以如此之高的激情加速折旧自己的生态环境未来，已经是世界头号污染排放大国，正如国内外学者所指出的，中国已经成为世界上最大的"黑猫"，"全球最大的生态'负债国'"[②]。目前中国生态足迹是生物承载力的两倍，生态系统整体生态服务功能不断退化，生态赤字还在扩大。中

---

① 刘思华：《论新型工业化、城镇化道路的生态化转型发展》，载《毛泽东邓小平理论研究》2013年第7期，第8～13页。

② 卢映西：《出口导向型发展战略已不可持续——全球经济危机背景下的理论反思》，载《海派经济学》2009年第26辑，第81页。

国生态系统的生态负荷已达到临界状态，一些资源与环境容量已达支撑极限，经济社会发展是依靠“环境透支”与“生态赤字”来维持。因而，生态赤字不断扩大，生态（包括资源环境）承载力日益下降，在大中城市尤其是大城市十分突出，如上海市人均生态足迹是人均生态承载力的46倍，广州市为31倍，北京市为26倍。在存在生态赤字的国家中，日本是8倍，其他国家均在2～3倍，中国大城市特大城市普遍存在巨大的生态赤字，都面临比其他国家更为严峻的自然生态危机[①]。由此要进一步指出，目前全国600多个大中城市，特别是大城市，其高速发展不仅正在遭遇各种环境污染，如水、土、气三大污染之困，而且正在遭遇“垃圾围城”之痛，有2/3的城市陷入垃圾的包围之中，有1/4的城市已没有适合场所堆放垃圾，从而加剧了城市生态系统的黑色危机。近日有学者发文认为，“中国城镇化离绿色发展要求的内涵、绿色发展的模式相去甚远”，“中国的绿色发展目标尚未实现”[②]。这就是说，迄今为止，我国还没有一个大中城市真正走入按照社会主义生态文明的本质属性与实践指向所要求的生态文明绿色城市的门槛，这是不容争辩的客观事实。

综上所述，无论当今世界还是今日中国，生态足迹不断增加，生态赤字日益扩大，这是自然生态危机的核心问题与根本表现。而当下中国各类环境污染呈现高发态势，已成民生之患、民心之痛、发展之殇；生态赤字与生态资本短缺仍在加重，使我国进入生态“还债”高发期，良好的自然生态环境已经成为最为短缺的生活要素、生产要素及生存发展要素。这就决定了生态环境问题是严重制约中国生态经济社会有机整体、全面和谐协调可持续发展的最短板，是建设美丽中国、实现绿色中国梦的最大阻碍，是中国绿色发展与绿色崛起面临的最大挑战与绿色压力。因此，我们要直面这一严峻现实，必须也应当摆脱与摒弃过去所走过的工业文明高碳高熵高代价的黑色发展道路，与工业文明黑色发展模式彻底决裂，积极探索生态文明低碳低熵低代价的绿色发展道路及发展模式，使中国特色社会主义文明发展尽早实现从工业文明黑色发展道路与模式向生态文明绿色发展道路与模式的根本转变，成功地建成生态文明绿色强国。

---

① 齐明珠、李月：《北京市城市发展与生态赤字的国内外比较研究》，载《北京社会科学》2013年第3期，第128～134页。

② 庄贵阳、谢海生：《破解资源环境约束的城镇化转型路径研究》，载《中国地质大学学报（社科版）》2015年第2期，第1～10页。

五、关于“绿色经济与绿色发展丛书”的几点说明

“绿色经济与绿色发展丛书”是目前世界和中国规模最大的绿色社会科学研究与出版工程，覆盖数十个社会科学学科和自然科学学科，是现代经济理论与发展思想学科群绿色化的开篇，故不得不说明几点：

(1)“丛书”站在中国特色社会主义文明从工业文明走向生态文明的文明形态创新、经济社会形态创新、经济发展模式及发展方式创新的新高度，不仅探讨了中国社会主义经济的发展道路、发展战略、发展模式和发展体制机制等生态变革与绿色创新转型即生态化、绿色化发展，而且提出了从国民经济各部门、各行业到经济社会发展各领域等方面，都要朝着生态化、绿色化方向发展。为建设社会主义生态文明和美丽中国，实现把我国建成绿色经济富国、绿色发展强国的绿色中国梦，提供新的科学依据、理论基础和实践框架及路径。

(2)“丛书”力争出版45部，涉及学科很多、内容广泛，理论与实践问题研究较多，大致可以归纳为4个方面：一是深化生态文明和绿色经济与绿色发展的马克思主义基础理论研究；二是若干重大宏观绿色化问题研究；三是主要领域、重要产业与行业发展绿色化问题研究；四是微观绿色化问题研究。因此，整部“丛书”是以建设生态文明为价值取向，以发展绿色经济为主题，以推进绿色发展为主线，比较全面、系统地探讨生态经济社会及各领域、国民经济各部门、各行业与其微观基础的绿色经济与绿色发展理论和实践问题；向世界发出“中国声音”，展示中国的绿色经济发展理论与实践的双重探索与双重创新。

(3)“丛书”是新兴、交叉学科群绿色化多卷本著作，必然涉及整个经济理论与发展学说和马克思主义的基本原理与重要的基本理论问题，并涉及众多的非常重要的现实的前沿话题，难度很大，有些认识还只能是理论的假设与推理，而作者和主编的多学科知识和理论水平又很有限，因而“丛书”作为学科群绿色化的开篇，很难说是一个十分让人满意的开头，只能是给读者和研究者提供一个学术平台继续深入探讨，共同迎接绿色经济理论与绿色发展学说的繁荣与发展。

(4)“丛书”把西方世界最早研究生态文明的专家——美国的罗伊·莫里森所著的《生态民主》译成中文出版。《生态民主》一书于1995年出版英文版，至今已有20年了，中国学界和出版界却无人做这项引进工作，出版中译本。近几年来，在我国研究生态文明的热潮中，很多论文和著作都提到《生态民主》一书，尤其我

国权威媒体记者多次采访莫里森，使这本书在中国有较大影响。然而，众多研究者介绍本书时都没有具体内容，既没有看英文版原版，又无中译本可读，只是相互转抄、添油加醋，就产生了一些学术误传，不利于正确认识世界生态文明思想发展史，更不能正确认识中国马克思主义生态文明理论发展史。因此，笔者下决心请刘仁胜博士译成中文，由中国环境出版社出版，与中国学者见面。在此，我要强调指出的是莫里森先生所写中译本序言和该书一些基本观点，并不代表我作为“丛书”主编的观点，我们出版中译本是表明学术思想的开放性、包容性，为中国学者深入研究生态文明提供思想资料与学术空间，推动社会主义生态文明理论与实践研究不断创新发展。

(5)“丛书”的作者们在梳理前人和他人一些与本领域有关的思想材料、引用观点时，都尽可能将原文在脚注和参考文献中一一列出，也有可能被遗漏，在此深表歉意，请原著者见谅。在此，我们还要指出的是，“丛书”是“十二五”国家重点图书出版规划项目，多数书稿经历了四五年时间才完稿，有的书稿所引用的观点和材料是符合当时实际的。党的十八大后，党和政府对市场经济发展进程中出现的某些经济社会问题，认真地进行治理并有所好转，但在出版时对书稿中过去的材料未作改动，把它作为历史记录保留在书中，特此说明。总之，“丛书”值得商榷之处一定不少，缺点甚至错误在所难免，故热切盼望得到专家指教和广大读者指正。

刘思华

2015 年 7 月

目　录

Contents

绪 论

多年来，中国实现了高速的经济增长，但高额 GDP 背后的代价也非常大。在增长优先的“增长主义”思维及其实践的影响下，空气、水、土壤、食物的污染形势非常严峻，土地、水、能源、原材料等资源日益紧张；社会平等被置于“兼顾”的位置，贫富差距越来越大，城乡差距得不到缓解，医疗、养老等社会保障制度难以实现充分的“保障”；在经济运行方面，物价持续上涨、产能严重过剩，住房价格高企，国际收支畸形失衡。由于生态问题严峻，很多人认为环保工作没做好，其实，即使每一个企业环保都达标，而生产、汽车和城市建设总规模过大，生态恶化也是必然的。一位女记者在记者招待会上问道：雾霾这么严重，为什么不让 GDP 的增速为零呢？这就抓住了生态问题的症结。所以，对“增长主义”的批判反思、清理克服是一项非常迫切而重要的任务。

0.1 增长主义的含义、形成与演化

（1）增长主义的含义。所谓增长主义，简单地说，就是片面、过度追求经济增长的倾向。具体地说，增长主义是一种渗透在发展理论、社会意识和经济政策中的观念，这种观念认为一个社会中最重要的追求目标是经济增长，各种社会问题的解决依赖于经济增长，生态维护、经济平等和社会事业等都要服从经济增长。“增长主义”发展模式，就是一味追求经济高速增长，并主要以经济的高速增长来应对或掩盖发展过程中存在的各种矛盾和问题。“增长主义”也被称为经济增长主义、经济主义、经济第一主义或经济增长至上主义等，一个意思相近的概念是“发展主义”。

较早使用“增长主义”一词的是1979年12月是韩国学者金民彩在《政经文化》杂志发表的《最大的课题——“没有通货膨胀的经济”》一文。该文针对韩国的经济增长模式指出，20世纪六七十年代，社会的基本理论是以出口为主的增长主义。我国学者宋绍英在《东北师大学报（哲学社会科学版）》1988年第6期《论日本的经济增长主义》一文中指出，研究发现，战后日本经济有一个主宰经济增长全过程的“神”，那就是经济增长主义或产业主义，它作为发展战略的指导思想，贯穿于日本的经济、文化、社会等各方面。

近年来我国学者重提“增长主义”问题。中国生态经济学会副理事长刘思华教授论述了“经济第一主义”的基本含义，系统说明了现代人类生存方式及经济社会活动方式的主要表现经济第一主义、经济功利主义和物质享乐主义——是当今世界陷入生态危机深渊的现实原因，是现代人类面临生存与发展危机的经济根源。[①]中国人民大学李义平在访谈文章中阐述了“增长主义”的含义和危害，指出如果把经济增长本身作为目的，片面追求GDP的增长，那就成了“增长主义”；增长主义会使资源、环境不堪重负，甚至会偏离经济增长的目的，难以有效地解决公平分配和民生问题，使经济发展方式难以转换。[②]其后陆续又有若干涉及“增长主义”的文章。

“发展主义”是国际学界中比“增长主义”更流行的一个用语。我国学者大多在“增长主义”的含义上使用这一概念，例如一些人接受Crush、Jonathan等的说法，认为发展主义是一种意识形态，认为经济增长是社会进步的先决条件的信念。它不仅是一套理论和概念体系，更是一整套实践和关系。[③]但本书作者认为，“发展主义”与“增长主义”的概念有所不同。“发展主义”在国际上特指“二战”后西方流行的关于经济发展的思潮，而增长主义的产生时间更为久远；“发展主义”虽然也包括实践与政策，但更多地体现在各种发展理论中，在一定程度上包含“发展”的各种不同的理论和理念本身，而增长主义是一种渗透在发展理论和经济政策中的观念，不包括理论本身；在西方，“发展主义”是哲学、比较政治学、发展人类学、

① 刘思华：《现代经济需要一场彻底的生态革命——对SARS危机的反思兼论建立生态市场经济体制》，载《中南财经政法大学学报》2004年第4期。

② 柏晶伟，李义平：《警惕经济增长主义的弊端》，2010年3月26日《中国经济时报》。

③ Crush, Jonathan. *Introduction: Imaging development, Power of Development*. Cambridge: Cambridge University Press, 1995.

文化学等领域使用的概念，首先被当作“发展主义哲学”，我国对“发展主义”的批判也大多是非经济学者从哲学和一般人文社会科学的角度进行的分析，而“增长主义”主要是经济学的概念；“发展主义”虽然总体上已成为否定性概念，但在一定程度上也包含不同的发展战略，如注重产业战略的拉美发展主义、政府主导的东亚发展主义等，有时含义比较模糊，而“增长主义”则是一个确切的纯粹否定性概念；最后，国内外经济学界早就界定了“增长”与“发展”的区别，“发展”已指社会的全面进步，是正面概念，在一定意义上，“发展”就是科学发展，如果我们还说“发展主义”把发展归结为增长，在用词方面就不够合理了。所以，本书批判的对象就是“增长主义”，或“发展”名义下的增长主义。

（2）增长主义的形成与演化。增长主义是资本主义生产方式的产物，资本主义生产关系的产生孕育了增长主义的萌芽。如马克思所分析的，资本主义生产对剩余价值的追求是没有止境的，这必然推动生产的盲目增长。经济基础的要求反映在上层建筑中，所以资产阶级国家疯狂推进殖民运动，为资本主义经济的发展开辟广阔空间，资产阶级国家还通过支持圈地运动、奴隶贩卖和保护关税制度等帮助资产阶级迅速积累财富。资本积累推动的生产盲目增长伴随着无产阶级贫困化，并使生态遭到破坏。仅仅是由于当时的生产规模比较小，对自然的破坏尚不是那样突出。

产业革命加快了资本主义生产的增长速度，工业文明使增长主义由潜在状态正式形成。大规模工业化时期增长主义的倾向及其危害日益明显。马克思恩格斯清醒地揭示了自发式工业化生产方式对生态的破坏，并指出这种破坏是资本主义私有制引起的。马克思恩格斯还发现，资本主义经济周期性地爆发危机，其原因是，在资本主义私有制基础上的利润追求，一方面会造成两极分化，从而造成劳动人民需求不足，另一方面又推动生产的盲目扩张，而大工业生产具备了超常扩张的能力，最终催生了生产过剩。生产过剩是增长主义在私有制基础上的突出结果，也是资源的浪费和破坏。马克思主义认为，要克服这些弊端，必须消灭这些弊端的基础——资本主义私有制。

第二次世界大战之后，增长主义得到大发展，并且意识形态化。20 世纪五六十年代，新的产业革命下发达国家高速经济增长给各国的刺激，广大不发达国家急于改变自己经济落后状况的要求，两大阵营的经济竞赛，激起了全世界的经济增长热潮。在这种背景下，出现了一批研究“发展”的西方经济学家，他们就如何使民族独立国家走出落后和贫困状态提出了一系列理论和建议，其中最著名的如二元经济论、大推进理论、贫困恶性循环理论及五阶段增长理论等。许多后发展中国家按照西方理论建立的经济模型制定自己的现代化战略。而这些理论所讲的发展，实际上讲的都是增长，这些理论和政策所讲的经济增长和经济发展，主要是 GDP 或人均收入的提高，这些理论和政策所蕴含的意识形态性信念是，经济增长是社会进步与现代化的先决条件，社会不平等将在增长的大潮中逐步消除，重要的是发展（增长）。同时，这些理论诱导发展中国家走上资本主义工业文明道路，并以之与社会主义阵营相抗衡。

然而，通过这种发展观影响下的实践，发展中国家不仅多数没有因此走出困境，很多发展中国家的经济、政治和社会状况还出现了严重倒退；发达国家似乎能解决一切的"增长"却带来了"丰裕"中的贫困：片面追求经济增长未能保证社会的全面进步，反而加剧了两极分化和贫困失业，社会问题丛生，社会公害严重；在计划经济体制国家，农、轻、重产业结构失调和消费品不足；在世界范围中出现了生态环境大规模、高速度的破坏。在这种情况下，学者们对原有的发展理论进行了反思与批判，经济学家开始批评单纯注重经济增长的弊端。早在 1962 年，美国生物学家蕾切尔·卡逊出版的《寂静的春天》一书，就生动地描述了由于大量使用化肥、农药、杀虫剂，使大量生物受到致命伤害的现象，指明人类的工业化过程对环境产生了不可逆的破坏作用，在国际上引发了发展观念的争论。1966 年美国经济学家鲍尔丁在《一门科学——生态经济学》一书中指出，传统经济学忽略了生态环境，结果将人类的经济活动引向了有增长而无发展的歧途。1972 年"罗马俱乐部"《增长的极限》倡议，为了保护资源有必要人为降低经济增长速度。1973 年，加尔布雷斯指出"无论如何不应当妨碍经济增长"，这种说法成了一把保护伞，遮盖了许多不好的事情和做法，对经济增长数字的关心超过了对人本身的关心。对于应有的发展路径，人类学和文化研究等领域学者基于后现代主义立场提出了"新发展主义"概念，发展经济学和联合国等国际组织则提出了新的发展主张，如世界银行的"基本需要战略"、联合国世界环境与发展委员会的可持续发展论、阿玛蒂亚·森和联合国开发计划署的人类全面发展观。

"新发展主义"的人类全面发展论和可持续发展论基本属于增长主义的改良。①西方的人类全面发展论建立在资本主义基础上，忽视社会平等，不能有效实现人的发展。社会平等（共同富裕）是社会"发展"的重要内容，却为西方发展观所忽视。1982 年法国经济学家弗朗索瓦·佩鲁《新发展观》一书是西方综合发展观和人类发展观的标志性著作。佩鲁提出把一切人的全面发展作为评价发展的尺度和发展目的，真正的发展必须是经济、社会、人、自然之间的全面协调共进。这些观点具有进步性，但没有社会主义共有、共享的追求，仍然是片面的发展。虽然联合国开发计划署在 1990 年提出的“人类发展”包括充分就业和生活安全、人民自由和权利的增加、公平分配、促进社会凝聚力和合作等内容，但联合国的《人类发展报告》评价社会发展的指标却仅由预期寿命指数、教育成就指数、生活水平指数 3 个指标所构成。人的发展所要求的社会、政治、文化等方面的满足被排斥，而且生活水平也由 GDP 所主导。②可持续发展理论没有摆脱有增长无发展的根源，无法实现可持续发展和全面发展。张光君指出，可持续发展理论仍然沉醉于人类中心主义和技术乐观主义不能自拔，实质上仍然是一种欠缺全面性、协调性和科学性的发展模式，并不能切实有效地将人类社会导入真正可持续发展的轨道。它们的深层动机在于意图通过发展来满足少数发达国家和超级富人的贪欲，本质上属于环境利己主义。结果，在“可持续发展”的全球语境中，生态环境的整体恶化依然有增无减。[①]实际上，虽然环境的破坏会使经济运行发生紊乱，增长过快会使人民遭受污染的痛苦，但并不等于发展不能“持续”。同时，“可持续发展”所说的“发展”仍然是“增长”，“可持续发展”的意思就是“可持续增长”，根本不涉及社会的全面发展。③在资本主义世界中，大资本和强国是规则的制定者和经济的主导者，他们会让弱者和弱国成为污染和资源困境的承受者，从而使生态持续遭到破坏。资本主义的发展以资本为主导，所以会陷入现代化困境而不能自拔。

（3）中国当代的增长主义意识形态。辩证法告诉我们，正确的东西和错误的东西往往相互依存、相互渗透、相互转化，对真理的理解和运用超越一步就可能产生谬误。“文革”后作为对以阶级斗争为纲路线反弹的“以经济建设为中心”路线的强调，现代化目标的重新构建，客观上为增长主义的形成奠定了宏观背景与强大动力；“发展是硬道理”的观点、“一部分人先富起来”的政策与憧憬，客观上为增长主义的泛滥提供了舆论背景与合法性基础；消费主义的兴起和享乐主义的滋生成为增长主义蔓延的文化氛围与客观土壤。

一些学者认识到，增长主义观念已成为当代中国意识形态的重要因素。20 世纪 80 年代以后，“发展（增长）”作为现代化的代名词成为三十多年来中国社会的

---

① 张光君：《唯发展主义再批判》，载《理论月刊》2009 年第 6 期。

主题词，“发展（增长）”是我国比其他国家更为鲜明的主旋律，这一“硬道理”毫无争议地成为施政的首要目标、公众的信仰和大多数学者的共识。“发展（增长）”被捧上了神坛，成为全部社会政策和经济举措的正当性依据。增长主义意识形态影响下的宏观政策与建设实践对现代化进程产生了极为重大的负面影响：“可持续发展”的话语掩盖着盲目增长的突飞猛进，为发展（增长）而发展（增长）这种本末倒置的意识/无意识忽视人的主要追求。

在社会领域，增长主义意识形态影响下的政策偏好表现为对增长速度的崇拜以及一切工作服从于经济增长。对于环绕决策的主流意识而言，似乎经济扩张、“现代化”甚至超现代化就等于社会进步，社会一切问题的化解都绝对依赖于一定经济增速的持续及物质财富膨胀。尽管现实中迅速增加的 GDP 伴随着显眼的社会分层，但一些人仍然认为，GDP 和财政收入的不断增长就会导致日益和谐，因此，缓解不同阶层和群体的财富与生活质量的巨大差别一直被当作“非优先”的选项。由于经济扩张被设定为社会进步的基本前提，那些对 GDP 直接贡献小或者没有遇到市场机会的群体和个体，自然而然地成为社会前进过程中的落伍者，而那些落伍者被主流意识看成是增长/发展的累赘，解决落伍者难题的费用俨然成为增长的成本，因而以至于连一个非常容易解决的病有所医问题都难以落实。

在生态领域，增长主义意识形态背景下的政策偏好体现为对生态元素实际上的极大忽视。处在现代化发展进程中的社会主体，尤其是权力精英和经济精英怀有对“现代”社会图景和“高档次”生活方式及其象征物高楼大厦和小汽车等的迷恋，使高速增长的冲动无法缓解，对精英来说，自然在本质上仍是一种可以被掌控的对象物。结果是，虽然水、空气和粮食污浊不堪，而社会对生态危机的强烈感知、群众对生态价值的更高认识、学界对社会发展模式的反思和理论阐述只能产生十分有限的实际影响。

在增长本身，增长主义意识也仅仅注重规模扩张而忽视经济增长方式的转变。增长主义视野下的“效率优先”战略不仅导致不公平，而且仅仅关注商品经济效率而忽略资源环境的使用效率。为了追求 GDP 的快速增长和财政收入最大化，行政政策积极地鼓励与支持投资冲动，通过资源环境换增长，主导了一轮轮大项目、开发区、创业、招商引资、房地产、基础设施等方面的经济建设热潮，直接导致了高投入、高消耗、高污染、低效率的粗放型经济增长方式。即便是作为社会发展进步重要内容的教育、科学、卫生、文化事业，其发展也是以规模扩张为主，而其质量和公正性则严重滞后。从 20 世纪 80 年代开始，我国就致力于经济增长方式的转变，然而在增长至上观念的支配下，时至今日，经济增长的主要方式仍然是外延式的扩张，并且难以为继。面对世界市场不景气和本国产能的极度过剩，人们的种种经济对策仍然着眼于推动经济增长。

0.2 增长主义的实质与要害

（1）增长主义的实质。刘思华教授把增长主义称为“经济第一主义”或“极端的经济主义”，揭示了增长主义的实质。①

刘思华教授认为，经济第一主义有三层基本含义：一是经济决定一切，在现实经济生活中突出表现为经济增长决定一切；二是经济解决一切，经济高速增长是包医百病的“灵丹妙药”，社会平等也可通过增长来解决；三是经济评判一切，人类行为、发展方式、经济制度的成效都以经济成就来评判。经济第一主义实际上是把“经济”理解为经济规模和经济财富，所以，经济第一就表现为经济增长第一。

经济第一主义在理论观念上认为经济是决定一切的，甚至是至高无上的，其实践主旨就是片面追求和极力实现经济规模或 GDP 的无限扩张和物质财富的无限增长。

刘思华教授认为，经济第一主义是威胁人与自然和谐发展、生态与经济协调发展的主要危险。经济第一主义或增长主义把盲目追求 GDP 的不断增长作为经济运行的唯一目标，必然驱使着世界各国使用一切手段狂热追求经济高速增长，使经济增长和物质财富增长超过自然生态系统承载能力的极限。在此过程中，许多国家，包括当代中国在内的发展中国家，努力争取尽快实现工业化，尽量缩小与发达国家的经济差距，使 GDP 第一的经济主义支配各级政府的领导者和决策者，把 GDP 高速增长作为追求目标和业绩指标，因而忽视社会发展和社会公共安全体系建设，尤其不可能把公众身体健康和生命安全放在优先发展的战略地位；不惜牺牲生态环境以保证经济增长的目标得到实现，忽视环境保护与建设，结果经济建设越发展，生态与经济的矛盾越尖锐。

① 刘思华：《关于发展可持续性经济科学的若干理论思考》，载《经济纵横》2008 年第 7 期。

（2）增长主义的要害。

☞ 割裂经济与生态，增长逻辑压倒生态逻辑：经济增长有着自身的逻辑，笔者认为，增长的逻辑是，要实现更多的增长，就必须消耗更多的资源、利用更多的环境、开辟更大的市场、付出更多的劳动；增长的主导者在增长中得到的利益更多，但资源环境的耗损要由社会来承担，因而增长包含着过度破坏生态的趋向性；增长以其组织者而不是劳动者获取尽可能多的利益为动力，因而增长包含着破坏社会公正的趋向性。总之，增长要求生态和公正让位于自己。

但是，受到侵害的生态也有自己的逻辑。生态逻辑，简单地说，可以理解为人类的生态需要要求经济活动不破坏生态并发展生态。具体地说，生态系统中的各个物种相互联系、相互制约，组成相生相克的有机整体；商品经济增长消耗的生态成本如果超过生态自行恢复的再生资源与人类生态生产所创造的生态产品，生态财富就将减少。其结果是，经济增长的持续性将受到威胁，即使经济增长持续着，人类的生态需求也得不到有效满足；人类生态福利的下降也将超过经济福利的增加，甚至使人类难以忍受。这就要求人类社会保护资源环境，节制增长速度，提高生态效率，发展生态生产。

社会总福利是商品经济福利、社会文化福利与生态福利的统一，社会（总）经济或社会总生产应是商品生产增长、社会文化发展和生态生产发展的统一。增长主义的突出特征就是经济增长的生态成本消耗过多，生态生产过少，经济发展脱离生态制约，增长逻辑压倒生态逻辑。虽然一些社会和国家在一定程度上认识到了生态平衡的重要性，开展了维护与建设生态的活动，但是由于经济与生态被割裂，商品生产消耗生态成本的速度大于生态生产增加生态产品和资源再生的补偿速度，生态仍然不平衡。虽然社会不断地宣称要建设生态文明，但是由于经济与生态被割裂，社会总经济或社会总生产中的生态生产与商品生产之间不平衡，生态仍然“不文明”。经济与生态割裂的结果是增长优先的思路转变不了，如面对经济与生态的严重不协调，社会仍然鼓励人们更多地购买汽车，更多地消费电子产品与出行旅游，更多地创办民营公司和中小企业，鼓励更多地投资商品房、基础设施和大项目。

经济学也是就经济谈经济，就生态谈生态。虽然生态是商品生产的约束条件，但是通行的经济理论和经济政策研究，仍然不把生态状况作为经济要素和增长的前提。结果理论研究及政策建议也就不可避免地陷入增长主义的窠臼。

☞ 资本主导增长，资本逻辑压倒生态逻辑：在增长的逻辑与生态逻辑的矛盾中，包含着资本逻辑与生态逻辑的矛盾。近代以来，西方以私有制为基础的工业社会，个人主义世界观、极端利己主义思想和本位主义倾向居于主导地位，意识形态以个人利益为中心。在资本追逐最大利润的驱动下，工业化的发展不停歇地拼命追求经济规模扩张。由此，不仅衍生出尖锐的民族、国家和阶级之间的不平等、矛盾和冲突，而且使人类的发展陷入迷途，过度耗损资源环境，把生态危机呈现在人类面前。这一状况随着资本主义的世界性扩张而蔓延到全世界，并且先行现代化国家利用与破坏不发达国家的资源和环境，实施生态剥削与生态侵占。以上过程都是在资本的主导下发生的，马克思主义哲学家把这种情形称为“资本逻辑”。

所谓资本逻辑，是指资本作为占支配地位的现代生产关系，其运行过程所具有的必然性内在联系和运动轨迹的发展规律或趋向性。资本逻辑的实质是资本组织的经济权利和影响力。“资本逻辑”意味着，资本的拥有者是经济增长的组织者和利益分配的控制者，决定着经济增长和社会发展的轨迹。以增殖为本性的资本不断攫取自然力，把劳动力作为其实现资本本性、使少数资本家发财致富的工具。资本以无止境地追求利润和无限制地自我增殖为目的，带来了全球性的贫富对立和资源环境生态危机。马克思从资本逻辑的表现出发，揭示出资本的非人道性质和贪婪性，指出资本逻辑是经济、社会、生态走向困境和崩溃的逻辑，是社会公正逻辑和生态协调逻辑的破坏者。在社会主义国家，资本，甚至包括自负盈亏的公有资本，同样有着近似的行为逻辑。刘思华教授认为，“资本的逻辑”已差不多成为支配中国经济社会运行的主导逻辑。

☞ 藐视人民的全面需要，增长逻辑和资本逻辑压倒社会逻辑：社会发展规律和社会成员对社会关系的要求，本书把它称为“社会逻辑”。资本主义的社会逻辑是，资本决定着贫富分化的社会结构、不平等的社会关系和紊乱的社会运行机制。社会进步的逻辑趋势是人的发展和多种社会价值的实现。社会主义/共产主义的社会逻辑则是消灭阶级、消灭剥削的公有民主、平等共富的趋势和要求。增长逻辑和资本逻辑都是社会进步逻辑的破坏者。

通常认为，增长主义把发展的目标等同于 GDP 的增加、物质财富的累积和经济尺度下的社会进步——人均经济收入与物质消费的增加。这也许有点冤枉了增长主义，但增长主义的“增长至上”思维把人的生态需要、平等需要、发展需要以及政治、文化、道德等多方面决定人类幸福程度的社会价值和社会需要都置于次要、往往是十分次要甚至可有可无的地位，则是没有疑义的。这种严重偏执化的思维定式确已成为主流政治社会文化等方面的观念形态，主导着社会的政策取向、制度设计选择和推行机制保障。

马克思关于人的发展的含义是指每个人的劳动能力、社会关系、个体素质等全面、自由而充分的发展以及才能、志趣等的发挥。当代一些学者认为人的发展包括人们的物质生活要求，政治、文化和生态环境等方面需要的满足。现代社会在采取各种手段追逐财富的狂热中，忽略甚至否认经济社会发展的主体——人的发展需要这一社会发展和经济增长的最终目的，因而，尽管在某一时期经济会得到快速发展，但干扰和破坏了人的全面发展需要的满足，也就阻碍了社会的健康发展。

“增长至上主义”自觉或不自觉地认为经济发展似乎就是社会发展，经济增长似乎一定能带来社会的稳定与人类的幸福，这就必然轻视经济与社会的协调发展，轻视社会平等和共同富裕的重大意义；在社会问题严重时不允许为了更快解决社会问题而放慢经济增长的步伐，反而会采取压迫社会发展以优先发展经济的政策措施。主流意识往往还认为，经济增长需要以财富占有和经济发展成果分享上的不均衡乃至一些人被剥夺为前提，能直接提供（不等于创造）更多 GDP 和财政收入的群体和个人应当获得大比例的收入与利益。为了刺激增长，不惜采用剥夺弱者的通货膨胀政策和造成通胀的赤字财政政策，以及专断式治理方式。以上做法，必然带来财产、收入与消费的严重不平等，制造通货膨胀、贪污腐败和社会关系紧张，引发生产过剩、经济危机或变相的经济危机。结果，经济发展呈现出与非效率性并存的社会非正义性。

0.3 深入研究增长主义的重要性及本书的主要内容

我国学术界关于可持续发展和生态问题的研究，在客观上也是对增长主义不同程度的批判。例如，刘思华教授论证的经济与生态协调发展和生态经济有机整体理论、全面需要理论、绿色经济理论、生态文明理论、可持续发展新学说和生态马克思主义理论等，实际上都包含了对增长主义的批评。科学发展观提出坚持以人为本，树立全面、协调、可持续的发展观，是对经济增长主义的根本否定。

但是，现实中的增长主义依然故我。在“环境保护基本国策”、“可持续发展”、“科学发展”、“生态文明建设”等一系列方针的宣传贯彻中，高投资背景下的严重环境污染、资源浪费以及巨大的收入差距，很多群众在养老、医疗、居住、教育乃至日常生活等方面的困难仍然不同程度“持续”着。在经济增长遇到困难时，在保增长与保就业的过程中增长主义思维表现得更加突出。这意味着，物质至上、GDP至上的倾向仍然严重威胁着当代人的生存环境、后代人发展的持续性以及其他生物的生存权利，而某些社会成员对物质财富的大量占有，以及他们的高消费与生活品质，往往以其他社会成员的生存环境恶化甚至极端情况下的颠沛流离为代价。

遏制增长主义是学术界义不容辞的责任。国内外学者对生态的重要性，对全面发展的必要性，论述得已经非常充分，但对增长主义的形成机制和遏制机制，研究得还不到位。包括国际上一系列权威环境报告的生态文献，不是没有提出具体的解决对策，就是提出的解决对策没有抓住要害，对涉及要害的对策也没有展开分析，不太全面。为了克服那些片面、过度增长实践中的社会和生态的非正义性、非科学性，或如哲学家所说的“替天行道”，我们必须通过对增长主义的根源与失误做进一步深入与全面的透视，探寻克服增长主义的切实有效的途径。本书认为，需要重点深入研究的有以下几点。

（1）“生态—经济—社会”协调发展的均衡条件。针对增长主义割裂生态与经济、藐视人民群众全面需要的要害和认识根源，为整合增长逻辑与生态逻辑、社会逻辑的关系，我们必须研究如何具体处理商品生产增长与社会发展、生态生产的关系，在把握商品经济增长速度时处理好社会总生产中商品生产增长与生态生产发展的平衡，探讨如何实现包括经济福利、生态福利和社会福利在内的社会总福利最大化。

关于经济增长与生态的动态关系，相关学术研究取得了一些积极成果，但还需要深化。比如，有些研究结论认为，从长期看，经济和环境质量会自发沿着均衡增长路径发展，污染排放对经济增长的制约作用相对滞后，需要外部力量干预，资源利用尤其是能源消费可以相对较早地达到稳态。一些学者实证研究了环境库兹涅茨曲线理论，即部分环境污染物排放总量与经济增长的长期关系呈倒 U 形曲线。这种收敛和曲线理论忽视了收敛之前的巨大危害，而且环境均衡状态也不等于理想状态，不一定符合生态文明的要求。环境库兹涅茨曲线理论资源环境综合质量衡量指标的构造和计算也都备受争议。一些研究发现，推进环保政策和（或）加强绿色投资与长期经济增长呈正向关系。这些观点原则上是对的，但生态政策不能仅仅停留在“提高”、“促进”等层面上，必须确定到底如何具体处理经济增长与生态的关系。比如，保证经济可持续发展的增长与生态之间均衡的条件或量化关系是什么？生态不平衡时期经济发展速度的生态约束条件应当是什么？社会生态可接受底线是什么？生态文明发展的保证条件是什么？尤其是生态制约下商品经济最佳发展速度的基本均衡条件和量化关系是什么？本书第 1 章研究了上述关系的规律性与处理原则，后面用一章分析增长主义是如何违背这些规律和原则的，并据此把遵循这些规律纳入到克服增长主义的对策中。

刘思华教授指出，传统经济学的理论框架是生态与经济相分离的经济学理论框架。实现增长方式转变的首要问题是生态环境从经济发展的外生变量转化为内生变量。贾华强也指出，需要进一步做好可持续发展基础理论与传统经济学基础理论的衔接，把生态环境问题由经济发展的外生变量转向内生变量。[①]本书第 1 章对这一研究方向进行了尝试。

同时，人类大生态系统或社会总经济系统的生产是物质生活资料（货物和服务）生产、精神生产、生态生产乃至人口生产的统一，发展是为了实现人类总体幸福最大化的生产增长、经济平等、社会进步和人的多种需要满足的统一。因此，本书还研究了商品福利、生态福利与社会福利总体最大化的条件与途径。

（2）经济增长过程中制度与生态的关系。我国增长主义的文献，谈到关于增长主义的产生原因，一般都认为增长主义主要源于宏观经济战略，即政府在经济增长过程中扮演了过分重要的角色，而且过分地追求增长速度，同时中央对地方政府的政绩激励和财政激励起到了推动作用。关于克服增长主义的途径，主要集中于：①

① 沈满洪：《全国生态经济建设理论与实践研讨会综述》，载《经济学动态》2003 年第 4 期。

政府向服务型方向转变职能，从计划经济下直接拼经济增长的思维惯性中解脱出来；②重新设定干部衡量标准和考核指标；③公众制约。在研究中国经济快速增长原因的论文中，一般认为中国经济增长迅速的原因是地方政府主要领导干部具有经济增长的充分动力。对于这种动力的来源，有些人认为是以 GDP 为中心的领导干部政绩考核方式，如认为中央政府根据各地区的经济绩效来给予地方官员不同的待遇，有些人认为是财政激励。

这些研究存在很多问题。比如，许多国家增长都是通过企业而不是政府直接投资实现的，生态是个公共事业，离开政府将一事无成，政府不可能放弃宏观调控和经济政策制定的经济职能，克服增长主义不是转变政府职能所能解决的。再如，一些研究表明，中国从未以经济指标为中心考核干部，地区经济增速对干部提拔也没有显著影响；主要领导干部任期很短，拼增长难以很快增加财政收入。还有，马克思主义早就指出了资本主义私有制是生态问题的根源，现代生态马克思主义和生态社会主义也都做了很多论述。私有制经济对生态的破坏，从根本上说就是一种增长主义。但遗憾的是，我国学术界只有在专门论述生态马克思主义的时候才会提到生态问题与资本主义的关系，而大量研究对生态的具体认识和对策的文章、专著根本不提资本主义和社会主义等社会制度问题，甚至猛烈抨击资本主义破坏生态的文章，也仍然不提及特别是不会具体论述资本主义的反面即社会主义公有制对建设生态文明的必要性。大量马克思主义生态研究被束之高阁，好像是为学术而学术。

正如陈学明所说，要真正认识造成生态危机的根源并找到从这一危机中走出来的道路，必须深入地研究生态与资本的关系。[①]由于资本是现实社会问题与困境的始作俑者，不谈这一点而言其他，掩饰资本主义生产关系的局限性，不仅会影响现实问题的缓解，更不会从根本上最终解决生态问题。针对资本逻辑这个增长主义的要害问题之一，本书第 2 章进一步具体分析了资本主义私有制这个增长主义的制度根源，分析了增长主义在所有制问题上的错误，把公有制纳入克服增长主义的对策之中。当然也需要回答在“公有制”条件下为什么也存在生态问题。

（3）增长主义的理论误区和目标误区。增长主义不但有认识根源与制度根源，还有理论误区。例如，错误地理解“以经济建设为中心”、“发展生产力”、“发展是硬道理”、“发展是解决所有问题的关键”、“公平与效率的关系”等。国内外理论界

① 陈学明：《资本逻辑与生态危机》，载《中国社会科学》2012 年第 11 期。

存在一些大多数人以为是正确的而实际上充满错误的理论与观念，这些理论误区误导出一些经济增长目标误区和政策误区。例如，“宽松的货币政策”、“积极的财政政策”等实际上通常只能刺激过剩和通胀，浪费资源破坏环境，但常常被用来刺激经济增长；充分就业不一定依赖于经济的高速增长，高速增长也不一定能实现充分就业，但人们以为解决就业问题必须依赖经济增长，因而必须“保增长”；经济危机时“投资拉动”、“消费刺激”、“大力支持中小企业”等主张实际也是似是而非的，“发展外向型经济”、“城镇化”、“招商引资”等工作中更存在盲目增长的倾向。很多人把环境的改善寄希望于环保工作落实和生态制度完善，而实际上，只是重视生态环保，而不驱逐助长片面追求增长的幽灵，环境问题是不能解决的。问题的关键是，当人们制定经济发展目标、推出推动经济增长的举措时，都没有关注到，在生态治理工作尚不能大幅改善生态状态时，采取这么多的经济措施，增加这么多的 GDP，会不会使生态进一步恶化？用生态的持续恶化甚至进一步恶化换取这样的经济速度是否划得来？生态问题是经济过快增长的副产品，可是，面对水、空气、土壤和食品的严重问题，几乎没有官员提到应当减缓经济发展速度，甚至强调不能因此而忽视发展（实为增长）是硬道理。鉴于此，本书中间部分结合增长主义的实际危害，具体辨析了助长增长主义的理论观念及相应的工作目标和经济政策的误区之所在。

（4）增长主义的体制性原因与机制性对策。促动和维护经济不合理增长的原因中还有体制机制性因素，如领导干部业绩考核的不全面性、财政收支的不科学性、投资建设中的腐败空间，以及经济发展的独断性决策等。以决策机制而言，在资本主义社会，普通人尤其是穷人不可能具有富人尤其是金融寡头那样优越的话语权和影响力，但是要接受社会经济增长带来的副作用和国家决策的局限性，以至于出现“无情增长”下的“无声增长”。中国过去 30 多年的改革开放与现代化增长进程也未能把各阶层群体更为实质性地纳入到各项发展决策的正式平台，决策基本上是一种各领域高层精英影响和主导的“顶层设计”，甚至常常是个人的专断性决策，这是增长主义政策取向和实践导向得以蔓延的关键性机制原因。要想成功地克服增长主义，必须进一步研究经济决策和社会决策充分实行人民当家做主的必要性，论证好如何制度化地促进与生态相关的各种决策的民主化，设计好如何有序组织群众路线取向下的社会经济民主改革，从而以“参与式发展”推动“平等的发展”和“文明的发展”。基于此，本书最后两章对增长主义的体制机制性原因和体制机制性对策做了进一步的分析和探讨。

第 1 章

现代社会的增长逻辑与生态逻辑

生物界与整个自然界之间本来是自然循环、自发调节的关系。自从人类产生之后，这种关系就有了变化。人类与其他生物的根本区别是人能够通过生产劳动创造物质财富和精神财富，而创造财富必须通过改造自然、突破自然界的自发运转状态来实现。生产劳动以自然为条件，必须消耗自然、改变自然状态，对环境带来不利于生物与自然界之间协调运转的影响。这种影响也就是人类从事物质生产的生态成本，是对人类的生态财富的破坏。自从工业革命以来，这种生态成本就已经不能被忽视，到了 20 世纪五六十年代生产力大发展之后，这种影响已经给人类乃至整个生物界的生存和幸福带来了严重的威胁。这种威胁向人类提出了严峻的课题：如何使物质生产、附着于物质生产的社会生产和文化生活与生态资源相平衡？如何使物质生活、附着于物质生活的文化生活和社会生活与生态环境相和谐？如何使生存环境更加优质从而享受更多的生态福利？这一切，除了减少和限制对生态资源的使用外，还需要人类付出活劳动与物化劳动，创造新的生态产品，增添新的生态财富，这些活动也就是生态生产。

生态生产就是人类为了维护生态平衡、改善生态质量，付出劳动以减少物质生产和社会生活对生态系统的破坏，恢复遭到破坏的生态财富，发现新的生态资源，创造更高质量的生存环境，亦即创造生态产品的过程。

“生态生产”不是通常所说的“生态经济”。“生态经济”指的是一种经济发展模式，这种经济发展模式把经济发展建立在生态系统承载能力范围之内，根据生态经济原理改变生产方式，发展符合生态要求的产业。在市场经济中，“经济”意味着提供产值和利润，通常所说的“生态经济”指符合生态要求的提供产值和利润的商品生产活动，而生态生产意指维护生态、改善生态、发展生态的活动；虽然大部分生态生产与生态经济结合在一起展开，但也有些生态生产不在“经济”之内，生态生产分为商品生产的生态化和专门化的生态生产活动。生态生产的含义也不像有些学者理解的那样仅仅是补偿自然资源的活动或消除人类活动对自然生态系统的负面冲击的活动，而是包括发现新的资源、创造本来没有的生态环境的活动，如兴修水利、农田建设、空地造林、创造景观等，但不包括有学者理解的那样包含有自然性生态过程的含义即生态系统的生态自我调节或自我组织。

人类大生态系统的生产是物质生活资料产品（货物和服务）生产、精神生产、生态生产、人口生产的总和。人类大生态系统中的社会总经济系统，主要包括产品生产与生态生产。在商品经济中，产品生产表现为商品生产。社会（总）经济或社会总生产是商品生产和生态生产的统一。

商品生产加快，生态成本消耗将增加，如果商品生产的生态成本增速快于生态生产创造的生态产品加上自然再生资源再生的生态财富增速，并且二者之差大于生态财富利用效率即生态效率的提高，生态不平衡的状况就将出现。所以，笔者认为，生态平衡是商品生产速度、生态生产速度和存在于商品生产与生态生产之中的生态效率三者的统一。

因此，保持生态平衡，建设精神文明，要处理好经济与生态的数量关系，也就是要在一定生态效率和生态存量前提下，处理好商品生产增长与生态生产发展的平衡关系。

社会总经济效率是商品生产效率与生态效率的统一，社会总福利是在商品经济福利以及经济福利基础上的社会文化福利与生态福利的统一。在生态不平衡的情况下，社会所认可的商品生产提供的福利的增加程度小于社会所认可的生态福利的减少程度，社会总经济或社会总生产的产出就是负值。社会总福利减损达到一定程度，就会突破社会可接受的福利阈值。增长主义的错误就是使商品经济增长速度快于一定生态效率和资源存量基础上生态生产发展的速度，破坏了经济福利、社会福利与生态福利总体最大化。

增长与生态的矛盾也就是增长逻辑与生态逻辑的矛盾。生态逻辑与增长逻辑之间的矛盾，是当代社会的基本矛盾之一。增长逻辑要求消耗生态，生态逻辑要求保护生态。解决生态逻辑与增长逻辑之间的矛盾，人类必须服从生态逻辑，遵循生态系统的客观规律，把人的经济活动限定在自然规定的界限内，合理实现人与自然之间的物质变换，构建良好的、和谐的、社会与自然有机构成的大生态系统。

生态逻辑要求社会总生产合乎商品生产与生态生产的比例关系，符合商品生产与生态生产组成的社会总生产的客观规律。遵循社会总生产的客观规律关键是处理好商品生产消耗的生态成本与生态生产创造的生态产品/生态财富以及生态效率的具体关系，其目标是经济福利、生态福利及社会福利的最大化。在理论上，要把生态条件和生态生产、生态效率纳入到经济规律之中。

1.1 商品生产的生态成本

1.1.1 生态成本的内涵和构成

对生态成本的内涵，有些表述往往不够准确。例如，把生态成本概括为人类对生态资源的耗费，似嫌简单；把自然生态成本仅称为环境成本，或自然资源、生态环境保护方面的成本，或经济活动造成的自然资产的恶化，都不够全面；认为生态成本反映了“自然资产经济使用的价值”也不合适，因为价值是劳动的凝结。另外，认为生态成本既包括自然资源的损耗，又包括资源环境恢复的财力，是重复计算；认为生态成本是“有关生态的成本”，包括维持、保护自然生态的人类劳动耗费或其货币表现，太过宽泛，因为我们所研究的生态代价或生态成本，应是指人之外资源环境成本，是生态本身的耗费。

生态成本是指人类生产、交换和消费过程中造成的可变自然资源耗费和可变自然环境损伤。这种耗费和损伤既包括自然界原有自然财富的耗损，也包括对人类创造、付出资源保护和恢复的资源环境生态产品的耗损。生态成本的主体是社会，包括社区、地区、国家和全球。

生态成本按内容可分为资源成本和环境成本两大类，按性质可分为损耗成本和维护成本两大类。现行统计上的环境是广义的，即影响生物机体或人类社会的生存、发展的所有自然因素总体，包括资源，但狭义的“环境”与“资源”之间，性质、作用和影响都不同。“资源”或“自然资源”是指自然界中能被人类用于生产的物质和能量的总称，是生产资料或生活资料等的来源。狭义的“环境”或“自然环境”，人们日常生活所说的环境，与“资源”并列时说的“环境”，实际是指自然生活环境，即直接影响人类生存、生活的各种自然条件的总体。“自然资源”和“自然环境”似乎有些重复，但可以从其用途加以区分。“自然资源”是生产要素，“自然环境”是生活要素。

（1）自然资源成本。①自然资源耗减占用成本。自然资源耗减占用成本是指产业活动、消费活动等人类活动所耗费、占用的自然资源存量。自然资源作为生产要素，一些资源存量形成物质产品的实体，一些资源存量成为人类各类活动的物质条件。我国统计部门把环境退化分为环境污染和生态破坏。生态破坏虽然也直接影响人类的生存质量，但更多的是影响生产，是生产要素或资源质量的下降和数量的减少，应主要作为资源耗减来核算。对于其影响生活质量的部分，可按环境损耗恶化进行核算。②自然资源存量维护成本。自然资源存量维护成本是社会及其经济主体为减少自然资源损减、占用所付出的资源代价。比如提高土地、水和空间的利用率，对植被、生物加以保护，对矿产品进行深加工等。自然资源存量维护成本是指在这个过程中，为维护自然资源存量而付出的物质成本，实质也是资源耗减占用。

（2）自然环境成本。①自然环境损耗恶化成本。自然环境损耗恶化成本是指人类经济活动和社会生活给自然生活环境造成的有害于人类生存质量或生活质量恶化的成本。如生产发展造成的水污染、食物污染、生物资源减少、影响食物品质的动植物生长环境变差等。②自然环境质量保护成本。自然环境质量保护成本是指为防止自然环境遭到有害于人类生存、生活质量的污染破坏而付出的资源环境代价，可分为维护自然环境发生的成本和预防污染发生的成本。维护自然环境成本是指为了维护自然生态环境现状、保护自然环境质量，开展必要的活动而发生的成本；预防污染成本是指为避免污染发生而付出的物质成本或资源耗用。

1.1.2 研究与核算生态成本的重要性

古代的农牧业生产，基本上与自发的生态循环相融合，几乎没有什么生态成本可言，手工业生产对生态的耗损也极为有限。随着人口的增加和现代经济的快速发展，原料、能源、水、林草的消耗不断加大且日益紧张，矿山一座座枯竭，草原一片片消失，废水废气让世界污浊不堪，迫使人类社会高度关注经济社会发展在生态方面付出的代价或成本。人们认识到，只有生态方面的成本受到相当限制，社会经济发展才能持续，只有生态方面成本全部被补偿，社会经济发展才能健康。

一个被广泛引用的世界银行估算数据可让我们看出生态成本问题的严重性：中国 1995 年仅空气和水污染造成的直接经济损失高达 540 亿美元，占（科学的说法不是“占”，而是“相当于”）当年 GDP 的 8%。原国家环保总局和国家统计局联合发布的《中国绿色国民经济核算研究报告 2004》估算（后来不再核算），不包含自然资源耗减成本和生态破坏成本，2004 年全国因环境污染造成的经济损失不完全核算为 5 118 亿元，占当年 GDP 的 3.05%，如果全部处理好 2004 年点源（有固定的排污口集中排放的污染源）排放到环境中的污染物，需要投资 10 800 亿元，占当年 GDP 的 6.8%左右，同时每年还需花费治理运行成本 2 874 亿元（虚拟治理成本），占当年 GDP 的 1.80%。2008 年 8 月 1 日，《科学》杂志发表中国科学院资源环境科学与技术局局长傅伯杰的文章。文章称，估计过去 20 年间，中国因环境污染和生态退化造成的损失占 GDP 的 7%～20%。据日本专家预测，太湖治理需要投入 5 万亿元，如果此估计准确，太湖周围几十年的经济活动是盈利还是亏损就很难说了。[①]据环境保护部环境规划院最后一次测算，不含资源耗减成本的环境退化成本，2010 年达到 15 389.5 亿元，占 GDP 的比例为 3.5%左右。易正（笔名）曾估计：1997 年中国每年森林综合效益损失 4.76 万亿元；水资源的经济与生态价值损失 3.81 万亿元；耕地损失 3.73 万亿元；因生态劣化而造成的以水为主的自然灾害的经济损失 2.24 万亿元；空气污染以及固体废物与农药污染的损失共计 5.46 万亿元；草原资源价值损失 1.54 万亿元，合计 21.54 万亿元，[②]即每年全部生态损失相当于 GDP 的两倍多。这种状况现在并没有根本改观。

确立生态成本的概念并加以专门研究之所以很必要，这是因为：①单个经济主体不会自觉重视对社会非常重要的生态成本。生态成本的特点是整体性、外部性和长远性，生态成本的控制需要公共性、计划性和事先性。微观经济主体关注的是局部利益即利润、政绩、个人收益和自我享受，单个经济主体对生态财富的消耗数量在社区和国家总的生态财富的耗损份额中微不足道，一般而言不会关注作为社会成本的个人消耗的生态成本，更不可能自觉地去解决生态成本问题，也就是存在严重

① 崔凤山：《经济增长要计算生态成本》，2006 年 5 月 25 日《中国环境报》。

② 《中国经济增长的代价：生态成本超过 GDP 两倍》，载《领导决策信息》2003 年第 18 期。

的市场失灵；关注和解决生态平衡、控制生态成本损耗必须依靠国家和人民的力量。②微观经济主体并不对社会十分重要的生态成本进行核算。微观经济主体核算的是经济成本或生产成本，微观市场主体的生产、交换和消费的成本核算虽然也包括部分生态成本，但并没有把生态成本从总成本中分离出来；经济主体的生产资料消耗是生态成本，但许多生产资料的消耗是纵向相关的诸多企业共同消费掉的。所以，生态成本核算必须由社会来进行。③社会商品生产成本与社会生态成本有着重大差别。大量的生态损失没有计入经济主体的商品生产、流通和消费的成本；人力成本和资金成本（利息）并非生态成本；社会总物料成本不是微观经济主体物料成本的加总，许多原材料是由资源开采、提炼、加工、制造、流通、消费等一系列环节共同消耗掉的。因此，必须从社会的角度出发加以研究。

理论界用“环境成本”、①“可持续发展成本”、“自然生态成本”，②“生态环境成本”或“绿色成本”③等用语表达关注生态消耗问题的必要性。而笔者认为，“可持续”、“环境”、“绿色”等用语都不全面，“自然”与“生态”又重复，而使用“生态成本”一词最恰当。

重视生态成本概念并对生态成本进行较为科学的核算，有利于正确评价微观经济主体的全部成本，为国家正确制定产业政策、环保政策和消费政策提供参考和依据，从而促进企业合理竞争，优化资源环境；有利于完善国民经济核算体系，正确评估社会资源环境消耗及其与新增生态财富的关系，从而正确把握好国民经济发展速度，以生态逻辑应对增长逻辑，维护好人类社会和国家的生态环境。

1.2 生态生产的生态产品和生态财富

1.2.1 生态产品

物质生活资料生产中要素资源的减少和生活环境的退化给人类的生产和生活带来了严重的威胁，而资源环境是人类维持商品生产顺利发展和人民生活正常需要

① 周红：《大型工程全寿命期生态成本研究综述》，载《科技进步与对策》2009 年第 21 期。

② 胡元木、白峰：《简释可持续发展成本》，载《山东经济》2008 年第 6 期。

③ 黄烈生、张丹：《煤炭企业生态环境成本分析》，载《会计之友》2008 年第 4 期。

的必要条件，所以社会不能不付出极大的努力来恢复被破坏的环境要素，重新创造新的资源环境，恢复商品生产所需要的生态平衡乃至在更高的水平上形成符合人民需求的生态系统。这一活动就是通过生态生产创造生态产品。

1.2.1.1 生态产品的内涵与种类

在日常生活、商品生产和有的论文中所说的“生态产品”，并不是我们这里所说的“生态产品”，而是相当于或接近于商品生产中所说的“绿色产品”、“节能产品”和“环保产品”等，如无污染蔬菜，这些产品具有节约能源、无公害等特点。目前对这种“生态产品”的理解，有的是强调产品在生产过程中不对环境造成危害，有的强调产品在使用过程中不会对环境以及消费者造成危害，有的强调产品符合再循环使用的要求。虽然这些产品由于节约资源、保护环境而在客观上增添了生态财富，但它们本身不是经济学角度所讲的生态产品即被生产出来的资源环境本身，而是资源环境的产出。

2010 年 12 月国务院印发的《全国主体功能区规划》在注释中给生态产品下了一个正式的定义：生态产品是指维系生态安全、保障生态调节功能、提供良好人居环境的自然要素，包括清新的空气、清洁的水源和宜人的气候等。这一定义存在诸多问题。首先，“维系生态安全、保障生态调节功能、提供良好人居环境的自然要素”可能是人造的，更可能是天然的，而“产品”是人类活动或劳动的产物。此规划说“从需求角度，这些自然要素在某种意义上也具有产品的性质”是不严谨的，因为是不是产品不在于有无需求，而在于是不是“生产”的“产品”。其次，说生态产品“包括清新的空气、清洁的水源和宜人的气候等”似乎只是指自然环境，这是不全面的。生态系统既包括自然环境，也包括自然资源，生态产品当然包括要素资源产品。

经济学研究的生态产品，应是指人类为实现商品生产的平衡和生态文明而发掘、创造的自然资源，以及为提高生存质量而修复、改善的自然环境。

生态产品分为自然资源（要素资源）产品和自然环境（生活环境）产品两大类。自然资源产品主要指新开发的资源和资源效率的提高，具体包括：新开发的可用地和土地改良，新发现的矿物能源和矿物能源效用的提高，增加的培育性生物资源和野生动植物可利用性提高，增加的生产性可用水，被恢复的已破坏地表，回收加工可利用的再生资源，空间、土地和其他资源的节约等。自然环境产品主要指改善的环境和新增的优质环境，具体包括：空气中污染物的减少和养分的增加，饮用水水源污染物的减少和养分的增加，风沙冷暖干湿等气候的改善和灾害的减少，噪声的减轻，景观休闲旅游场所的增加，能提高食物性动植物质量的生长环境的改善等。

生态产品可以是商品生产的副产物，也可由政府或产业专门来提供。政府必须提供大量财力从事生态产品的研发、资源保护和环境治理。专门提供生态产品的产业是生态产业，属于商品生产的一部分。我国的生态产业一般被称为“环保产业”，是指在防治环境污染、改善生态环境、保护自然资源等方面进行技术开发、产品开发、商品流通、资源利用、咨询服务、工程承包等活动的行业。“环保产业”很容易被狭义理解为在环境污染控制与减排、污染清理以及废物处理等自然环境方面提供产品和服务的产业，但广义环保产业应包括提供洁净生产、节约能源的技术、设施和服务，以及从事产品的回收、安全处置与再利用等活动的产业，即全面的生态生产。

与商品分为货物和服务两大类相似，生态产品也分为实物和服务两大类。自然资源主要表现为有形产品及有形产品效能的提高，自然环境产品更多地表现为为有形环境提供无形的服务。

生态产品可以独立地存在，也可以和商品产品相伴生。例如森林的增加本身是自然资源的增加，这一资源会提供立木、林副产品、野生动物产品等商品产品，同时还会提供一系列生态产品，诸如优质土地（土壤生成、土壤保持、土壤结构和肥力改良、固沙、防洪），优质空气（空气净化、富氧），优质气候（高温降解、温度保持、生物固碳、防风、遮阳），优质水源（涵养水源、净化水体），还有生物多样性维持、营养元素循环、旅游服务、抗噪声污染、病虫害防治等功能。

1.2.1.2 生态产品的使用价值与价值

生态产品作为人类劳动的产品和商品社会的商品，和产业商品一样，具有价值和使用价值这两个商品的基本因素。

生态产品的使用价值，是其生态价值或生态效能。马克思在论述使用价值时指出，物的有用性使物成为使用价值；商品体本身，就是使用价值，或财物。因此，生态产品，即人类创造出来的资源和环境本身，就是使用价值。使用价值的量就是增加的自然资源和改善的自然环境的物理量。生态产品成为使用价值，是因为它们在生态方面对人类有效用。不同的生态产品有不同的效用，不同质量的同种生态产品效用也不同，同类生态资源可以转化为标准使用价值（如标准煤），然后转化为使用价值总量。同时也可以用货币相对表现其使用价值和交换价值。

有些单独存在的生态产品只具有生态价值，不具有经济物品使用价值，或生态价值极其显著、经济物品使用价值十分微小。有些和商品产品伴生的生态产品，既具有生态价值又具有经济物品的使用价值。

生态产品的价值，就是凝结在生态产品中的无差别的人类抽象劳动。生态产品的价值量，就是凝结在商品中的社会必要劳动时间。按照马克思的论述，价值的产生以商品的交换为前提，但生态商品却不一定必须经过市场交易，因为政府要投入财政经费进行资源开发、环境保护和生态技术研究开发及应用，最后免费使用。许多生态产品还是商品生产的伴生物；一些生态产品虽然进入市场交换，由于有许多政府补贴，其偏低的价格或交换价值也不能完全表现出生态产品的价值量。但是马克思所讲的商品交换，是相对于自然经济的自我生产自我消费而言的。现代的许多产品，表面上没有进入市场交易，但已不是自给自足的自我消费，实质上是进入交换的，并且这种交换还以货币为媒介，只不过这一交换的主体不是以盈利为目的的企业和以货币形式购买的消费者。政府征税就是集中消费者的货币资金，政府财政相应开支就是受消费者的委托购买生产生态产品的物质资料和劳动力，并且亲自组织生产过程。当然这与实行计划价格，无偿调拨、无偿分配的计划经济不同。

生态产品的价值形成与农业生产价值形成有类似之处，因为生产要素中更多的是自然资源。由于同类生产的自然条件差别较大，同样劳动耗费所形成的使用价值和价值的量差别也很大。马克思曾指出：生产力特别高的劳动起了自乘的劳动的作用，或者说，在同样的时间内，它所创造的价值比同种社会平均劳动要多。“机器的制造和使用所必需的主要要素如铁、煤炭、木材等的自然财富，在这里表现为资本的自然丰度，并且是一个不以工资的高低为转移的决定利润率的要素。”[①] 在那些自然条件好的地方所进行的生态生产，必然创造较多的使用价值，形成较多的价值。

1.2.2 非产品再生资源环境

新增添的资源和环境并不都是新增添的生态产品，大量资源环境的恢复、增加和改善是自然地完成的，这些天然再生、新生资源环境同样对生态平衡和生态环境产生影响。

通常，自然资源分为不可再生资源和可再生资源。不可再生资源如矿产在相当

① 《马克思恩格斯全集》第二十五卷，北京：人民出版社，1974 年版，第 122 页。

长的时期内用一点少一点；可再生资源重新产生后成为再生资源。再生资源又有不同情况：①第一种情况我们可称为不变再生资源，指不会随着人们的利用而发生变化的自动更新资源。比如耕地，今年使用的是这些，明年还是那么多，正常地使用不会使之减少，与此相同的还有太阳能、风能、地热、水能、潮汐能、气候资源等。②第二种情况我们可称为可变再生资源，指许多物质资源被人类开发利用后，在一定时间（一年内或数十年内）通过天然过程或人工活动可以循环地重新生成、生长和繁衍，有的还可增加储量的资源。比如河水可以通过降水得以补充、森林可以重新长出，甚至超过原有规模。这种可再生资源有土壤肥力、植物、动物、微生物以及各种自然生物群落、氧气、森林、草原、海洋资源等。当然可再生资源也可能转化为不可再生资源，如水土流失和土壤侵蚀严重，土壤肥力在一定程度上会变得不可再生，一些生物也是如此。③第三种情况即通常所说的狭义的“再生资源”，是对已经消耗的物资实行加工、提炼和再利用形成的。“再生资源”的形成使不可再生资源在一定程度上成为可再生资源。在以上 3 种情况中，不变再生资源和可变再生资源中的非劳动天然形成的部分，属于“非产品再生资源”。

再生环境也有不变与可变之分。大气和气候等环境就基本属于自动更新的不变再生环境。可变生活环境也有可再生与不可再生之分。有些严重污染的消除数十年乃至上百年都不能完成，如海洋污染净化、核污染消除、某些垃圾的自然降解，我们只能将这些被破坏的环境视为不可再生环境。通过天然过程或人工活动使污染得到净化的环境和生态生产创造的环境，就是再生环境。大部分再生环境是可变再生环境。其中非劳动自然形成的环境，属于“非产品再生环境”。

可变再生资源环境有些是自然更新生长的，如次生林；有些则是生态产品，如人工林；也有些再生资源环境既有人类劳动推动的部分，也有天然演变的部分，如土壤、动植物、空气、水、气候、景观、地质环境等的改变往往都是天然演变和人工推动相结合的产物。人工推动产生的资源环境和“再生资源”属于生态产品，只有不变再生资源环境和可变再生资源环境中的非劳动产品部分，作为天然再生资源环境，才构成“非产品再生资源环境”。

对于不变再生资源，如太阳能、风能、地热等基本恒久不变，尤其是太阳能数量超大而且可以不受限制地利用，当我们研究生态平衡和生态财富时，可以置而不论。不变环境也是如此。我们考察核算非产品再生资源环境，主要应当考察可变再生、新生资源环境。

1.2.3 生态财富

生态产品加上天然再生资源环境就是新增生态财富。生态财富增量加上原有生态财富存量等于生态财富总量。生态财富就是直接或间接为满足人类生产生活需要服务的资源环境条件。

马克思在《资本论》中把人类外部的自然条件分为“生活资料的自然富源”（Natural wealth in means of subsistence）和“劳动资料的自然富源”（natural wealth in the instruments of labour），前者如土壤的肥力，渔产丰富的水域等，后者如可以航行的河流、森林、金属、煤炭等。[①]在这里，“生活资料的自然富源”即大自然生态循环自动提供生活资料，人类无须经过加工劳动，只要付出收获劳动就行了，是生产资料的直接来源，即可以直接作为生产资料的自然资源。人类在借助于“劳动资料的自然富源”——生产资料——获得生活资料时还需要付出加工劳动，所以“劳动资料的自然富源”是间接满足人类生活需要的。不过这里讲的“自然富源”只是自然资源财富，没有包括自然环境财富。在环境比较好、物质生产水平不高的情况下，自然环境财富在经济中显得不很重要。在今天，美好的自然环境不断遭到破坏，而物质生活压力对全社会来说日益减小，人们对良好自然环境的需要日益增加而迫切。在此情况下，环境财富的重要性日益增大。

刘诗白根据马克思“自然富源”的提法提出“自然财富”概念，[②]有学者建议确定生态财富命题，将能够满足人的生产需要以及消费需要的自然对象、自然条件称为自然财富或生态财富。[③]但马克思的“自然财富”主要指自然资源，不包括环境，且“自然”一词不能体现生态财富中人类创造的部分，因此称为生态财富更妥当。

确立生态财富的范畴十分必要。物质财富分为生产资料财富和生活资料财富，而资源环境是生产资料和生活资料的来源，或者是其构成部分，所以也是财富。资源环境作为物质生产得以进行和持续健康发展的基础和人类生存生活的必要且重要的条件，是人民身心健康、富裕、享乐和文明的保障，理所当然地是人类财富的

---

① 《马克思恩格斯全集》第二十三卷，北京：人民出版社，1972年版，第560页。

② 刘诗白：《论自然财富》，2004年2月3日《光明日报》。

③ 赵正全：《论确立生态价值观与生态财富观》，载《岭南学刊》2008年第4期。

重要内容。但是生态财富之所以必须单独提出来，还有特殊原因。首先是商品经济中经济主体关注的财富不是生态财富而首先是金融财富，其次是隶属于自己的生产资料和生活资料财富。但金融财富对社会而言只是交易工具，本质上并不是财富，而生态财富一般而言不能由个体单独拥有、消费和生产；自然环境虽然对个人有直接影响，但自然环境是集体消费品。生态财富在整个财富中的特殊性在于：生态财富是其他财富的源泉，生态财富是社会性财富，必须社会重视，由社会来核算。重视生态财富范畴，可以唤起社会对资源环境的更高重视，引导社会对生态财富合理地使用、分配、管理和创造。

生态财富是生产的组成要素之一，是社会生产力的载体之一。①如果站在全社会的角度，资源的作用不是劳动对象和生产工具所能完全体现的。《资本论》把生产的要素解释为劳动者、劳动对象和劳动资料，其中劳动对象和劳动资料构成生产资料。但在马克思那里是从企业直接生产领域的角度来阐述生产要素问题的，实际上，马克思并没有说过生产过程的要素是生产力的要素，没有说社会生产要素就是那 3 个要素；很多生态财富处于潜在的可利用状态，是社会生产要素和生产力的要素，但很难说已经成为劳动资料和劳动对象。马克思曾把自然条件与生产资料相并列："劳动生产力是由多种情况决定的。其中包括：工人的平均熟练程度，科学的发展水平和它在工艺上应用的程度，生产过程的社会结合，生产资料的规模和效能，以及自然条件。"[①]②环境的作用没有被包括在生产资料中。人的劳动与自然环境相结合，为人类提供满足健康、享受和高质量生活需要的环境服务产品，环境的质量、数量和状态制约着环境生产的效益和效果，而环境提供的服务也是一种生活资料。③作为生产要素的生态财富，不是生产力本身而是生产力的载体。按照通行的定义，生产力是人们征服自然、改造自然以获得物质生活资料的能力，是人们改造自然的物质力量，构成生产力的基本要素是：以生产工具为主的劳动资料，引入生产过程的劳动对象，具有一定生产经验与劳动技能的劳动者，还有渗透在生产力实体要素中的科学技术等。如果我们接受生产力是一种能力或力量的定义，那么劳动者、知识、制度、劳动对象、生产工具以及引入产业过程的资源和环境都是生产力的载体而不是"力量"或"能力"本身。

生态财富与商品经济产业生产存在水乳交融的关系。生态财富是产业生产发展

---

① 马克思：《资本论》第一卷，北京：人民出版社，1972 年版，第 53 页。

的基础，生态财富的存量、利用范围和利用效率制约着产业发展的速度和质量。产业生产对生态财富的消耗就是生态成本。为了保证经济增长的顺利实现，必须保护好生态财富，节约利用生态财富，开发新的生态财富，创造新的生态财富，保持新增生态财富与生态成本的平衡，为此需要相应的生态核算。

1.2.4 生态财富的国民经济核算或生态核算

通常认为，绿色GDP核算——从GDP中减去资源耗减价值和环境退化价值——可以综合反映国民经济活动的成果与代价，有助于寻求更好的可持续发展道路。

学术界对绿色GDP的具体解释不尽一致且问题较大。①对扣除内容的解释往往超出资源环境范围。如有人认为绿色GDP扣除的对象不仅包括环境污染、自然资源退化而且应包括教育低下、人口数量失控、管理不善等因素引起的经济损失成本，还有人认为必须扣除安全生产事故造成的损失以及处理这些事故的支出，突发事件造成的损失以及处理这些事件的支出，防范和处理市场不公正、腐败造成的损失，有人认为人力资本和社会资本的折旧也在扣除之列，还有人认为要减掉人文部分虚数等，这些都不是“绿色”和生态代价问题。②有观点认为应扣除固定资产折旧，这种观点会导致重复扣除。如果在宏观核算中减除资源方面的消耗，则即期折旧包括在前期资源消耗中，未来折旧包括在即期资源消耗中。③如果要坚持这一研究，其“绿色GDP”用语也不科学。一方面，站在一国的角度，应核算权属归于本国的“国民”生产总值，因此所谓绿色核算应以GNP为基础，核算“生态国民生产总值（ENP）”或“环境GNI”（联合国称GNP为国民总收入GNI）。另一方面，绿色GDP中的“绿色”仅是污染的对立面，不如“生态”更全面。④相关理论研究和核算实践都忽视了生态财富的增加。新增生态资源产品，除“再生资源”外，绝大部分并未计入GNI，所以不能只减不加。因此，如果我们接受绿色GDP或环境GNI或ENP核算原理的话，其公式应当为

生态国民生产总值ENP（生态国民总收入、生态GNI）＝国民总收入−自然资源损减占用成本−自然环境损耗恶化成本−自然资源存量维护成本−自然环境质量保护成本＋未计入GNP的新增生态财富

等价的公式是

ENP（ENI）＝总消费量＋总储蓄量−自然资源损减占用成本−自然环境损耗恶

化成本－自然资源存量维护成本－自然环境质量保护成本＋未计入 GNP 的新增生态财富

简化的公式应当是

生态 GNI＝GNI－生态成本＋GNI 未含的新增生态财富

最后一个公式表明，生态国民生产总值（ENP）是大于 GNP 还是小于 GNP，取决于生态成本和新增生态财富哪个数值更大。生态成本是可变再生资源和生态产品即新增生态财富的消耗，不涉及不变再生资源。所以，如果生态成本大于新增生态财富，则 ENP 小于 GNP，如果生态成本小于新增生态财富，则 ENP 大于 GNP。所以，我们只要比较生态成本和新增生态财富孰大孰小，就可以判断当期生态平衡是否实现，对于生态平衡而言，实际上并没有必要以 GNP 为中介而使用 ENP 或绿色 GDP 的概念。

事实上，通行的绿色 GDP（绿色 GNP）核算无法起到反映生态平衡的作用，也不能回答生态问题的严重程度。1946 年希克斯提出绿色 GDP（可持续收入）的基本思想时，想要解决的问题是：只有当全部的资本存量随时间保持不变或增长时，这种发展途径才是可持续的。"绿色 GDP"要求从经济 GDP 中扣除环境资源成本和对环境资源的保护服务费用，所以绿色 GDP 的核算就是一个减号，绿色 GDP 永远是 GDP 的一部分，这怎么能看出来全部资本是否保持不变或增长呢？这是看不出来的。如有研究课题计算，北京市 1997 年按生产法计算的绿色 GDP 占 GDP 的 74.94%，按支出法计算的绿色 GDP 占 GDP 的 75.75%，据此你能证明经济发展是可持续的还是不可持续的？如果你认为经济发展是不可持续的，那么百分之几十才是可持续的？90%是可持续的吗？那也不一定。100%似乎是可持续，但生产没有生态消耗，那怎么可能？有人说，绿色 GDP 占 GDP 的比重越高，表明国民经济增长的正面效应越高，负面效应越低，反之亦然。面对 75.75%这个数字，你如果断定是负面效用大于正面效应，那百分之多少是正面效应大于负面效应？显然没有办法判定。因为"绿色 GDP"没有包括生态财富增加。再者，如果生态成本不变，而 GDP 提高 10 个百分点，"绿色 GDP"也就跟着增加了几个百分点，资源环境问题因此而缓解了吗？一点也没有。

更重要的是，GDP 与生态成本不是一个序列的概念，不存在可加可减的关系。①GDP 是流量，是收入，GDP 不断产生并随时消耗，且在一定时期后要全部消耗掉，而资源是存量，是固定资产，生态损失是长久性存量资源财富减少，GDP 与资源性质不同，不应相减。②GDP减去生态损耗所得出的“绿色GDP”，既不代表净财富，也不代表净收入或新价值。财富是存量概念，国民物质财富等于自然财富存量和人造财富存量之和，GDP本身既不是社会财富存量，也不等于每年财富存量的增加，所以从GDP总量中减去生态成本，并不等于人们所说的“真实国民财富”。有人认为，绿色GDP是衡量各国扣除自然资产损失后新创造的真实国民财富的总量核算指标，其实，所有的GDP，尤其是NNP本身都是新创造的真实国民财富，都是新增价值和新增使用价值，再减去一些东西就不等于全部新创造的真实国民财富了。不过，大部分GDP都要被消耗掉，GDP的增减完全不等于财富存量的增减；净收入是GDP减去折旧后的余额，生态财富不是收入，其损失也不等于收入GNP的减少。③GDP总量本来就不包含资源损耗和环境退化价值，还要减什么？GDP计算时已扣除物质消耗，生态成本或资源环境不是GDP的一部分，尤其是原料燃料、环境退化等更不是GDP的一部分，为什么要减？减去之后代表什么？什么也不代表。有些污染也不是GDP而是生活造成的，更不应从中减去。与生态成本对应的是生态财富，从新增生态财富中减去生态成本即资源环境损耗，才能说明问题。因此，“绿色GDP”虽然有环保绩效的比较作用和模糊的警示作用，但不是一个反映特定客观事物的科学范畴。

“绿色”核算思想只可能在福利的角度有确切的意义。因为用于消费的GNP是直接带给社会的福利，而自然环境损耗恶化是负福利，所以我们可以从社会消费总额中减去自然环境损耗恶化成本和自然环境质量保护成本，得到“绿色福利”，但不必减去资源耗减和维护成本。即：

“绿色福利”(社会净福利）＝社会消费总额－自然环境损耗恶化成本－自然环境质量保护成本＝总消费－净自然环境成本（生态环境改进－生态环境损伤）

同时，我们不仅要进行生态成本和生态财富的流量核算，还要对生态财富的存量进行核算，即在国民经济核算体系中进行全面的生态财富的国民经济核算。

1.3　经济增长与生态效率和生态福利

商品生产与生态生产能否均衡，除了取决于两种生产对生态财富/生态成本的损耗速度和生态恢复/生态生产的速度，还取决于生态效率。商品生产与生态生产的判断标准是社会总福利最大化。

1.3.1 生态效率

为了把任何事情办好，都要提高效率。为了做好生态工作，也需要提高效率。生态经济效率概念在 1990 年就由德国学者提出来了。在 1992 年巴西里约热内卢地球问题首脑会议（Earth Summit）上，Eco-efficiency 一词受到重视。联合国下属组织——企业可持续发展委员会（BCSD），从企业角度提出的报告书《改变经营之道》正式提出 Eco-efficiency 一词，并于 1993 年在比利时安特卫普召开的会议上对 Eco-efficiency 下了定义：Eco-efficiency 必须通过提供具有竞争力价格的商品与服务来实现，而这些商品与服务必须在满足人们需求与提升生活品质的同时，逐渐降低其生命周期中对于生态的冲击与资源的消耗强度，使之至少与估计的地球承载能力相当。

我国学界不同学者分别将 Eco-efficiency 翻译为生态经济效益（认为 Eco 既含有生态之意，又含有经济之意）、生态效益或生态经济效率。本书认为应称生态效率，主要基于两点：①“效益”表达不了“效率”的意思。虽然经济效率和经济效益都可以解释为投入产出之比，但经济效率是生产要素和产品之比，经济效益是商品经济中效率的货币表现。通常，经济效率＝产品或服务/（活劳动投入+物化劳动投入），考虑到生态问题，分母可再加上资源投入。而经济效益＝有用经营成果或实现的价值/资金占用或成本支出。经济效益好往往是由于效率高，但经济效益要受供求关系、营销能力、物价汇率、税收政策等诸多因素的影响，经济效益的高低并不完全和效率成比例。经过矫正的“效益”才是“效率”的表现形式。另外，经济效益是商品经济的范畴，是经济领域的范畴，而效率是普遍的范畴，在非商品领域、非经济领域也都适用。生态问题恰恰不完全是经济问题和商品问题，人类的很多生态活动暂时不带来经济上的利益，如生态基础科研、为了科研而建立生态系统、有些环境改造等完全没有经济效益。不仅如此，在经济活动中，人们所说的效益，并不包括全部投入产出之比，更多的是指资本利润率即盈利状况，基本不是效率问题，而在日常生活中，效益一词还往往含有“收益”而非投入产出之比之意，如有人认为森林生态效益就是森林对外部生态环境产生作用和效能的经济价值量的大小。[①]因此，谈

---

① 高建中：《论森林生态产品——基于产品概念的森林生态环境作用》，载《中国林业经济》2007 年第 1 期。

生态问题最好把生态效率作为基本概念，而在必要的时候辅以生态效益一词。②生态效率不总是经济问题，不应都说成是生态经济效率。虽然生态问题的解决离不开经济，但“生态效率”的着眼点是解决生态问题而非解决经济问题，而且很多生态问题要在非经济领域去解决。因此研究生态效率不应使用生态经济效率这种含义不清晰的用语。

此外，生态效率应指社会生态效率而非企业生态效率。有学者接受了联合国企业可持续发展委员会从企业角度对生态效率的定义，认为生态经济效率概念融合了企业的环境业绩与经济业绩，要求企业以最少的生态环境影响实现最大的价值。[①]经济合作与发展组织对生态经济效率概念的定义是“生态资源满足人类需要的效率”，但也仍限于“企业、部门或所有经济单位”。这都是不合适的。实际上，虽然社会应要求企业承担生态环保责任，但生态问题是社会的目标而非企业的目标；虽然社会的任务大部分要通过企业的行为来落实，但社会效率不是企业效率的简单增加；社会还有个资源配置效率和非企业生态问题。

关于生态效率的含义，把生态效率解释为“生态投入在经济产出方面有效率”，或“经济投入在生态产出方面有效率”，或“经济与生态双向有效率”都不够全面确切。经济合作与发展组织对生态经济效率概念的定义是“生态资源满足人类需要的效率，它可看作是一种产出除以投入的比值，其中‘产出’指一个企业、部门或所有经济单位生产的产品和服务的价值，而‘投入’指由企业、部门或所有经济单位产生的环境压力的总和。”这是把生态效率解释为“生态投入在经济产出方面的效率”，即生态效率＝经济产品和服务的价值/环境压力或影响。世界企业可持续发展委员会对 Eco-efficiency 的解释是：生态效率＝产品或服务的价值/环境影响＝价值的增加/环境影响的增加。我国也有学者把生态（经济）效率解释为经济价值的增量与环境影响的增量的比值关系。[②]欧洲环境署也将生态效率解释为用尽可能少的资源，获取尽可能多的财富，其衡量生态效率战略的指标有两个：生态紧张度＝生态/经济指标；资源产出率＝经济/生态指标。但也有人把生态效益理解为劳动占用耗费与生态效果的比较，[③]即生态效率＝生态效果/劳动占用耗费，也就是“经济

---

① 张亚连、孙凤英、张卫枚：《企业生态经济效率与可持续发展》，载《城市问题》2011年第6期。

② 顾银宽、张红侠：《生态经济效率有关问题研究》，载《安徽工业大学学报（社会科学版）》2008年第6期。

③ 许坚：《生态效益与生态经济效益的界定：兼与张叶先生商榷》，载《生态经济》1994年第2期。

投入在生态产出方面的效率”。我国还有学者认为，生态（经济）效率可对生态和经济的综合业绩加以评价；虽然强调提高生态经济效率意味着通过生态改善，来达到经济的效益，但又认为，如果将生态环境作为一种资源投入，则应力求以最小的资源投入产生最大的经济产出；如果将生态环境的改善作为一种产出，理应力求在一定经济投入条件下，得到环境的最大改善效果。①这种解释是把生态效率理解为“生态有经济效益”和“经济与生态双向有效率”。

实际上，经济指标与生态指标之间并没有完全对应的关系，很多环境压力如地下水位下降不是商品生产造成的。生态效果与劳动占用耗费之间更不是对应关系，因为用来改善环境的投入，只是劳动耗费占用的一小部分，还需要自然资源的一定耗费。从字面上说，生态效率是生态系统中物质、能量的转换、利用效率。②但实际上，生态与经济社会之间的关系是复杂的，为了科学反映二者的关系，应对“生态效率”多指标地予以描述。我们可以把“宽义的生态效率”定义为“经济生产的生态效率”即生态成本与经济产出的关系（生态经济效率），把“窄义的生态成本”定义为“生态生产的效率”即生态成本与生态产出的关系，以及单一要素的生态效率。由此，在口径上更加符合逻辑的生态效率的比值应由以下指标来表示：

经济生产的生态效率：

（1）微观宽义的生态效率。

企业生态效率＝企业用影子价格计算的净增加值/企业资源耗费占用和环境损伤

（2）宏观宽义的生态效率

国民经济生态效率＝国民生产净值/经济领域生态成本

（3）最宽义的生态效率

生态利用最终效率＝社会总福利增量/社会总生态成本

要素生态效率：

（4）微观窄义的要素效率。

要素资源效率＝要素经济产品/某种自然资源环境消耗

要素效率不计环境消耗，可分别按世界、国家、地区、企业、行业、产品、要素进行计算。

① 张亚连、孙凤英、张卫枚：《企业生态经济效率与可持续发展》，载《城市问题》2011 年第 6 期。

② 李欣广：《生态文明与马克思主义经济理论创新》，北京：中国环境科学出版社，2011 年版，第 86 页。

生态生产的效率：

（5）微观窄义的生态效率。

要素生态生产效率＝特定生态产品/特定生态产品成本

“生态效率”范畴是用来解决生态问题的，而生态对经济产出的比值根本不能反映出生态是否平衡，生态是否改进以及平衡与改进的程度。生态问题的根本目标即实现生态成本和新增生态财富的平衡与改进，这种状态需要一个范畴来反映，这一范畴最好就是“社会生态总效率”。社会生态总效率是社会在一定时期生态成本（生态消耗）与新增生态财富的关系状态。即：

（6）宏观窄义的生态效率。

社会生态生产效率＝社会新增生态财富/社会生态成本

此式如为正值则生态趋于平衡或改善。

1.3.2　商品生产与生态效率

人类身处生态系统和经济系统两大物质系统之中，从事生态生产和商品生产两大生产活动。这两个系统、两类生产自成体系，但相互包含、相互影响，经济效率与生态效率也是相对独立、相互渗透、相互影响的。

商品生产经济效率的提高有赖于生态效率的提高。经济效率是活劳动与物化劳动的投入对劳动成果的效率。经济投入中的物化劳动和活劳动都凝结在由自然实体构成的生产资料中。物化劳动转移的量与生产资料的量成正比，活劳动凝结的量也与劳动对象的量成正比，而生产资料是自然资源转化而来的。由于生产资料来源于生态资源，且生态生产效率的产出方即生态产品是经济效率的投入方，因此，只有提高生态的经济效率，才能降低商品生产成本，从而提高经济效率。提高保护环境的效率和高效利用资源，也就等于提高了商品生产实际的经济效率。

生态效率的提高也有赖于商品生产经济效率的提高。一部分生态产品是商品生产产出的一部分，另一部分生态产品虽然不是商品生产的产品，但那是由政府等社会组织仿照商品生产的方式生产提供的。这些商品生产或仿照的商品生产效率越高，也意味着在相同的可用劳动量和可用自然资源量消耗的条件下，可以创造更多的生态产品。也就是说，商品生产效率的高低制约着生态效率的高低。

由于两种效率相互制约，两种生产要想达到平衡，“社会生态总效率”（社会新增生态财富/社会生态成本）要想处于平衡状态或正值状态，需要经济速度与生态效率之间处于平衡和优化状态。商品生产增速的生态效率约束条件是：

（1）在经济增长状态中，要求："经济增长速度－资源增加速度"≤要素资源效率（"单位经济产品/单位自然资源消耗"）或国民经济生态效率（"国民生产净值/经济领域生态成本"）提高的速度。

（2）在生态效率不变的情况下，要求：经济增长速度≤"新增生态财富－生态成本"的增加速度。

（3）在资源不增环境不变的情况下，要求：经济增长速度≤国民经济生态效率提高的速度，或者经济增长速度≤社会生态生产效率（"社会新增生态财富/社会生态成本"）的提高速度。

总之，社会总生产效率是商品生产效率和生态效率的有机统一，生态效率与经济速度和经济效率相互促进、相互制约。

1.3.3 生态福利

提高社会总生产效率可以在既定的资源环境条件下，为社会提供更多的经济收益和生态收益，为社会成员提供更多的福利。从社会角度说，人的一切活动都是为了增进福利。但如果片面追求经济福利，会减少更多的生态福利，从而降低社会总福利。两种生产平衡协调的目的和标准就是社会总福利最大化。

英语"welfare"有福利、幸福、"福利性利益"等意思。显然我们这里所说的福利不应是指"福利性利益"即市场体系之外的非货币报酬以及从社会政策中得到的利益；尽管"福利性利益"是福利分配的一种重要形式。经济学上所说的福利也不应当指幸福本身，幸福是主观范畴，福利是客观范畴；福利是幸福的客观基础，但幸福除了受福利的数量和福利分配关系的影响之外，受其他因素影响也很多。

传统上，福利仅仅被视为是经济收入和物质财富带给人们的效用。随着经济增长观念向经济发展观念的转变，非物质非货币需要的满足给社会成员带来的福利日益为社会所重视，教育、文化、社会保障和社会关系的效用都成为福利的重要内容。随着可持续发展运动向生态经济、绿色经济、生态文明及生态需要观念的演变，随着生态环境对人们的生活质量的影响日益加大，人们越来越认识到生态环境质量是影响人们生活质量的重大因素，这在事实上也就把良好的生态环境给人们带来的效用作为重要的福利内容。因此有学者建议在社会学研究中引入生态福利概念，将生态福利引入社会政策。①

福利的载体主要是财富，国民财富包括经济财富、生态财富、社会财富等。财富满足人类需要的功能即福利。国民福利也有经济福利、生态福利和社会福利之分。

研究生态福利要准确界定生态福利本身，根据生态是否具有福利功能划定其范围。把生态纳入福利视角的原因，并不是像有的解释所认为的那样，而是因为生态环境是人类赖以生存和发展的整个外部世界，是人类享受社会福利政策的一个不可或缺的载体；生态环境为人类提供维持生存与发展必不可少的生活资料与生产资料，是实现社会福利最重要的基础条件。②把生态财富归于整个外部世界的解释过于泛化，等于把一切福利从属于生态福利，而大自然只是福利的基础并不是福利本身；生态财富也与社会福利政策无关，把生产资料归为生态福利也不太合适。生产资料虽然也是财富，但它们是为生产服务的，而福利是针对生活的概念，生活资料和服务才服务于生活，直接带来福利。此外，那种以绿色 GDP 为基础研究国民福利总值的方法也是不妥当的，道理如前所述。

经济学上的福利是指通过人类社会活动提供满足社会成员生活需要的使用价值，生态福利应是指生态系统或生态财富所提供的满足人们生活需要的使用价值。为了表达的方便，生态福利也可以由这些使用价值所依存的生态财富来代表。由此，生态福利不包括自然资源的功能，而只是指自然环境的功能，即清新的空气、清洁的饮用水、宜人的气候、美丽的风景，以及保证食物等生活资料安全优质的各种自然环境等。

1.3.4 生态福利与经济福利、社会福利

经济福利是通过货币-商品或市场途径获得的物质利益方面的福利，经济福利通过个人消费来实现，其数量等于个人消费总额。社会福利由国家以商品生产创造的经济财富为基础，通过社会体制、社会政策、社会服务提供的物质和文化方面的

① 樊雅丽：《生态福利的引入与社会化——一个社会政策的研究视角》，载《河北学刊》2009 年第 6 期。

② 同上。

福利。社会福利由社会保险、福利补贴（社会救助、收入补贴），社会服务（医疗卫生、文化教育、劳动就业、住宅交通、社会治安、孤老残幼、残疾康复、心理健康、公共福利等），以及和谐的社会关系等构成，其数主要表现为社会消费总额。各种福利都有负福利，实际福利或净福利等于正福利减去负福利。其中：①经济净福利＝个人消费总额－有害消费价值－自然灾害生活损失－人身事故损失；②社会净福利＝社会消费总额（社会保险＋福利补贴＋社会服务）－政府无效消费－腐败消费中的浪费性部分；③生态净福利＝环境总资产－环境污染；④新增生态福利＝生态环境改善－生态环境退化。此外，国民福利还有福利分配问题。福利载体不同的分配关系，既影响到个人的福利份额，也改变了社会福利总量。

我们在这里研究福利的时候涉及社会福利，而在研究经济效益的时候，却没有谈到社会效益，因为“社会效益”根本就是不合理的用语。人们经常把“社会效益”与“经济效益”相并列，但二者的含义并不对称。在中国的理论界学术界，经济效益明确地是指在经济活动中各种耗费与成果的对比，是比值，如果与“经济效益”对应谈社会效益，那只能指社会活动中各种耗费与收益的对比，但实际上人们谈“社会效益”的时候，根本不是这个意思。中国讲的社会效益，指的是各种经济活动及科教文卫等活动在社会上产生的非经济性效果和利益，强调其效果对社会、国家和广大人民有益，是相对于经济效益的利润回报而言的，是绝对值。所以不应与经济效益并列谈“社会效益”，最好以“社会利益”、“社会福利”、“社会效果”等概念代替“社会效益”。

生态福利与经济福利、社会福利既相统一又相对立。生态福利与经济福利、社会福利是人民群众的全面需求，只有三者之间维持一个合理的比例，才能更好地提高人们需要的满足程度。在市场经济中，自发的活动往往过度追求经济福利，其结果就是，经济福利的增加无法弥补生态福利的减少，不能保证社会福利应有的增加，严重时会使生态福利低于社会“可接受阈值”，下降到社会所不能容忍的地步。追求社会的最大幸福，高效利用地球资源，必须给生态福利的维护和发展以充分的重视。

1.4 商品经济增长速度的生态均衡

1.4.1 商品生产与生态生产的统一

经济福利由通行的商品（产品）生产来提供，社会福利由国家以商品生产创造的经济财富为基础来提供，生态福利由大自然和生态生产来提供。抛开经济生产的商品形式，经济生产就是产品生产，即提供物质生活资料产品和生活服务的生产。在现代社会，精神文化生产的一部分进入经济领域，成为产品生产，一部分由国家投资以模拟产品生产和提供社会服务的形式来进行，另一部分由精神文化生产生产者以无偿、半无偿的形式为社会提供精神文化服务，如基础科研、社会科学研究、某些文艺创作、家庭教育等。所以，社会总生产由商品生产（或称狭义的社会经济）和生态生产两部分所构成，而社会总经济就由产品经济与生态经济所构成。生态生产不是与社会经济并列的社会活动，而是社会总生产的一部分。

生态生产按内容可分为要素资源的生产再生产和生活环境的生产再生产；按生产的方式可分为专门的生态生产和与商品生产结合在一起的生态生产。从生产活动的性质看，生态生产又分为以下几种。

（1）生态保护。生产性生态保护是消除人类活动对自然生态系统的负面冲击，相对增加可利用资源和环境财富的活动。重点资源环境保护主要包括对水、土地、森林、草原、海洋、矿产等重要资源环境的管理和开发利用中的保护工作。单纯限制资源使用的活动还不能算作生态生产，只有在一定意义上增加生态财富的活动，才能算作生态生产。例如，限制高耗水项目，控制地下水开采，减少林地、草地和耕地占用，实行禁垦区、禁伐区、禁牧区制度，防止牧业超载过牧，禁止捕杀、采集濒危野生动植物，限制捕杀、采集和销售益虫、益鸟、益兽，限制排污，特殊地区严禁采石、采砂、取土，旅游区保护、合理消费等，是生态保护，但不是生态生产。一些生态保护工作，则具有生态生产的性质，如为防止水土流失和土地沙化实施天然林保护工程，保护好各类水源涵养林、水土保持林、防风固沙林、特种用途林等生态公益林，加强森林、草原防火和病虫鼠害防治以减少林草资源灾害性损失，发展可再生能源技术以减少樵采对林草植被的破坏，推行舍饲圈养以保护草场，轮牧，加强农村饮用水水源地的保护和监管，加强自然保护区、生态功能保护区、生态脆弱区的建设和保育等。这些活动之所以属于生态生产，是因为这些活动付出了劳动和物质资源，并会取得生态方面的产出。

（2）生态修复。生态修复不等于生态恢复，生态恢复包括自然恢复，而生态修复是人为的活动。生态修复是指运用人工措施，使遭到破坏的生态系统逐步恢复原貌或向良性方向发展的生产过程。具体内容包括：恢复植被和土壤，保证一定的植被覆盖率和土壤肥力；增加生物多样性，实现生物群落的恢复，提高生物系统的生产力和自我维持能力；消除环境污染；增加环境视觉价值和美学价值等。具体工作如退耕还林、退耕还草、退牧还草、育林育草，野生动植物繁育，停采或关闭的矿山、坑口的土地复垦，农村生活污水和垃圾治理，村庄环境综合整治，畜禽养殖污染治理等。生态修复一般是引导或加速自然界良性演化的过程，通过提供基本的客观条件，帮助自然界对一个地区人类所需要的基本植物和动物实现自然演化，最后达到环境恢复或改善的目的。生态修复也需要一些强力的整治。生态恢复的着眼点是有机环境和生活环境的改善而不是作为生产要素的无机资源增加。

（3）资源开发。资源开发是指对自然资源通过劳动改造使其达到可利用程度或提高其利用价值的活动。①原生的自然资源和环境并不是一开始就处于宜人的和可使用的状态，只有通过挖掘矿藏、治理江河、修筑道路、兴修水利、建设农田等形式的开发劳动，才能使之成为可供使用的物质财富，从而增加现实的自然财富。②采用新的生产技术，实现生产耗用的自然资源的科技替代和节约，客观上也起到了资源开发的作用。③将生产废物作为资源进行再开发，可以充分利用资源，节约非再生资源，等于增加了资源，并减少废弃物数量从而达到生态保护的目的。必须合理开发不可再生资源，努力开发可再生资源。

（4）生态创造。生态创造是人们创造本来没有的生态环境和生产要素的活动。包括：①随着人类生产能力的增强，人们对自然界和自然物加工重构，创造新的生态产品，如开凿运河，将沙漠、荒地、坡地、盐碱地变成良田，填海造地，修建抗洪水坝等，形成人工自然资源增量。如果是为了使尚不能利用的土地变成可利用土地，修筑灌溉设施就是资源开发的一部分，如果是使本来不可使用土地变成可利用土地，那就是生态创造。②人类运用自身的劳动，对自然环境进行加工，如通过绿地建设、公园建造、工厂搬迁、废气废水控制等途径，形成优良宜人的生存环境，创造出人工自然环境产品。植树造林既可能是创造资源本身，也可能是为了创造环境。③通过改造自然物质使其发挥更多更高级的功能，创造新的生产资料。如开发新材料、培育新物种，通过核聚变创造新能源。当代科技不断创新，人类的开发创造活动将不断拓宽自然边界的“极限”，使生产随着“大自然”的扩展而不断扩大。

社会总生产是商品生产和生态生产的统一。

生态生产是商品生产持续发展的保障。商品生产是人类为自身生活需要所进行的物质生活资料的生产，是人类消耗自然界、让自然界为人类服务的生产。生态生产与商品生产方向相反，是人类保护自然、恢复自然而进行的生产，是人类发展自然、直接为自然服务的生产。由于近代社会商品生产的强度远大于生态生产的强度，自然界的耗损远大于对自然界的恢复和创造，没有强有力的生态生产，物质生活资料的生产不是难以为继，就是让人们深受生态破坏之苦。

商品生产是生态生产的重要途径。有些生态生产如育林育草、废物再利用等可由市场主体通过商品生产过程来完成，有些生态生产如绿地建设、天然林保护工程也可遵循物质资料生产规律由政府从事产品生产来完成，有些生态化的商品生产，本身同时也是生态生产如能源技术替代等。

生态生产系统和商品生产系统构成社会经济总系统。在这一系统内，人类社会与自然界实现物质与能量交换。如果这一交换关系由人类单向索取转变为均衡的双向流动，两者关系就会得到根本的改善，人类社会与自然生态的尖锐矛盾将逐步缓解，并且逐渐走向和谐，从而建立人口、经济、社会与自然之间良性循环、互生互补的有机生态系统，不断创造新的生态文明。

1.4.2 商品经济增长速度的生态均衡条件

生产物质、生活资料的商品生产的增长速度必须与新增生态财富超过生态成本的速度以及生态效率提高的速度相适应。在增长逻辑的推动下，商品生产发展速度过快，生态系统将难以提供持续发展所必需的要素资源，或使生活环境变得不可容忍。社会必须恰当把握商品生产的发展速度，贯彻生态逻辑，尽可能实现社会总福利最大化。

传统的经济增长分析，把经济增长的源泉归结为生产要素的增加和生产效率的提高两大方面。如果把生态系统作为社会总生产的一部分或把商品经济系统作为大生态系统的一部分来考察经济增长问题，则物质生产要素的增加归根到底是可利用资源的增加，生产效率的提高归根到底可以归结为资源环境利用效率即生态效率的提高。一方面，在短期，可能会有资源的闲置和过剩，但在长期过程中，资源环境不会表现为过剩而是表现为紧张，可利用资源的增加制约着社会经济发展的速度。而可利用资源的增加速度决定于生态财富的增加速度快于生态成本即生态消耗的增加速度。另一方面，生产是人和物的结合，效率的提高既可以用劳动生产率来衡量，也可以用物化劳动的效率来衡量，如土地生产率、单位电力产量等，社会生产率的提高意味着既定的生态资源能发挥更大的作用，即生态效率提高，如所谓“减排”等。总之，经济增长的百分比，归根到底应取决于生态财富增比、生态成本增比、生态效率增比 3 个因素。在正常情况下，保证经济可持续发展的经济与生态的公理性均衡条件是：

（1）生态财富增比-生态成本增比≥商品经济增比-国民经济生态效率增比。

（2）资源财富增比-资源成本增比≥商品经济增比-资源效率增比。

（3）环境财富增比-环境成本增比≥商品经济增比-环境效率增比。

其中第一条只是理论上的公式，因为资源和环境不可替代，所以要分别地进行比较考量。其中环境效率为产品的增加与环境代价之比。

在当今的世界和中国，可持续发展的形势十分严峻。按现有的已探明储量，重要原材料和能源枯竭或青黄不接的局面在不久的将来就会来临，每年死于空气污染的人可能达数百万之多，虽然人们对环境污染深恶痛绝，但生态恶化的局面仍然长期不能得到根本的扭转。当然，这种局面不可能无限制地持续不断地日益恶化。当环境恶化达到一定程度的时候，社会总福利的减损就会让社会大众及决策者难以接受；一旦资源极度紧张，或经济发展面临陷入生态危机而不得不进行强制性调整的局面，社会也不会对此任其发展，社会将被迫减缓经济增长速度而有所改弦更张。社会生态可接受阈值是：

（1）可接受环境阈值＝公众可容忍的环境破坏最大程度。

（2）可接受资源阈值＝社会面临原燃料、动力不能支持经济长期增长的现实可能性。

给社会带来痛苦和混乱可能的社会生态可接受阈值并不是我们想看到的。在生态环境极为不佳、原有环境遭到极大破坏的条件下，我们的经济发展和生态发展不应只以可持续发展为目标，而应当把原有环境恢复、资源休养生息作为重要的社会行动目标。也就是说，当前生态不平衡时期经济发展速度的公理性生态约束条件应当是：

（1）生态财富增比-总生态成本增比＞商品经济增比-国民经济生态效率增比。

（2）要素资源增比-资源成本增比＞商品经济增比-资源效率增比。

（3）环境财富增比-环境成本增比＞商品经济增比-环境效率增比。

生态恢复，尤其是可持续发展，并不是我们的基本生态目标和理想的目标：不管我们喝怎样的水，都不会阻止 GDP 的持续增加；在一个环境非常恶劣的情况下，也不能说经济增长就持续不下去了。“可持续发展”的目标弹性较大，真正的“不可持续”只有在非常明显地超越社会生态可接受生态阈值时才有可能发生。“社会生态可接受生态阈值”是生态建设的极低的底线，“可持续发展”是生态建设的初级目标，建设高度的生态文明才是社会发展的基本目标。

当然，要让我们的环境达到理想的程度还极为困难。尽管如此，让环境变得更美好，仍然应当成为社会持续不断的奋斗目标。因此，必须突破可持续的观念，把生态文明建设作为生态工作的任务导向。进行生态文明建设，首先要改善被破坏的生态状况，然后力争把环境恢复到无害、优美的状态，把资源积累到近期无忧的状态，最后还要创造过去所没有的、理想的甚至是最佳的人类生存环境。在保持商品生产正常增长的情况下，生态文明发展的条件是：

（1）期末新增生态财富＞期末生态成本，说明生态文明发展，生态紧张度下降。

（2）期末新增环境财富＞期末环境成本，说明生态文明发展，生活质量提高。

实现生态建设目标，需要商品增长速度与生态建设的速度保持协调。二者协调的标准，应当是在经济增长和生态建设的某种状态下，最好地实现社会生产的目的——最大限度地满足人民需要，提供尽可能大的社会总福利。社会总福利是商品福利、社会福利与生态福利的统一，提供尽可能大的社会总福利，也就是要保证商品福利、社会福利与生态福利总体的最大化。商品福利、社会福利主要是由商品生产来提供的，3 种福利的关系也就是商品生产和生态生产的关系，或商品经济与生态经济的关系。

在社会总资源既定的情况下，如果商品经济所占用的资源比重增加，经济福利会同比增加，但生态成本也要增加，生态财富随之减少，用于生产生态产品的资源也减少，生态产品和生态福利也必然相应减少。作为两部门生产，商品经济发展越过度，增加的边际经济社会福利就相对越少，而边际生态福利的减少就越多，也就是产品边际转换率递增（随着一种经济产品生产数量的增加，多生产一单位商品需要减少的另一种产品——这里是生态财富——的数量逐渐增加），而商品效用的边际替代率递减（随着一种商品消费量的增加，消费者为了获得这种商品的额外消费而愿意放弃的另一种商品——这里指生态福利——的数量会越来越少）。当然，如果经济发展速度过慢，其减少的经济社会福利（商品福利）也可能大于增加的生态福利。生产的均衡即社会对于生态资源的配置使得总福利最大化的条件，是两种生产的边际转换率等于对每个消费者来说两种商品在消费中的边际替代率。所以生态制约下商品经济最佳增长速度的基本均衡条件是：

（1）商品生产与生态生产的均衡条件：商品生产与生态生产的边际转换率＝商品福利与生态福利的边际替代率。

（2）社会总福利最大化的均衡条件：单位生态成本增加的经济社会福利＝单位生态成本减少的生态福利。

这意味着，增加一单位商品生产带来的经济社会福利，只有大于一单位商品生产消耗的生态成本损失的生态福利，这一商品生产才是值得进行的。某种福利的大小要由社会成员来认定。

总之，社会总生产速度应是商品（或产品，即货物和劳务）生产增长速度与生态发展速度和生态效率的统一。必须科学地把握好社会总生产中生态生产与商品生产的比例关系，在商品福利、社会福利与生态福利的统一中调节好商品经济增长速度。二者关系的最佳点就是一单位生态成本使经济社会福利量与损失的生态福利量相等。

在增长主义倾向的引导下，增长逻辑压倒生态逻辑，生态约束被放宽，即使单个企业生态标准不放宽，如果生产规模过大，生态成本总量也会超标，在这种情况下，经济增长导致社会所认可的、单位生态成本带来的商品生产的福利增加程度往往小于社会所认可的、单位生态成本导致的生态福利的减少程度，从而导致社会总福利减少。

第 2 章

不同经济制度下的增长与生态

经典马克思主义、现代生态马克思主义和生态社会主义都揭示了生态问题的根源是资本主义制度。由于资本主义制度的基本特征是以雇佣劳动为基础的私有制，生态问题的根源也就是资本主义私有制。既然资本主义私有制是生态问题的根源，几乎是同义反复的结论应当是：社会主义公有制是保证生态平衡、建设生态文明的根本出路。然而，大量生态马克思主义和生态社会主义的理论研究，在批判了资本主义制度破坏生态的弊病之后，却不谈及社会主义国家现实的生态问题与所有制有何关系。与此同时，我国的学术著述、政策和相关教材在研究、阐述现实的生态问题时，又从不提及马克思主义关于生态失衡根源的理论，几乎见不到联系私有制和公有制研究现实生态问题的著述。

实际上，只有进一步理解资本主义私有制对生态的破坏作用，真正认识到公有制作为建设生态文明的最佳制度基础，才能更好地解决生态问题，也不至于使马克思主义生态理论沦为空谈（谈论资本主义和社会主义，但不涉及所有制，等于不知所云。离开公有制，马克思主义将不再是马克思主义，社会主义也将不再是社会主义，因为科学社会主义的基本内容就是公有制）。

2.1 资本主义私有制下的经济增长与生态

在现代市场经济中，经济增长为资本所主导，尤其是为私人资本和自负盈亏公有资本所主导。主导经济增长的资本具有自己的资本逻辑。资本无限逐利特性致使生产具有无限扩大的趋势，因而具有无限消耗作为生产资料的自然资源的趋势，具有强烈的冲动去突破生态逻辑对生产增长的限制。刘思华教授认为，生态逻辑与资本逻辑之间的生态经济矛盾，构成了社会主义市场经济的一个基本矛盾（刘思华在中国生态经济建设 2013 杭州论坛上的开幕词）。

2.1.1 资本主义经济增长破坏生态的必然性

当以生态马克思主义为代表的诸多学者指出资本主义对生态的破坏源于其利润追求或"经济理性"的时候，我们必须明确，资本家对利润（或剩余价值）的追求，是资本主义私有制的实现形式，是资本主义私有制经济的基本经济规律，这一基本经济规律必然支配资本主义经济增长与生态的关系。同时，资本主义基本经济规律与资本主义经济的基本矛盾——生产的社会化与资本主义私人占有的矛盾——也是融为一体的。

按照恩格斯的解释，在资本主义经济的基本矛盾中的，资本主义私人占有指的是产品占有，"社会的产品被个别资本家所占有。这就是产生现代社会的一切矛盾的基本矛盾"。[①]资本主义产品占有的实质与核心当然是剩余价值的占有。现代化大生产要求商品生产与生态生产之间保持必要的平衡，然而资本主义生产方式的私人占有与私人经营，却与生态平衡和生态文明存在难以解决的矛盾。

（1）资本主义私有制剩余价值占有的第一个特点是对作为价值部分的剩余价值的追求是没有止境的——这与对实物的追求不同——而剩余价值赖以产生的条件资源和环境则是有限的。①无止境的剩余价值追求导致生产盲目扩大，消耗过多的资源和环境；进而，剩余价值的追求导致劳动人民的消费能力与生产能力不匹配，造成产能和产品的过剩乃至经济危机，而产能和产品的过剩则是资源环境的无谓浪费和破坏。②获得大量剩余价值的剥削阶级奢侈浪费，也会对生态环境造成更多的压力。③资产者为了获得更多的利润，还通过推销宣传、设计革新、消费信贷来刺激非正常消费，进一步浪费资源和增加污染。马克思指出，资本"摧毁一切阻碍发

① 《马克思恩格斯选集》第一卷，北京：人民出版社，1995 年版，第 441 页。

展生产力、扩大需要、使生产多样化、利用和交换自然力量和精神力量的限制”。[①]也就是说，占有利润的动力不仅推动资本家竭力扩大生产，攫取自然的资源，而且为了使生产的产品得以实现，还要大力扩大非正常需求。在这方面，生态马克思主义对这一思想进行了拓展性研究。莱易斯和阿格尔根据马克思的异化劳动理论，构造出异化消费理论的概念，论证了生态危机的社会根源。他们指出，在资本主义社会中，无产阶级的劳动仍然单调、乏味和无聊，需要从消费领域获得创造性和自由；对于资产阶级而言，只有不断地提供各种奢侈品，资本积累和扩大再生产才能够维持下去。因此，资产阶级通过控制科学技术推动奢侈品的生产，通过广告和媒体诱导无产阶级消费奢侈品。进入 21 世纪，克沃尔对消费异化现象做了新的补充，他指出，资产阶级通过消费贷款等手段刺激无产阶级消费，延缓了经济危机，但是由异化消费即过度消费而引起过度生产，浪费资源、加强污染，引发生态危机，比经济危机具有更大的破坏性。生态马克思主义认为，消费异化使人把消费当作目的本身，追求一种对自然的无度的索取和占有，必然使人们的消费需求超出有限的生态系统所能承担的程度。恩格斯指出，“生产资料的社会占有，……会消除生产力和产品的明显的浪费和破坏，这种浪费和破坏在目前是生产的不可分离的伴侣，并且在危机时期达到顶点。此外，这种占有还由于消除了现在的统治阶级及其政治代表的穷奢极欲的浪费而为全社会节省出大量的生产资料和产品。”[②]由此看来，那些赞扬私人资本经济动力足而看不到这种动力更大弊病的观点，是多么的片面。

（2）资本主义剩余价值私人占有的第二个特点是剩余价值为个人所占有，而环境成本则是社会的。自然环境往往是“无主”的公共财产，在市场中通常是不付代价就可以白白利用的生态财富。虽然社会总福利最大化的均衡条件是“单位生态成本增加的商品福利＝单位生态成本减少的生态福利”，但这是生态制约下整个社会商品经济最佳发展速度的均衡条件，而新产生的商品福利归个别企业所获得，减少的生态福利却由社会来付出，因而在单纯的市场中，追求剩余价值的企业无须关注自己生产所破坏的环境。恩格斯指出，“蒸汽力的资本主义应用就同时破坏了自己的运行条件，蒸汽机的第一需要和大工业中差不多一切生产部门的主要需要，都是比较纯洁的水。但是工厂城市把一切水都变成臭气冲天的污水。”[③]恩格斯还说，“至

① 《马克思恩格斯全集：第四十六卷（上）》，北京：人民出版社，1979 年版，第 393 页。

② 《马克思恩格斯选集》第三卷，北京：人民出版社，1995 年版，第 757 页。

③ 《马克思恩格斯文集》第九卷，北京：人民出版社，2009 年版，第 312 页。

于说到无林化，那么，它和农民的破产一样，是资产阶级社会存在的重要条件之一。欧洲没有一个文明国家没有出现过无林化。……我看无林化实质上既是社会因素，也是社会后果。”[①]马克思说，“造林不适合私人经营……文明和产业的整个发展，对森林的破坏从来就起很大的作用，对比之下，对森林的护养和生产，简直不起作用”。[②]由此看来，那种片面推崇企业经营利润最大化的理论，是多么的不科学。

（3）资本主义剩余价值私人占有的第三个特点是利润的获得为当下的，而社会对生产要素资源的需要则是长远的。更多地使用资源是私人企业获得更多当前利润的前提，而未来社会资源的状况是个人无需考虑的。古代的农林牧副渔生产消耗的是生产场所本身的资源，资源保护不好或者资源不充足，生产就难以为继。而工业生产的设备和原材料都来自各地乃至全球，大气和水的消耗也是社会乃至全球共同负担，因而资源问题不在企业的考虑范围之内。即使是农业资本，单个企业为了当前的利润，也会不惜大量透支资源，由于资本在未来可以转移，因而经营主体也没有必要关心整个社会未来农业资源的紧张。马克思指出，“资本主义生产指望获得直接的眼前的货币利益的全部精神，都和供应人类世世代代不断需要的全部生活条件的农业有矛盾”。[③]恩格斯还说：“支配着生产和交换的一个个的资本家所能关心的，只是他们行为的最直接的效果”，“西班牙的种植场主在古巴烧掉山坡上的森林，发现在木灰中有能获得最高利润的咖啡树的足够用一个世代时的肥料——以后热带的大雨会冲掉得不到任何保护的腐殖土而只留下赤裸裸的岩石，那对他们来说又有什么相干呢？”[④]马克思指出：在资本主义制度下，“大工业和按工业方式经营的大农业一起发生作用。如果说它们原来的区别在于，前者更多地滥用和破坏劳动力，即人类的自然力，而后者则更直接地滥用和破坏土地的自然力，那么，在以后的发展进程中，二者会携手并进，因为农村的产业制度使劳动者精力衰竭，而工业和商业则为农业提供各种手段，使土地日益贫瘠”。[⑤]由此看来，那些主张利用个人剩余索取权来搞好经济的观点，是多么的肤浅。

（4）资本主义剩余价值私人占有的第四个特点是利润在自发的竞争中实现，而

---

① 《马克思恩格斯选集》第四卷，北京：人民出版社，1995 年版，第 386 页。
② 《马克思恩格斯文集》第六卷，北京：人民出版社，2009 年版，第 272 页。
③ 《马克思恩格斯全集》第二十五卷，北京：人民出版社，1974 年版，第 697 页。
④ 恩格斯：《自然辩证法》，北京：人民出版社，1984 年版，第 307、308 页。
⑤ 《马克思恩格斯文集》第七卷，北京：人民出版社，2009 年版，第 919 页。

包括商品生产和生态生产的社会总经济要求必要的计划性和协调性。资本主义的无计划增长不能合理调节人与自然之间的物质变换，必然破坏资源和环境的多种平衡。恩格斯指出，“工厂城市把一切水都变成臭气冲天的污水，”然后，“资本主义大工业不断地从城市迁往农村”，“要消灭这种新的恶性循环，要消灭这个不断重新产生的现代工业矛盾，只有消灭工业的资本主义性质才有可能。只有按照统一的大的计划协调地配置自己的生产力的社会，才能使工业在全国分布得最适合于它自身的发展和其他生产要素的保持和发展”。[①]比如，“只有通过城市和乡村的融合，现在的空气、水和土地的污毒才能排除，只有通过这种融合，才能使现在城市中日益病弱的群众的粪便不致引起疾病，而是用来作为植物的肥料。”[②]由此看来，极力推崇市场化的新自由主义是多么的荒谬。

而在公有制社会中，“社会化的人，联合起来的生产者，将合理地调节他们与自然之间的物质变换，把它置于他们的共同控制之下，而不让它作为盲目的力量来统治自己；靠消耗最小的力量，在最无愧于和最适合于他们的人类本性的条件下来进行这种物质变换。”[③]

生态社会主义者不都是马克思主义者，但也强调资本主义制度是造成全球生态危机、生产盲目增长从而危害生态的根本原因。他们认为，现代资本主义的市场体制是一种为了经济利润而剥削他人和自然的，鼓励竞争、贪婪、社会统治和无限增长的体制。在这种体制下企业不得不为利润增长而竞争，并尽可能使环境支出外部化。资本无限扩张的本性导致了它对资源能源的掠夺式开采以及对自然界无度的污染。这就是资本主义性质生产方式的内在生态矛盾。他们认为，社会主义经济以满足人的需要而不是以追求利润为目的，这种适度的增长与自然生态不会发生冲突。正如刘思华教授指出的，“资本主义剥削制度导致了资本主义发展市场经济必然要通过牺牲广大人民的生态利益来换取少数资本家的经济利益，使资本主义社会经济、政治和文化机制具有反生态化、反人性化的性质。”[④]私有制对利润的片面追求导致生产的盲目增长，从根本上说就是一种增长主义。

需要指出，在以上 4 个私有经济主体利润占有特点与资源环境的矛盾中，小私

① 《马克思恩格斯文集》第九卷，北京：人民出版社，2009 年版，第 312～313 页。

② 《马克思恩格斯文集》第九卷，北京：人民出版社，2009 年版，第 313 页。

③ 《马克思恩格斯全集》第二十五卷，北京：人民出版社，1974 年版，第 926、927 页。

④ 刘思华：《生态马克思主义经济学原理》，北京：人民出版社，2006 年版，第 107 页。

有制与资本主义私有制其实是相似的，我们之所以主要讲资本主义私有制，是因为在严重破坏资源环境的当代世界，资本主义私有制占主体。

2.1.2 资本主义基础上生态保护和生态重建的局限性

当代世界强调企业的社会责任，一些企业在生态方面也可能做出一定的努力，但是以盈利为目的的企业不会在生态问题上做出重大牺牲，其努力以不对利润有显著削减为前提，更多的情况是，其生态努力是通过宣传或采用新技术以赚取更多的金钱。

一些人主张通过市场的方法解决生态环境问题，如明晰产权、购买污染权、环境成本内化等。实际上，很多环境问题无法进行市场定价，对污染的定价也十分困难；"污染者付费原则"依靠市场的方法实施成本过大，如果市场交易主体认为诉讼的成本大于外部性损失，法律武器则不经济，并且诉讼的结果具有不确定性，即使明晰产权，产权主体也不一定利用环境产权保护环境；如果允许付费就可以任意使用，很多生物等资源可能更快地受到毁灭性的打击。生态马克思主义者佩珀指出，在市场法则的支配下，资本主义企业为了自身利益，总是千方百计地将治理环境的费用转嫁给社会或者子孙后代以降低生产成本。在生态马克思主义看来，以资本主义私有制为基础的资本主义市场调节的是私人利益、局部利益和眼前利益，而不是公共利益、全局利益和长远利益。资本主义市场调节不仅解决不了最紧迫的生态环境问题，随着自身的发展，这个问题反而会进一步恶化。①

科学技术被认为是解决生态问题的根本手段，但在私有制市场经济条件下其作用受到极大的制约。①生态技术虽然可以提高生态效率，但提高生态效率不一定能保证生态健康，因为企业商品生产的增速完全可以比生态效率增速提高得更快。生态平衡的条件是："生态财富增速－生态成本增速≥商品生产增速－生态效率增速"，但资本家生产的约束条件是"销售收入－商品成本≥机会成本+风险溢价"，生态平衡不是其生产增速和生态技术应用的约束条件。②私有经济主体采取何种提高生态效率的新技术取决于是否能提高自己的经济效益而不是改善人类的生态文明。企业是否采用节能、节材、环保新技术，完全以是否存在利润以及利润率高低

① 郑湘萍：《生态学马克思主义的生态批判指向》，载《理论月刊》2010年第8期。

为转移。例如，环保装修、无污染农作物、绿色饲养在技术上完全不成问题，但是赚钱的欲望推动市场生产主体抛弃生态技术，转而采用成本低、产量高、利润大污染也大的生产方法。③个别企业降低能源与环境成本之后，却加大了社会总体对资源能源的消费量。例如，新能源仍然需要在原材料如玉米中提取，仍然需要有广大的土地种植玉米才能满足需求。[①]生态马克思主义者福斯特认为资本主义的技术仅仅是将生产成本转移给第三方或由整个社会负担的工具而已。更多的情况是，企业的生态努力是通过宣传或通过新设计以刺激消费者的眼球。④资本主义条件下的技术进步同时也是掠夺自然的进步。正像马克思所说，“资本主义农业的任何进步，都不仅是掠夺劳动者的技巧的进步，而且是掠夺土地的技巧的进步，在一定时期内提高土地肥力的任何进步，同时也是破坏土地肥力持久源泉的进步。”[②]生态马克思主义者还分析了资本主义的“技术异化”，马尔库塞指出，“技术的异化”一方面使人获得了掠夺自然的最新技术手段，另一方面把对自然的征服和对人的统治“合理化”。⑤新技术的成本较高，有的国家和地区用不起，有的企业和行业用不起，在私有制或自发市场经济条件下，生态技术推广难。

当代资本主义加强了资源环境的政府管制和国际协调，在生态方面似乎改变了市场经济的自发局面。然而，建立在资本主义私有制基础上的协调和控制，不可能有效地解决生态困境。私有企业不愿在生态问题上做出重大牺牲，总是千方百计地规避管制，将治理环境的费用转嫁给社会或者子孙后代以降低生产成本，或者将污染转嫁给国外。同时，政府从根本上说是强势资本的代言人。另外，原材料、动力、资源是个宏观问题甚至是世界性问题，一国高收费解决不了世界资源的破坏和紧张；一些环境污染也是大面积问题乃至世界性的问题，局部地区控制污染避免不了承受某些整体的污染损害，因此，政府维护生态平衡和生态文明的动力是有限的。所以，资源紧张仍是世界难题，而环境问题也仍未显示出良好的前景。温室效应控制就是一个鲜明的例子。1997 年通过的《京都议定书》非常低的减排标准都无法为各国资本所接受，至今无法发挥作用，更谈不到提高减排标准。《京都议定书》以法律文件的形式规定了缔约方国家（主要为发达国家）在 2008—2012 年的承诺期内应在 1990 年水平基础上减少温室气体排放量 5.2%，各国有所不同，此为议定

---

① 张剑：《论中国生态文明建设的社会主义性质》，载《探索》2010 年第 1 期。

② 《马克思恩格斯文集》第五卷，北京：人民出版社，2009 年版，第 579 页。

书的第一承诺期。《京都议定书》实施的根本困难是减排计划不可能以威胁资本的利润为前提，具体说，①目标低，难以达到减排目的。政府间气候变化专门委员会（IPCC）预计1990—2100年全球气温将升高1.4～5.8℃，而评估显示，《京都议定书》如果能被贯彻执行，到2050年之前仅可以把气温的升幅减少0.02～0.28℃，所以，许多批评家和环保主义者都认为其减排标准定得太低，根本不足以应对未来的严重危机。②低标准的《京都议定书》对温室气体排放的强制性削减也明显超出了美国资本愿意接受的限度。2001年3月布什政府以"减少温室气体排放将会影响美国经济发展"（主要是资本利润）等理由为借口，宣布拒绝批准《京都议定书》。此外，美、日碳排放的大幅增加与欧盟碳排放大幅下降的失败一起，使低于1990年排放水平的目标难以实现，第二承诺期的续签工作更无法按期完成。③对温室效应负主要责任的发达国家不肯让出自己的利润是谈判难以成功的根本原因。从《京都议定书》诞生伊始，发达国家尤其是美国就一直没有放弃将发展中国家也纳入到这个强制减排体系中的企图。美国人口仅占全球人口的3%～4%，而排放的二氧化碳却占全球排放量的25%以上，但美国一直坚持"不承诺减排义务"，要求"发展中国家同样减排"。2011年12月12日，加拿大正式退出《京都议定书》，加拿大环境部长肯特表示，由于《京都议定书》的减排控制纲要并不适用于美国和中国这两个最大的温室气体排放国，所以注定会失败。日本和俄罗斯都是《京都议定书》第二承诺期的坚定反对派，澳大利亚是温和反对派，而欧盟失去了持续扮演领导者角色的激情。同时，他们对发展中国家的援助雷声大、雨点小，南北矛盾无法解决。2012年12月已是哥本哈根《联合国气候变化框架公约》第15次缔约方会议暨《京都议定书》第5次缔约方会议，对于"不可完成的任务"，最终的结果仍然逃不掉"失败"二字。截至今天，世界生态问题仍然十分严峻，很多国家生态恶化成为经济停滞和贫困的重要原因。

马克思主义者认识到，只有社会主义公有制的生产、交换和分配方式和共产主义的人类大同才能真正解决资源环境难题。因为公有制经济不以利润最大化为目标，而是以满足社会成员的物质精神需要包括生态需要为经济活动的直接目标。

2.1.3 社会主义国家中的生态问题与经济体制

揭示资本主义生产方式解决生态困境的不可能性，需要正视的现实疑难是迄今为止社会主义国家也都尚未解决好生态问题。苏联及东欧等原社会主义国家和中国的污染也比较严重，过度使用资源的现象也不少。然而，社会主义国家的生态问题不是公有制的产物，而是公有性原则没有得到充分实现，公有制经济存在非公因素的结果，即现实经济体制使然。

（1）社会主义国家已有的公有制经济不是很合格的成熟的公有制经济。一种所有制的具体形式要通过“产权”即财产权利来实现，其中必要的权利就是支配权，也就是管理权和市场经济中的经营权。公有制的所有者是人民，人民应掌握财产的经营管理权，主要就是要实行民主决策和民主管理。经济发展的宏观速度、投资规模和方向、环境资源控制等都应由群众建议、群众讨论、群众表决。而在现实中，由于种种原因，经济民主并未实现，公有制经济的支配权都掌握在代理者手中且没有所有者社会大众的有效监督。掌握专断性决策权的行政官员或代理者必然为了增加自己可任意支配的财政资金，为了用 GDP 增速显示自己的政绩而不顾生态损耗竭力追求经济增长，掌握专断性决策权的直接决策者必然为了给自己创造更多的受贿机会，获得更多的奖金和分红而不顾整体生产能力过剩盲目地扩大投资。如果由人民决策，人民群众必然把社会总福利最大化作为决策的基本依据，社会公众不会为了获得较小的经济福利而放弃较大的生态福利，而会把更多的资源用于保护生态，发展生态生产，使得“新增生态财富＞即期生态成本”。

（2）我国的国有经济采取了自主经营、自负盈亏的经营原则，这是一种公有化程度非常低的公有制实现形式。公有制的内涵要求公有制经济实行社会公众管理，整体计划管理，按劳分配，剩余归社会的原则。现行的国有企业奉行的“自主经营、自负盈亏”原则在一定程度上是借用了私有制市场经济的经营形式，至少使企业具备了相当程度的集体企业性质或非公因素。企业个人收入与经营效益直接挂钩，尤其是领导层的报酬与经济效益高度相关，导致国有企业与资本主义市场经济主体在逐利行为特征方面有着一定的相似性，因此国有企业产生了与私有制经济有些类似的经济主体利润占有特点与资源环境的矛盾。高兹认为，苏联模式的社会主义提供了一幅资本主义基本特征的滑稽的放大画面，其改革的基本思路仍然遵循着消费主义的思路。前苏联的计划模式奉行的也是经济理性，而不是生态理性，它与资本主义的经济理性所造成的结果是一样的。

（3）就目前的中国而言，私有制经济的数量远超过公有制经济，公有制企业本身也具有相当部分的私有成分。私有制经济必然按私有制经济的行为原则行事，资本主义生产方式与生态的矛盾不会有多大的改观。国有企业出现大量个人股，而个人股要求利润最大化；很多人错误地主张利用企业管理层的个人剩余索取权来搞好国有企业，主张管理层实行高报酬，也是私有制的分配逻辑——目前发达国家的国有企业都没有这些做法。农业集体经济采取家庭经营方式，与个体私有制的经营机制没有多大差别；即使是集体经营，客观上也只是一种小范围公有的较大规模的私有制。

（4）增长主义的经济建设指导思想成为生态问题比较严重的直接原因。生态马克思主义认为，即使在社会主义条件下，过分追求经济增长的生产方式与资本主义生产方式一致，会对整个社会造成不可估量的破坏。中国以经济建设为中心，这是正确的，但越过真理一步，就是谬误。如果把经济建设为中心理解为以经济发展速度为中心，并且忽视了生态生产的重要性，轻视生态财富增长对商品生产的制约关系，就会走上“增长主义”的不科学道路。增长主义无论在资本主义社会，还是在社会主义社会，都会破坏资源环境。公有制为解决生态问题奠定了基本前提，但法律上的财产公有权并不能保证经济发展自然遵循正确的原则。

2.1.4 私有制经济增长中的生态剥削和生态侵占

私有制及其市场经济不仅在解决生态问题方面非常无效率，而且在生态方面还会必然导致经济财富和生态财富分配的不公正。这是“生态不文明”的重要表现之一。

2.1.4.1 要素资源占有的不平等及其影响

在私有制市场机制的作用下，社会成员对资源的占有和利用必然极为不平衡，形成“资源生态剥削”和资源分配不公。

（1）相当部分的自然资源为资产者所占有，成为资本家阶层获取剩余价值的工具。这些资源无论是企业主购买所有权，购买使用权，还是承包与租赁，资源都事实上成为资本的组成部分。马克思在谈到自然资源、所有制和财富占有的关系时说，“只有一个人事先就以所有者的身份来对待自然界这个一切劳动资料和劳动对象的第一源泉，把自然界看作隶属他的东西来处置，他的劳动才成为使用价值的源泉，因而也成为财富的源泉，一个除自己的劳动力以外没有任何其他财产的人，在任何社会的和文化的状态中，都不得不为另一些已经成了劳动的物质条件的所有者的人做奴隶。他只有得到他们的允许才能劳动，因而只有得到他们的允许才能生存。”①

与其他领域不同，部分人可以利用资源的不公正占有，脱离常规剥削，远超平均利润率与经营劳动付出量而迅速暴富。据2012年5月21日《新闻晚报》综合《齐鲁晚报》、《经济观察报》报道，高和投资与住房和城乡建设部政策研究中心发布的《中国民间资本投资调研报告》称，保守估计，自然资源丰富的鄂尔多斯拥有资产过亿元的富豪不少于7 000人，能源矿产资源富集的陕西榆林的亿万富豪则不在鄂尔多斯之下。一位北京车商感叹：六七十万元的车，喜欢就买，在小县城，站在马路上，不超过1分钟，会有一辆超过百万元的豪车从你面前驶过，甚至过千万元的豪车都不稀罕，开一辆奥迪A6都显得有点土气。2012年3月18日，山西一煤老板花7 000万元巨资为女儿举办婚宴大礼，并邀请了很多明星到场表演，包下了几家全球顶级五星级酒店，租了3架飞机载亲朋好友到三亚。通常认为，这些人利用国有资源暴富的原因包括：无偿行政审批和低价承包、超产（数倍）逃税、开黑煤窑、乱挖滥采（矿权改革之前，山西的煤矿回收率平均在30%～40%，大批原煤被扔掉）、低成本开采等，实际还有一个根本原因，就是没有采取国有化的方式经营，而是把国有资源使用权出售给私人，在资源价格上涨时，国家无法分享资源收益，加上资源税税率偏低，全民的资源为少数人所侵占，人民的生态财富转化为少数人的经济财富，而这种经济财富的货币价值是从社会剩余价值和劳动力价值转移过来的。与此相关，当地房价暴涨，榆林新城房价3年涨了近两倍；征用土地一人补偿100万元，也是部分居民依靠国家资源而获得超常利益。与此不同，被评为全国地级“富裕城市”第一名同样靠资源致富的克拉玛依，却没有出现这种情况，究其原因，一是没有将资源交给私人开采，二是对城市的发展包括人口的进入采取了限制政策。

（2）社会公众在利用资源增值获利方面形成了巨大的利益差异。各国居民的住宅都是居民财产的很大一部分，也是财产保值增值的主要载体。在很多时期，住宅增值速度大于存款利息，并可以带来增值和租金或虚拟租金的双重收益。这一点无论是小私有制还是大私有制，无论社会主义市场经济还是资本主义市场经济都是如此。笔者根据相关数据计算，2007年我国城镇居民平均实际的房租外房产收入占总收入的31.61%（表2-1）②一个价值60万元的住房，每年增值5%，加上房租或

① 《马克思恩格斯选集》第三卷，北京：人民出版社，1995年版，第298页。

② 李济广：《居民财产收入的范围、统计及其对个人收入的影响》，载《中国地质大学学报（社会科学版）》，2010年第6期。

虚拟房租（旧房拆迁以旧换新，基本无折旧），显著超过当时一个普通员工的劳动报酬，而不少居民拥有两处、数处乃是数十处商品房。

表 2-1　2007 年住房增值和虚拟房租对城镇居民人均财产收入和总收入的影响　单位：元

统计项目	统计的年总收入	房屋增值收入	虚拟房租收入	实际财产总收入	实际年总收入	实际财产收入/总收入	房租外房产收入/总收入
数额	14 908.61	5 765	1 125.65	7 991.66	21 799.26	36.67%	31.61%

据中国社会科学院经济研究所课题组 2002 年家庭调查，在各项财产中，房产的分布是最不均等的。人均财产最多的 20%的人口拥有 65.84%的房产，人均财产最少的 20%的人口则仅有 1.05%的房产，两者的比率为 62.7∶1。人均财产最少的 10%的人口其房产净值是负数，即其房产总值还抵偿不了尚未偿还的住房债务。对人均财产分布的不平等状况的贡献率，房产净值达 66.32%。[①]

房子本身不会大幅增值，反而经常会不断贬值，房子增值主要是土地增值。虽然土地名义上是国家的，但使用权和收益权归业主，实质上土地在一定时期已经私有化，增值收入对业主而言就是私有化的表现和结果。土地增值归私人的结果是，居民，至少是城镇居民房屋财产占家庭财产财产差距是决定个人收入差距的首要因素。由于地产增值的“价值”不是劳动创造的，地产生态剥削实质是对整个社会领域财富的分割。

（3）劳动者与要素资源的结合不平等而导致经济地位差异。资源对人的意义在于让人通过与要素资源相结合并进行劳动从而获取生存资料、发展资料和享受资料，以保证人类生存并获得幸福。资本主义国家有地农民必然比无地雇工获得较多的地租收益。社会主义国家不同的集体经济之间级差地租差异甚大。由于种种原因，比如机会不佳、能力偏低，或制度安排不合理，一部分人难以与生产资料相结合以获得充分的就业机会和经营机会。就业者和失业者之间也存在利用资源要素的差别。资源与劳动结合上的不平等使普通公众之间财富差距、生活差距远大于劳动能力的差距。

2.1.4.2　环境侵占及生态福利分配不公的必然性

私有制经济还必然造成“环境生态剥削”和环境分配不公。

① 赵人伟：《我国居民收入分配和财产分布问题分析》，载《当代财经》2007 年第 7 期。

在私有制经济中，财产的拥有差距悬殊，拥有巨额财产的人可以获得以生态破坏为基础的高比例的经济财富和生态福利，而普通人，尤其是穷人却必然承受主要的生态负福利，即遭受更多的环境污染和生态破坏带来的种种伤害。比如，高资产者完全可以花费多倍的代价，吃上特殊种植养殖的、专门种植养殖的甚至亲自组织种植养殖的或者进口的各种绿色食品，他们可以获得更卫生的水，使用矿泉水，净化室内的空气，可以到空气粉尘更少的郊区、海畔乃至风景区去住别墅，必要时候移居国外，而一般人则没有这个能力。

在私有制经济中，为了谋生的雇佣劳动者不得不接受企业中劳动环境的不平等。资本主义社会早期的无产阶级工作条件极其恶劣，如女工都常年工作在闷热、潮湿、毫无安全保障、机器隆隆作响的车间里，而且一待就是 15～18 小时，飞扬的纤维和金属颗粒都吸入她们的肺里，从而导致疾病和过早的死亡。矿井深处氧气严重不足，居住条件恶劣造成传染病频发，工人寿命大大缩短。在当代，一些私有企业劳动场所与生产过程中的有毒有害物质，仍然直接威胁到工人的健康与生命。在长三角某市一家医疗器械厂工作的 32 岁的周某，从事灌汞、真空带汞热加工岗位 7 年多，每天工作至少 8 小时，有时一天连续工作 16 小时，结果造成慢性轻度汞中毒，出现口腔溃疡、牙齿松动、入睡多梦、记忆力减退、“三颤”阳性等症状。21 岁的俞某在一家装修队当临时油漆工，白天给家具上漆，没有戴手套和口罩，两只手被染得五颜六色，夜晚还得睡在充满各种难闻气味的房间里。广东省卫生厅曾有调查表明，佛山、深圳、江门和惠州等外来工比较集中的地市，普遍存在有章不循、地方领导对职业危害认识不足、化学品使用管理混乱等问题。有些企业特别是乡镇企业及私营中小企业，设备简陋，生产环境恶劣，不注重尘毒治理，缺少卫生防护设施及个人防护用品，甚至没有任何针对工人的职业病防护措施。对待污染，有的企业管理者采取愚民政策，隐瞒职业危害真相，不告知打工者作业场所原材料产生的危害因素，致使员工患上职业病还不知情；有的企业逃避卫生机构监督检查；有的企业逃避对职工健康损害应负的责任，不支付职业病患者的医药费，甚至以职工身体有病无法工作等为由解雇职业病患者；有的企业利用免税期期满后搬迁，逃避对职业病患者应承担的劳保待遇；一些企业经常是一年半载就换一批工人，以防止工人在工作中职业病发作，有的企业在工人稍有职业病症状时就予以解雇。资本通过侵占劳动者的生态效用，得到了资本增值以及消费性享受。

在私有制经济中，资本的逐利行为还造成城乡之间、地区之间环境损伤的不平衡。由于农村经济落后，污染的转移受到了追求 GDP 增长的农村官员的欢迎。不管是在城市还是在农村，贫困阶层相比富裕阶层都是环境灾难的更大受害者，但环境损伤在城乡之间的不平等也是一个规律性现象。无论是发达国家还是发展中国家，工业的发展首先积聚在城市，当城市污染达到一定程度之后，不仅受到城市居民的反对，城市的企业主和决策层也难以继续忍受，相对弱势和分散的农村就成为高污染工厂的转移地。因此污染比较严重的企业和建设项目纷纷转移到城市郊区和偏远的农村。这种状况表现为城乡之间的环境冲突，但其实际结果是，企业主获得越来越多的经济利益，强势城市群体在某些方面得到相对可容忍的环境，以农村人为主体企业员工继续承受不良生产环境，而弱势农村居民得到的是越来越糟的生活环境。恶性肿瘤已成为我国城乡居民的首要死因，而现在农村患癌率已经超过城市。我国恶性肿瘤高发的首要原因就是环境恶化。许多污水多的企业都建在水边大肆排污，城镇的垃圾和工业废料也大量倾倒入水，这些做法使得水中的苯、烯等致癌物增多。恶性肿瘤上升为农村的第一死因就与地下水的污染密切相关，由于水污染，部分村庄癌症高发的现象几乎遍及全国，仅在在淮河支流沙颍河流域就发现了 20 余个癌症村。再如，海洋污染尤其是陆源污染不公正分配的后果是渔业破产和渔民失业。恩格斯曾指出，“工厂城市把一切水都变成臭气冲天的污水，”因此，“资本主义大工业不断地从城市迁往农村，因而不断地造成新的大城市”，形成“恶性循环”。①

欠发达地区决策者往往认为，工业发展给自己带来的好处大于自己在污染环境中承受的生态福利损失，污染企业便受到欠发达地区领导者的欢迎。苏北的一位乡镇干部在招商引资的过程中明确表示：我们的优势就是不怕污染。浙江东阳市画水镇竹溪工业功能区环境污染引发群体性事件，数十人受伤，多名领导遭免职等处分，而在事件之后，江苏、安徽、江西等省的一些基层政府纷纷派人到画水镇招商引资。同时，对环境损伤的容忍程度与收入水平成反比。污染企业在发达地区的生存要付出更多的污染代价，这些企业便逐渐向欠发达地区转移。其结果是，环境损伤在不同地区间分布也不平衡，在一定时期，经济落后的地区反而承担了更多的污染代价。

此外，“世界贫富差距持续扩大的最直接、最明显的体现是对自然资源消耗的

① 《马克思恩格斯文集》第九卷，北京：人民出版社，2009 年版，第 312～313 页。

极端不平等。”[①]即 20%的富人消耗着超过 80%的资源，产生 80%的污染物。无论在一国之内还是在世界范围内都是如此。

只有实现大范围的公有制，劳动者平等地使用自然资源和生产资料，在尽可能高的层次上统筹资源环境的利用，才能实现生态文明平等享有和生态公正。

2.1.5 世界经济发展中的生态剥削和生态侵占

当代一些发达国家环境状态好于我国，资源利用效率也高于我国，这使人们感到似乎在私有制的基础上也可以建设好生态文明，这种认识存在一些问题。一方面，一些私有制国家生态状况相对好一些，不代表所有的资本主义国家生态状况都良好，况且我国经济的私有性也非常强。另一方面，资源利用效率国别比较使用的是汇率，而人民币汇率低估 1 倍多，由此严重低估了中国的产出从而低估了资源利用效率。

更为关键的是，一些富国受到破坏的生活环境得到一定恢复，并不意味着在资本主义制度下能够实现生态平衡。由于很多资源环境问题具有世界性，发达资本主义国家经济福利和生态福利双享受，是以非发达国家经济福利和生态福利双困境为基础的。当今世界生态方面的一个严重问题是存在国际性生态剥削和生态侵占。国际性生态剥削和生态侵占的动力是资本主义的私人占有的空间扩展。国际性生态剥削和生态侵占的直接原因是，发达国家在国内生产过剩、生态压力加大的背景下，资本极力在国外掠夺要素资源、利用他国环境，以制造新的经济增长点。

生态马克思主义者用生态殖民主义概念描述当代发达资本主义国家将生态危机转嫁给发展中国家以及对发展中国家进行生态掠夺的罪恶行径。生态殖民主义指的是第二次世界大战后，发达国家为了保护国内的资源和环境而对不发达国家进行资源掠夺与环境破坏的政策和行为。

国际性生态剥削和生态侵占的表现：①将大量的制造业转移到发展中国家，廉价利用资本输入国的资源。②发达国家向发展中国家大肆转移污染产业和企业。20 世纪 60 年代后，日本将 60%以上的高污染产业转移到东南亚和拉美。[②]发达国家还将本国淘汰的严重污染环境的设备通过投资方式转移到发展中国家。③强盗般地向

---

① [德]萨拉·萨卡、布鲁诺·科恩：《生态社会主义还是野蛮堕落？——一种对资本主义的新批判》（陈慧、林震译），载《马克思主义与现实》2011 年第 3 期。

② 赵贺：《发达国家高污染产业转移及我国的对策》，载《中州学刊》2001 年第 5 期。

发展中国家（每年 5 000 万 t）大规模转移废弃物，甚至将有害废物非法投弃或海上焚烧，英国《每日邮报》2013 年 4 月 5 日报道，英国环境局证实，1 200 万 t 垃圾被运往中国、印度和印度尼西亚等国家，其中大部分最终进了填埋场。④通过从市场准入到绿色技术标准等一系列手段，防止发展中国家的污染流向发达国家。⑤发达国家大量消耗资源财富，将异化消费和异化生产扩展到了全世界，发达国家人均能耗是发展中国家的 10 倍，美国人口只占世界的 4.7%，却消耗全世界 40%的石油，排放的废气占全球废气的 20%左右。这更是侵占了人类共有的地球资源。

国际性生态环境剥削和生态环境侵占的客观基础除全球化外，主要是发达国家掌握着资本优势以及生产力和科学技术的先发优势。发展中国家为了实现不得不追求的经济增长，不得不接受发达国家的生态殖民主义。究其原因，就像一无所有的劳动者为了生存不得不甘愿受雇于人、受人剥削一样，经济技术落后国家由于在全球经济一体化过程中陷入经济困境，在现代世界中想要维持古代社会的简朴生活都不可能，不得不接受污染的企业、设备、产品乃至垃圾，如发达国家和发展中国家废物的投弃费用和处理费用差距很大，发达国家处理废物的费用比发展中国家高 13～36 倍，接受废物对一些生存困难的国家很有诱惑力。以上这些活动使发达国家通过掠夺发展中国家的环境财富保证自己的经济利益和环境利益。如果发展中国家增长主义的意识和政策占优势，不遗余力地吸引外资，过度发展出口企业和加工贸易，那就更使生态殖民主义畅通无阻了。

这种资源侵占和生态剥削是极不合理的国际经济秩序和状态，也是世界经济的“大脑”和“躯干”之间的剥削与被剥削的关系。发达国家对不发达国家的生态掠夺、生态剥削即生态成本转移是造成不发达国家和地区生态恶化的根本原因。由于环境的恢复需要付出劳动，原有被破坏的环境也有很大一部分是生态生产创造的，因此，生态剥削本质上仍然是对发展中国家劳动的剥削。

国际性资本主义生态掠夺和生态剥削造成了世界生态危机。发达国家对全球尤其是对不发达国家的资源环境财富掠夺使得不发达国家资源日益枯竭，环境每况愈下，将全球置于严重的生态压力之中。大量国家成为“洋垃圾”、工业废料的垃圾坑，高耗能与高污染产业的转嫁场所。广大落后国家的民众将为此付出包括健康、寿命和享受的代价。资本主义生产方式和交换方式、分配方式的不公正、不平等，在生态问题上凸显出来。发达资本主义国家将异化消费和异化生产扩展到了全世界，由此引发全球性生态危机的灾难。

综上所述，资本主义私有制是当代社会生态危机的根本原因。在私有制市场经济中，不合理增长的冲动及其对于生态的破坏，源于以利润为目标的企业，而上层建筑受到经济基础的强烈影响。要从根本上解决生态问题，必须消灭资本主义制度，发展社会主义制度，要想彻底解决世界生态问题，必须实现世界大同。

2.2 社会主义公（国）有制下的经济增长与生态

由于资本主义私有制是生态危机和生态不公的根本原因，所以发展公有制并真正贯彻公有制的原则是建设生态平衡和生态公正的制度基础，共产主义及其初级阶段社会主义的基本特征就是公有制。马克思主义公有制的典型形式是社会所有制，国有制是当前社会所有制的主要形式。社会所有制不仅应当包含一般的生产资料和资本，更应包括全部资源和环境。只有在社会主义/共产主义制度的基础上，也就是在包括资源环境在内的生产资料社会/国家所有的基础上，才能顺利地发展生产力，才能实现包括资源环境公正在内的社会平等，也才能全面真正实现生态平衡和生态文明。

2.2.1 土地（资源）国有的历史追求与现实追求

由于土地（自然资源）对于人类生存和社会稳定的极端重要性，在人类历史上从未像其他物质资料那样被充分地私有化。国家往往不同程度地努力扩大土地的国有性，进步思想家也往往主张土地应当具有不同形式的公有性和国有性。

2.2.1.1 中国历史上对土地私有性的限制和对土地共同占有与国家所有的追求

中国历朝历代几乎都有抑制土地兼并，乃至宣布土地国有、平分土地并禁止土地转让的制度，这使土地的私有性受到不同程度的限制，并在一定程度上由国家掌握土地的所有权和最终支配权。朱义明指出，学者们比较一致的看法是，中国历史上历来不存在真正意义上的土地私有，皇帝是所有土地的最终所有者。[①]李大钊曾论述，中国历史上，自古至今，不断地发生平均地权的运动。[②]夏、商、西周实行

① 朱义明：《传统中国与亚细亚生产方式》，载《中南大学学报（社会科学版）》2011 年第 4 期。

② 李大钊：《土地与农民》，载《政治生活》第 62 期至第 67 期，1925 年 12 月 30 日至 1926 年 2 月 3 日。

由原始氏族公社土地公有制发展演变而来的井田制，土地限制转让，在一定范围内对农民定期平均分配（贵族占有的部分由别人代耕）。对井田制是否为当时的基本土地制度虽有争论，但"溥（普）天之下，莫非王土"的土地所有权国有的制度则是无疑的。战国时代各国均按人授田。秦商鞅推行授田制，史学界一般认为就是土地国有制，而且史学界多认为，汉初继续实行国有制形式的授田制，也有人认为汉初土地制度是私有基础上的限田制。至王莽时，明确宣布将全国土地收归国有，按井田制重新分配，禁止买卖，规定一家占有限额，有余田者分予九族乡党，违反者处死刑。三国期间大量屯田的土地均属国家所有。晋代实行占地制度，根据人们的性别年龄，分给一定数额的土地，且限制王公官吏的占有额。魏孝文帝开始推行均田制，断续推行达三百年之久，明显推动了北方经济的恢复和发展。隋唐尤其是唐推行租庸调制，即以均田制为基础的赋役制度，被认为有利于富国富民，但唐朝后期均田制逐渐瓦解。宋代仁宗颁布了限田政策，这一政策虽未完全奏效，但也不是全无作用。金朝女真族田地为国家所有，土地制度称为"牛具税地"，占地多少以耒牛、人口为依据，金熙宗时期开始实行"计口授田"，不过未能避免后来富有的贵族强占田地，贫困户将田地出卖而陷入贫困的问题。元、明都存在很多官田，直至明中叶后逐渐被私有化。明朝末年，政府也奉行抑制兼并政策，不过没有效果，广大农民流离失所，富者有良田千亩，贫者无立锥之地，经济崩溃，成为中国陷入了战乱的主要原因。清朝入关建立政权后，通过圈占方式拥有大量国有土地，分给旗人，雍正年间还实行了八旗井田制。清政府曾多次重申不许买卖旗田的禁令，多次严厉查处有关案件，但屡禁不止，直至 1852 年正式准许旗地可以买卖，即可以私有化。总体上，历代王朝对土地私有权的限制在不同程度上改变了土地集中的状况，为秦、汉、唐、明、清等一个个的"盛世"奠定了经济体制基础。相反，大凡在土地兼并严重时期，农民不堪贫困，社会陷入混乱，甚至引发反抗和起义，给社会大众和统治者带来灭顶之灾。中国共产党领导的解放区土地改革运动得到农民拥护，支持了中国革命取得胜利。全国的土地改革和合作化运动真正解决了土地问题，推动农村经济迅速的恢复和发展，为国家工业化提供了物质基础。

在思想意识方面，《周礼》所述的平分耕地（同时开放山林河湖，田地和居邑不得出卖）与孟轲的井田观点，成为此后直到明清许多思想家研究土地问题时所经常援引的思想。在农民斗争方面，从黄巢的"天补均平"（唐朝后期改变了国家授田制度，使农民无法获得土地）、王小波、李顺和钟相、杨幺的"均贫富"到李自成的“均田免粮”再到太平天国的“有田同耕”，中国人民的反抗斗争也日益指向土地问题。孙中山先生的民生主义，其中心就在节制资本与平均地权。孙中山在中国国民党第一次全国代表大会宣言中的一句名言是：盖酿成经济组织之不平均者，莫大于土地权之为少数人所操纵。孙中山主张，“凡天然之富源，如煤铁、水利矿油等，及社会之恩惠，如城市之土地、交通之要点等，与夫一切垄断性质之事业，悉当归国家经营。”[①]在土地公有的意义上，孙中山认为民生主义就是社会主义和共产主义，或包括社会主义和共产主义。连阎锡山为了与中共争夺农民，也提出“土地村公有”的规划。

2.2.1.2 国外对土地制度私有性的限制及对土地国有公有的追求

关于国外古代，马克思和恩格斯认为古代东方不存在土地私有制，而实行土地国有制和公社的土地占有制，如古代印度的土地就归国家所有。也有人认为，马克思观点是，亚细亚生产方式是土地所有制的公有制或者是公有制向私有制过渡过程中的社会模式。在西方，古希腊和古罗马最早也实行土地公有制，土地分为氏族集体土地、公地与私人土地 3 种类型。在中世纪欧洲，帝王对土地拥有所有权，而层层的封臣只有使用权，理论上死后必须归还，虽封君很少能够真正收回土地，但封臣需要尽义务。

现代各国都很重视对土地等自然资源的国家控制。美国的土地 59%为私人所有，39%为公有。[②]英国自 1066 年以来，法律规定全部土地都归英王或国家所有，完全拥有土地权益的人可以是该土地的永久占有者。中国香港土地全为港府所有，“土地财政”曾提供 80%的税收，促进了香港的繁荣。以苏联为首的苏联东欧社会主义国家则实行土地完全国有化数十年。目前，俄罗斯的土地所有制包括：联邦所有制、联邦主体所有制、市政所有制、公民所有制和法人所有制（包括集体所有制和集体股份所有制）。截至 2004 年，前 3 种所有制形式（总称为“公有”，实际是国有）占全国土地的 92.4%，公民所有制和法人所有制（总称为“私有”，实际包括中国所说的集体公有）占全国土地的 7.6%。[③]对私有土地，当今各国也都实行政府控制或者限制私人产权。世界上有 130 多个国家和地区征收房产税，还有交易税、

---

① 《孙中山全集》第二卷，北京：中华书局，1982 年版，第 135 页。

② 滕泰：《走出均地思维的怪圈——西方土地制度对中国的启示》，载《中国企业家》2006 年第 4 期。

③ 周建成：《路径选择、私有化与土地市场的演进——俄罗斯土地制度转型十五年的历程与进展》，载《上海经济研究》2007 年第 3 期。

所得税和遗产税，加拿大房产税占地方财政的 54%，美国占 29%，这等于是土地所有者成为租户向国家交纳土地租金。如果不交，或交不起，土地会被政府部分或全部没收，而购买土地交的一大笔钱，等于是押金。德国的土地有一部分属国家、州、市镇所有，绝大部分属于私有，但自 1918 年以来，德国就对农地自由交易实行控制。房屋出租税收为 20%～49%，买卖房地产要缴纳 15%的差价盈利税，房产税名义税率为 3.5%。实行土地私有的日本也有一部分国有和公有的土地，对土地严格实行用途转移管制，奉行“耕者有其田”，直到 2000 年个人买卖土地才有了弹性。世界上很多国家实行土地用途管制制度，美国等国还经常规定开发者应对社区做出一定数量的土地贡献，用于建设学校、娱乐休闲场所等公益设施，或者交纳一定的款项替代土地贡献。总体上，西方国家一方面存在大量国有土地，另一方面对私有土地产权加以限制，土地的私有权没有完整实现，具有国有成分。

拉美土地制度的主要特征是大地产制，生产效率低下、剥削手段残酷，长期以来是阻碍拉美经济发展的主要因素。20 世纪初以来，几乎所有拉美国家都颁布了土改法或其他调整土地关系的法令，但统治阶级本身就是大地主阶级，改革遇到政界的阻力而难有进展。不过一大批非洲和亚洲国家都进行了以耕者有其田为方向的土地制度改革，并取得很多进展，推动了经济发展。

在思想意识方面，从 16 世纪初托马斯·摩尔的《乌托邦》开始，西方的社会主义或共产主义思潮流行了几个世纪之久。西方的资产阶级理论家也在 18 世纪末提出了土地国有的问题，到 19 世纪初，土地国有论广泛传播。1848 年约翰·穆勒的《经济学原理》，尖锐批评坐享地租不劳而获的地主阶级，要求土地增值以租税的形式交国家。1879 年亨利·乔治在《进步与贫困》一书中，认为地价上涨是造成贫富不均的重要社会原因，提出所有的人都有使用土地的平等权利，主张国家放弃一切其他税收，认为单单征收土地税就可以装满国库，预防周期性经济危机，并增加工人和农民收入，实现“社会主义的理想”。他的这种思想主张在 19 世纪末期的西方世界风行一时。现代生态马克思主义也大多主张，建立一个生态与经济社会和谐发展的、没有剥削和压迫的社会。马克思主义则最科学地论述了包括土地在内的资源环境公有的理论根据。

2.2.2 资源环境国有/社会所有的理论根据

2.2.2.1 马克思恩格斯的土地国有化思想

马克思恩格斯把共产党的理论概括为一句话，就是消灭包括土地（自然资源）在内的私有制。《共产党宣言》关于无产阶级夺取国家政权后的第一项纲领性措施就是“剥夺地产，把地租用于国家支出”。《资本论》在论述生产资料公有制必然性的结论时，特意强调生产资料包括“土地和其他生产资料”。马克思主义认为，公有制代表了人和自然的合理关系：一旦社会占有了生产资料，“人们第一次成为自然界的自觉的和真正的主人”。[①]马克思还指出：“这种共产主义，作为完成了的自然主义等于人本主义，而作为完成了的人本主义，等于自然主义，它是人和自然之间、人和人之间的矛盾的真正解决。”[②]马克思专门撰写《论土地国有化》一文论证土地国有的优越性，其结尾概括了土地国有化的两大基本理由，即土地为全民或国家所占有，一方面将消灭阶级、消灭剥削，实现社会平等和人民民主，另一方面把社会构建为自主联合劳动的共同体，将为合理地、有计划地组织全国生产奠定基础，从而有利于生产力的顺利发展和生态平衡。马克思写道：“土地国有化将彻底改变劳动和资本的关系……只有到那时，阶级差别和各种特权才会随着它们赖以存在的经济基础一同消失。靠他人的劳动而生活将成为往事。与社会相对立的政府或国家将不复存在！农业、矿业、工业，总之，一切生产部门将用最合理的方式逐渐组织起来。生产资料的全国性的集中将成为由自由平等的生产者的各联合体所构成的社会的全国性的基础，这些生产者将按照共同的合理的计划进行社会劳动。这就是 19 世纪的伟大经济运动所追求的人道目标。”[③]马克思在该文还论述道，通过国有化合理地、按共同的计划组织全国农业生产主要基于 3 个方面的考虑，①农业的组织化生产和大机器生产、现代科技的发展，适合于国有化：“社会的经济发展，人口的增长和集中，迫使资本主义农场主在农业中采用集体的和有组织的劳动以及利用机器和其他发明的种种情况，正在使土地国有化越来越成为一种社会必然性”。“一切现代方法，如灌溉、排水、蒸汽犁、化学处理等，应当在农业中广泛采用。

---

① 《马克思恩格斯选集》第三卷，北京：人民出版社，1995 年版，第 634 页。

② 《马克思恩格斯全集》第四十二卷，北京：人民出版社，1979 年版，第 95 页，第 120 页。

③ 《马克思恩格斯文集》第三卷，北京：人民出版社，2009 年版，第 233 页。

但是，我们所具有的科学知识，我们所拥有的耕作技术手段，如机器等，如果不实行大规模的耕作，就不能有效地加以利用。”[①]而当时为人推崇的法国小土地所有制，却资金短缺，土地难以改良，经常受到高利贷、赋税、司法等的剥夺。②可以组织全国规模化统筹的生产，全国性的规模化统筹生产有利于生产的发展：“大规模的耕作……既然证明比小块的和分散的土地耕作远为优越，那么，要是采用全国规模的耕作，难道不会更有力地推动生产吗？”[②]③可以防止自然资源低效消耗和滥用，保护土壤肥力，根据公共利益调节生产可以保证农业生产顺利增长：“要是让一小撮人随心所欲地按照他们的私人利益来调节生产，或者无知地消耗地力，就无法满足生产增长的各种需要。”“一旦土地的耕种由国家控制，为国家谋利益，农产品就自然不可能因个别人的滥用地力而减少。”[③]马克思还非常重视土地社会所有的公正性，他曾引述赫伯特·斯宾塞的话抨击土地私有制：“公平不允许占有土地，否则其他人就只有靠别人容忍才能活在世上。”[④]

马克思恩格斯还多次从生态的角度论证土地（自然资源）公有制的优越性。马克思在《资本论》中指出：“从一个较高级的社会经济形态的角度来看，个别人对土地的私有权，和一个人对另一个人的私有权一样，是十分荒谬的。甚至整个社会，以至一切同时存在的社会加在一起，都不是土地的所有者。他们只是土地的占有者，土地的利用者，并且他们必须像好家长那样，把土地改良后传给后代。”[⑤]马克思多次批判资本主义农业“滥用和破坏土地的自然力”[⑥]，制造“无林化”，[⑦]“对森林的破坏”，[⑧]“破坏土地持久肥力的永恒的自然条件”。[⑨]这些论述也是对土地公有的生态佐证。最后需指出，马克思主义所说的公有是全社会所有，在一定条件下是国家所有，不包括集体所有和合作社所有，马克思、恩格斯、列宁虽然支持合作社，但认为合作社是走向社会主义的过渡形式。

---

① 《马克思恩格斯文集》第三卷，北京：人民出版社，2009 年版，第 231 页。

② 《马克思恩格斯文集》第三卷，北京：人民出版社，2009 年版，第 231 页。

③ 《马克思恩格斯文集》第三卷，北京：人民出版社，2009 年版，第 231 页。

④ 《马克思恩格斯全集》第十二卷，北京：人民出版社，1998 年版，第 176 页。

⑤ 《马克思恩格斯全集》，第二十五卷，北京：人民出版社，1974 年版，第 875 页。

⑥ 《马克思恩格斯文集》第七卷，北京：人民出版社，2009 年版，第 919 页。

⑦ 《马克思恩格斯选集》第四卷，北京：人民出版社，1995 年版，第 386 页。

⑧ 《马克思恩格斯文集》第六卷，北京：人民出版社，2009 年版，第 272 页。

⑨ 《马克思恩格斯文集》第五卷，北京：人民出版社，2009 年版，第 579 页。

2.2.2.2 资源环境社会所有或国有的生态优越性

一般而言，国有制之所以是最有利于商品生产与生态生产的平衡，是最有利于生态文明建设的经济制度，其根本原因是国有制经济要求生产以满足人民的生活需要为目的，必将消除资本主义生产方式破坏生态的根源。刘思华教授指出，“社会主义生产的目的是保证满足全体人民的生态、物质和文化的需要，这是作为生态经济有机整体的社会主义经济运动发展的客观规律”。[①]成熟的名副其实的公有制经济必须有两条基本特征：一是由所有者人民来管理，二是以按劳分配（或按需分配）为基本分配方式。在管理方面，社会所有制的内涵决定了国有制经济是人民决策的经济，如果企业需要核算利润，要是由人民大众来决策，也不会让企业利润的目标压过社会总福利的目标。经济发展的宏观速度、投资规模和方向、环境保护和资源控制等都应当由群众建议、群众讨论、群众及其选举的代表来表决。公有制经济要是由公众来决策，就必然根据社会性计划寻求社会生态成本和社会总福利之间的平衡，寻求生态福利和经济福利之间的平衡，寻求今天的GDP与未来的GDP的平衡。在分配方面，企业员工不是企业所有者，国有企业员工工资的参照物是社会平均工资水平或市场工资行情，不应是企业经济效益。如在西方成熟的市场经济中，劳动者不因工作在哪个行业或哪个企业而有明显的工资差距，薪酬不会因企业利润率高低而有明显的不同，工资差异主要来源于劳动的质量和数量。企业领导者也是如此，据刘植荣研究，8个发达资本主义国家国有企业老总年薪平均是全国平均工资的2.2倍，大多执行公务员工资标准，没有公款消费。[②]实际上，国有企业领导者赚的是同龄同素质普通员工的工资。退一步讲，在国有制企业，企业组成人员尤其是企业领导的报酬，即使与经济效益有所挂钩，那也不如利润百分之百归企业主的私人企业利润带来的利益冲动更大，何况还不应当与之挂钩——按劳分配和事业心完全能够调动积极性。如果个人收入基本上不依利润率的高低为转移，企业就不会为了追求利润而去侵蚀社会利益和社会生态福利。当然，不同范围的公有制企业其行为目标也会有所不同，集体公有的所有制实际是部分人的私有制，只有公有的范围达到全社会的公有制经济，其行为特征才会完全符合公有制的本性。经典马克思主义所讲的公有制，都是全社会所有制，在国家存在的时期可以是国有制，而合作经济和

---

① 刘思华：《理论生态经济学若干问题研究》，南宁：广西人民出版社，1989年版，第280页。

② 刘植荣：《85%的人应该涨工资》，北京：中国商业出版社，2010年版，book.qq.com/s/book/0 /23/ 23099/ 2011年3月3日。

局部共有、实为部分人共同私有的集体经济是向公有制的过渡形式。全社会所有的经济必然以满足全体社会成员的需要为目的。不存在私有经济主体利润占有特点与资源环境维护的矛盾，这是实现生态平衡、建设高水平生态文明的制度基础。

（1）不以利润为目标而以全体社会成员的生活需要为目标的社会生产，不会在增加企业利益或企业主经济福利的同时减少社会的生态利益或环境福利。归社会所有的经济必然追求社会总福利最大化，为此必须使商品生产与生态生产相协调，根据合理的计划在生态福利和经济福利之间寻找最佳的平衡，不可能为了经济福利而甘愿突破环境生态底线，也不会为了较小的经济福利而付出较大的生态福利。

（2）不以利润为目标而以社会成员的生活需要为目标的社会生产，必然把今日的需要与明日的需要联系起来予以计划平衡，合理规划资源的使用量和使用程度。虽然宏观资源紧张不妨碍微观有能力购买资源的企业获得利润，但整个社会的资源紧张必然给未来的生产造成困难，作为决策者的全体人民没有必要为了今天的GDP而堵塞明天顺利发展的道路。

（3）不以利润为目标而以社会成员的生活需要为目标的社会生产，不会以剩余价值挤压社会需求、并在盲目扩大生产与盲目减少投资之间循环，从而导致经济危机而浪费财富。以全社会成员需要为目的的生产，也不需要刺激居民的异化消费即不必要的、奢侈的、畸形炫耀的或超越生态许可的消费，并以异化消费刺激异化生产，从而避免不科学地追求经济增长。以全社会成员整体需要和持续需要为目的的经济，科技的发展也不会成为刺激超常消费、掠夺资源的手段。

以上 3 点说明，公有制尤其是全社会所有制和弱市场经济的公有制有利于避免盲目刺激经济增长的增长主义。

包括资源在内的合格的或高层次的财产公有制还必然消灭生态剥削和生态福利的严重分配不均。资源国有不仅可以防止少数人利用占有的较多的资源剥削他人，当然也可以避免部分人利用人类公有资源如土地的增值从其他社会成员手中转移财富；劳动者也可以与生产资料比较均衡地结合；公有制经济不会允许在一部分人享受着过高的经济利益的同时，让劳动者在劳动过程中忍受着过度污染的折磨；国有制经济的社会统筹计划调节，也有利于防止城乡之间、地区之间的出现污染的严重不平衡，不同阶层、不同地域、代际之间的生态共享、生态福利均衡，将成为生态公正、生态文明的重要内容。共产主义的世界大同是彻底解决资源环境世界性问题的根本出路。

在这方面，集体经济也优于个体经济。集体经济有利于分工协作，提高劳动效率；有利于集中力量兴修水利，开发自然资源；有利于农业科技和大型农业机械推广；有利于提高道德水平，改善人际关系，加强民主政治建设；有利于控制化肥农药的过多使用和污染，保护植被和土壤等。在苏联东欧地区的改革尘埃落定之时，多数农业从业者仍然选择加入占有土地规模化经营优势的集体农场。①

总之，公有制有利于均衡、顺利地发展生产力，能够消灭剥削、消除两极分化，有利于经济增长中商品生产与生态生产的平衡。所以，资源应是人类共有的生产力，环境应是人类共同占有的社会财富。

由上观之，国内外一些著述提出的资源公有的依据——资源对人类生存的重要性、使用的外部性（某人活动对别人有不利影响）、天然生成性——并不构成公有的必然性。重要都是相对的，粮食、劳动力无比重要，但并不一定非得公有，不如资源重要的生产资料，也不一定不应当实行公有制。私营企业大都具有负的外部性，但发明了外部性概念的资产阶级经济学家还是认为企业应当私营；外部性到处存在而不限于资源环境。虽然大部分资源环境是天然生成的，但人类的生态生产生成的资源环境财富也越来越多，所以，资源环境的天然性也不能构成财富公有性的根据。

当然，环境与资源不同，环境与其他物质对象的突出区别是使用和消费的共同性以及使用与消费的相互影响。环境消费的共同性及相互影响甚至包括代际共用和国际传导，环境消费的共同性使环境成为世界上少有的真正“公共品”。使用和消费的公共性使环境在共同所有的制度下得到较好的保护；这也是环境应当公有的原因之一。

2.2.3 现实中的国有土地产权保障和农地国有化

2.2.3.1 城市拆迁和农地征用中的国有土地权益问题

当前，围绕土地的主要矛盾冲突是城市拆迁和城市化农地征用。多年来，我国社会舆论一边倒，认为被拆迁户和被征地农户的权利得不到保障。不可否认，一些居民和农民在强势开发商面前，在收了开发商好处或急于搞政绩工程和面子工程的

① 孙亮：《土地，公正，农业发展：拉美与前苏联东欧国家的土地产权改革比较》，载《国际论坛》2006 年第 6 期。

地方官面前，权益受到过侵害，但更多的问题，可能是人们对土地的所有权理解有偏差。那些片面为住户和农民鸣不平的人，实际上认为住房是私人的，房主想卖多少钱就应当给多少钱，否则就别买；农村土地是农民的，政府要买就应当按市场价购买。这里的问题是，住房价格主要构成部分是土地的价格，而土地是国家的，怎么能土地使用权垄断者想卖多少钱国家就得给多少钱？土地私有化，城市建设效率极低。在日美等一些国家私人在城市占有一小块地方，拒不按合理市场价格出让，致使土地资源得不到合理的利用，阻碍了经济建设和城市发展。我国城市开发速度惊人——虽然存在大量非科学决策——客观基础就是土地未归私人所有。这凸显了土地资源国有化的优越性。有人指责土地财政使地方政府成为房价高企的共谋者，这种说法缺乏基本常识。价格是由供求关系决定的，而房子需求取决于货币收入、贷款利率、贷款宽松程度，是否征收房产税、土地增值税、遗产税和足额的转让所得税，是否允许存在闲置房等，供给主要由土地供应量决定，也受原材料价格一定影响。调控房价关键在于调节需求，因为土地非常有限，而且大量闲置房太浪费资源和生活空间。上述影响需求的各项政策的制定，地方政府既无权力，也无动力机制。

对于集体所有的土地，由于国家保留了征地权，这等于在事实上和法律上确立了国家对集体土地的最终所有权，而且土地增值是社会经济发展和国家社会投资带来的，其收益理应在被征收农民（集体）和政府之间分享，或在保证个人居住和社保权益的基础上交给国家。有人指责政府获得征地差价收入缺乏正当性，只能说这种观点的资本主义意识比资本主义国家的社会意识更加资本主义化。在大批城市郊区，很多农民一家盖了几栋房子，房屋一拆迁就是几百万元，如果不拆迁，房子增值也大赚其钱，另有耕地补偿百八十万元。有的地方农民除了得到大额房屋拆迁和百万耕地补偿款之外，还户均分配住房最低 2～4 套。这些增值的钱就是好几对夫妻一辈子也积攒不起来的。其增值的钱，就是社会土地资源的利益为少数人所占有，而价值是其他领域劳动者创造而转移过来的。按亨利·乔治的分析，不断上升的地租和土地增值，实际上吃掉了原属于别人工资的那一份要素报酬。他的解决办法是土地公有化，或是地租公有化。

正确的城市拆迁补偿政策应当是：由于土地是全体人民的财产，每个城市居民和进入城市的居民，在拆迁时只能确保其一户住宅和一定面积以下的住宅，在原地附近安置一户同样的住宅就是最佳方案。一般不应实行货币化补偿，因为按市场价货币补偿会使少数旧房、平房住户得不到有效安置，所以，只有在难以进行同类住房安置的情况下，才应实行货币化补偿。补偿不宜过多，否则就是侵犯国家土地权益。除个体户商业用房适当照顾外，超过一定面积以上住房的增值部分应主要归国家，新房应根据原旧房剩余土地使用权年限适当调整其土地使用权年限。这些做法使居民也不会吃亏，因为旧房换新房已经是很大的优惠。另外，农户修建一定面积以上的住房属于非法，其利益不能予以承认。

正确的农地征用政策应当是：对失地农民除给予住房、纳入城镇社保体系外，耕地只能按未来农业收益的折现值给予相应的补偿而不能按城市化后的土地价格予以补偿；如果商业性用地由农户和企业谈判售地，则国家必须收缴高比例的增值税和所得税；如失业，可按原土地收入占社会平均收入的比重予以相应的生活补贴，同时注意解决好农民的发展能力问题。对农村的土地工业化占用同样如此。总之，只要农民所得的利益大于损失并有社会保障就行了。

2.2.3.2 农村土地的所有制选择

关于我国农村土地制度改革，第一种观点是私有化。如陈志武在博客中说，土地公有的结果，没有给农民带来好处，反而是变得一无所有，任由掌权人随意安排本来祖祖辈辈属于自己的东西。土地公有，实质上是从原来的几乎每个人都有，变成了只有少数掌权者才有而所有老百姓都没有。这些说法太过随意。在新中国成立前，土地祖祖辈辈都是属于农民的？每个人都有？如果把土地彻底私有化，土地的大部分很快就会被国内外少数大款所占有。私有化下的土地滥用还可以为增长主义提供方便条件。第二种观点是扩大农民产权。如有观点认为，我国法律尚未赋予农民控制持有层面的土地产权，造成掠夺性经营行为盛行，荒漠化趋势无法控制增长，在土地划拨、征用等场合，不可能对其相关土地产权权益予以强制性保护，而且往往要分摊集体组织法定代表人或土地主管人员因渎职所带来的额外成本或隐形成本。[①]把“控制持有层面的土地产权”完全交给农民，等于取消国家事实上的最终所有权和实际上取消集体产权，接近于私有化。其实在农民权益不能完全被保护和掌权人随意安排的情况下，都是集体所有制遭到破坏而不是实行集体所有制的结果。中国社会意识的一个基本知识盲点就是不了解马克思列宁主义所讲的公有制是自主劳动的联合体，人民的经济要由人民群众直接管理经营和监督，人们总是把不

① 徐汉明：《论公有产权的新模式———农民土地持有产权制度研究》，载《法学评论》2010 年第 4 期。

符合公有制经济本性的某些名义上的公有制经济当成公有制的代表。第三种观点是坚持集体所有制。如李太淼指出，农村土地私有化将导致土地滥用现象增多、全国性的土地利用规划实施困难以及严重的分配不公。[①]第四种观点是王慎刚鲜明地提出由于土地资源潜力的无限性、利用结果的“外部性”，土地资产天然形成的特点以及土地公有制有利于提高土地资源的配置效率和有序城市化，应积极研究城乡土地的统一国有化。[②]

笔者认为，土地国有化是农村土地制度改革的大方向和努力目标。当然，限于今天的生产力水平，农村土地还不能马上实现高层次的国有制，只能是国家掌握最终支配权和监控权，通过征收级差地租税来加大国家财政对落后地区生产和社保的支持，以体现所有制一定的社会公有性，并且根据条件向高层次的公有制比如国有农场和国有民租的方向发展。

农业土地制度朝着全民所有制的方向发展，根本道理是马克思主义原理早就解决了的。在经济效率方面，除前述道理外，土地国有便于国家名正言顺地对全国土地进行总体规划、征收与监管，便于低成本地推进规模化经营，便于化解因土地及地表资源而发生的错综复杂的利益纠纷（深圳于2004年把宝安、龙岗两区内的27万农村人口一次性转为城市居民，一举将两区956 km^2土地转为国有，有利于城镇及其经济发展）。全国一盘棋的农业生产（信息时代容易实现）还可以使农业经济按合适的速度增长并有利于生产结构的合理调节。在社会公正方面，农业基本生产资料归社会所占有，消除了剥削，消除了两极分化的可能性，为农业生产者全社会范围的共同富裕奠定了制度基础。在资源环境方面，全社会所有的经济可以统筹解决好土地资源的有计划平衡利用；整体经济没有利润的追求因而也不会因此而盲目生产、强拉消费破坏珍贵的农村环境；土地不为个人和小集团所有也为抑制生态享用和污染承受上的不平等奠定了制度上的基础。

这些优越性不仅个体私营经济做不到，连集体经济也做不到。集体经济容易形成较大的集体间贫富差异，永远也不能实现全社会范围的共同富裕；集体企业也有较大的盈利性追求，集体经营无须考虑社会整体资源是否紧张，对集体企业来说，经济增长中经济利益归己而生态破坏的后果由社会共同去承受。

---

① 李太淼：《构建和完善有中国特色的自然资源和环境产权制度》，载《中州学刊》2009年第4期。

② 王慎刚：《土地资源公有的经济优势》，载《经济管理》2006年第21期。

实行土地国有化，也不一定会遇到很大阻力。目前，法律和政策对农村土地的利用做出种种限制，国家具有征地权，说明农民只是享有土地的农业用途使用权，村集体组织也只有农业用途的一定管理权，在现实中村集体连管理权也微乎其微，在法律上农村土地最终所有权和重大管理权早已属于国家。如果宣布农业土地“国有国调村用民用、超额收益农民共享”，不会有多大阻力，反而会受到多数农民的欢迎。因为农民属于较低收入者，农业属于重要行业，应当实行补贴，实行土地国有的目的并不是国家从农民身上瓜分利益，反而能更好地调节收入分配差距，还有助于提高效率，而提高效率又会增加农民的利益水平。

2.2.4 公（国）有生态财富的产权构建

2.2.4.1 关于资源环境产权已有的有益研究

“社会主义生态经济”就是公有制经济。公有制的优越性发挥得如何，取决于“所有”的具体权能设置是否科学，也就是“产权”构建得如何。学术界对资源环境领域里的产权构建提出了许多有益的探讨。

（1）环境权的确立。资源产权历来存在，而环境产权缺乏法律确认，导致环境的不合理开发利用，并难以排除对环境的侵害，因此应从法律上明确环境权。关于环境权的确立，最早可追溯到 1960 年联邦德国一场是否要将环境权追加进欧洲人权清单的讨论。20 世纪 70 年代，美日等国学者进行了理论探讨。日本的淡路刚久认为，应当将环境权理解为“要求恢复和保全健康舒适的环境的权利”。①

（2）如何构建环境产权。有文献认为环境应共有，同时委托国家进行管理；有建议认为，应根据不同环境的特性，设置环境专有所有权，即所有权人国家和集体对某些特定资源专门享有的权利；设置环境共有所有权，即所有权人对共同享有的环境要素享有的权利，如日照权、通风权、安宁权、清洁水权、嫌尘权、眺望权、观赏权；还要设置环境成员权，具体体现在知情权、参与权和请求权等 3 项权利上。②有人提出创建新产权即污染物排放权利，并允许这种权利交易；在跨界污染（温室气体等）的问题上，政府之间通过多边国际协议分配污染权数量，形成

---

① [日]富井利安：《环境法的新展开》，东京：法律文化社，1995 年版，第 60 页。

② 张梅，左钢：《关于构筑环境区分所有权体系的思考》，载《黑龙江省政法管理干部学院学报》2002 年第 1 期。

自愿合作基础上认知产权的调整；实行产权分割，不仅分割出经营权及收益权，还要对某些环境资源（如空气、水体等）的使用权进行再分割。①

（3）资源产权存在的问题。一些研究指出，资源产权交易评估定价不科学，以行政划拨方式低价取得土地后转为经营性用地套取利润，暗箱操作不透明，矿产资源探矿权、采矿权的转让过程中发生权钱交易；收益权分配不公，资源型企业的收益权侵蚀国家收益权，国家征地对农村集体和农户利益补偿不足；农村土地产权制度中所有权缺乏明确界定，农民集体组织权益难以充分体现，使用权缺乏明确细化界定，耕地的不合理利用，非规范流转，撂荒，侵权等行为经常发生；缺乏资源性国资立法；公有房屋被单位擅自抵押、出租出借、投资、入股，有的租期过长。

（4）如何构建资源（和环境）产权。除完善资源产权外，有学者把资源环境放在一起，提出构建国际社会、国家、中央政府、地方政府、集体、企业、私人等多层次资源和环境产权制度结构体系，详细界定权、责、利关系。要形成以公有产权为主体的多元产权结构，积极参与国际社会有关资源利用和环境保护方面规则的制定。②

（5）生态马克思主义的研究。生态马克思主义者主张建立一种市场与计划相结合、中央政府作用与地方政府作用相互补充的混合型经济，有人主张社会主义经济只能是一种强调计划和调控的混合经济而不是市场经济，佩珀认为，生态社会主义的增长必须是有计划的发展，因此也是有利于生态的。不少人强调在生态社会主义新制度中，决策必须民主地做出而不能成为精英的特权，公民有权直接参与决策和公共事务的管理。如佩珀认为，社会占有制是指生产者以联合的形式对生产资料的重新占有，即人对自然实行集体的、自主的、自觉的控制。这种民主控制可以使社会生产真正符合多数人的利益，并保证大多数人的长远利益特别是生态利益。

2.2.4.2 围绕公有性/国有性的资源环境产权构建

（1）以公（国）有为导向的多形式资源环境产权。国家所有或社会所有不等于国家直接占有直接经营，国家所有或社会所有的含义在于国家或社会全体成员获得收益权和最终支配权，以及必要的占有使用权和监督管理权。国有制的优越性发挥得如何，取决于“所有”的具体权能设置是否科学，也就是“产权”或所有制实现形式构建得如何。

---

① 金雪涛、荣朝和：《论环境资源负外部性与混合产权机制》，载《经济问题探索》2009 年第 1 期。

② 李太淼：《构建和完善有中国特色的自然资源和环境产权制度》，载《中州学刊》2009 年第 4 期。

产权的主要内容是收益权和管理权，谁掌握这些权能最多，就等于谁掌握更多的经济所有权。依国家或人民与资源环境直接占有主体之间管理决策权划分比重和资源环境收益划分比重的不同，不同资源环境的国有性（公有性）呈现不同的程度。例如，对于农业用地，在国有农场体制下，如果国家直接经营农场，国家对农场以及农场对职工实行按劳分配，在社会层面和农场内部实行充分的民主管理，那就是高层次的公有制经济。如果实行自主经营、自负盈亏，不上交利润，国家掌握最终支配权和监督权，企业领导掌握日常支配权、分配权和一定的转让权，那就是以集体所有为主、国家所有和领导者个人所有为辅的低层次的公有制经济。以上两种情况在管理权和收益比重上还可以有不同的划分。如果实行个人长期承包租赁，不上交地租，那就是国家掌握最终所有权的个体经济，如果集体承包租赁，则具有共有因素。只有农业剩余归社会，以及国家对农业用地的经营方向和资源环境保护有较大的制约，在一定期限及破坏严重或荒废时可以收回，才体现国有经济的性质。在国家征地的时候，依收益比重的划分和强制的程度，体现了不同比重的国有制性质。

由于国有制经济具有合理发展生产力、实现经济平等与社会平等、有利于生态平衡等优越性，在可能的情况下，应当尽可能通过支配权和收益比重的设置增强产权的国有性或全民性。但在不同的历史时期，社会管理能力、生产力的性质都有很大的不同；在同一时期，“所有”的对象其特性也各不相同，不同领域、不同地域的经济、生态状况也有所不同。因此，合理的产权设置需要具有不同的特点。在不同的产权组合选择中，公有化程度高的应优先，但如果不适合公有化程度高的就应采用公有化程度较低的，不适应公有制的则可采取国家掌握最终支配权基础上的事实上的私有制。由此，资源环境产权设置应当多层次多形式。

例如，在矿产资源方面，有些矿产可以由国家经营直接掌握占有、使用、收益权。对于一些个人及集体经营的少数微利水利等项目，国家也可以放弃收益权从而等于事实上放弃这些水资源的经济所有权，但对于收益较高的矿产资源、渔业资源、石油等，国家应利用利润分成、暴利税、资源类级差税收、限制转让等措施，将超额利润尽量收归国有，同时国家应享有必要的支配权、转让权、监督权。对于城市的商业性用地，其建筑物应尽量转归国有，土地使用权转让和建筑物出租应尽量缩短租期，以防止国有土地增值收益严重流失。对工业土地和商品房土地使用权可到期重新调整，对商品房征收房产（土地）税、遗产税，落实所得税和土地增值税，将土地增值收益大部分收归国有，以保证国家所有权的实现。

在产权设置过程中，要防止公有性的消解。例如，我们不能同意农业土地可以在市场中自由流转的主张，因为时间、对象、方式等无限制的流转可能导致丧失土地的人受到聚集土地者的剥削或缺乏生活保障。我们反对“生不增，死不减”等于个人所有制，“生不增，死不减”导致退出农业的人不退还土地而不合理地占有别人和国家的利益。就连阎锡山“土地村公有”的设想也非常注意维护“公有”的特征：如经村民大会议决对于村田地为合伙耕作者，即定为合伙农场；如田地有余不能耕作时，应将余田报请县政府移民耕种；至五十八岁将原领之田缴还村公所，死亡、改业、改弃耕作、迁移、犯罪者，村公所即应将所领之田地收回，田地收回时对于田地之有效改正工作，给予补偿金。[①]

在环境财产方面，应根据环境的影响范围，在全民统一所有和国家掌握必要的支配权、监督权和反污染收益（获得良好环境）权的基础上，需要区分世界、国度、地区、社区、家庭等不同范围的占有权、使用权、监督权，以及一定的支配权和收益权。例如，一个城镇或一个乡村应当具有对本地区空气、水、土壤、林草等环境的享用权和维护权。居民个人应该对生活工作周围的环境具有接受日照、通风、安静、眺望、清洁等权利。许多环境问题既影响局部，又影响整体，其管理权、享用权应为社区、个人、社会公众和国家所共有。

公有产权设置不仅是个权利问题，更是一个责任问题。公有资源的浪费和破坏从某个方面来看，都存在失职和责任不落实的原因。落实责任关键是要明确和调整责任人。责任人包括所有者代表机关、出资人、使用人和专门的监管机关。在政府层面，应改国土资源部为资源部，除对土地直接监管外，对水利、矿产能源、海洋、森林等由各主管部门主管的资源进行生态保护、生态生产、生态平衡的统一规划、统一监督。环保总局改为环保部，可以在不增加政府机构的情况下体现环保的重要地位。资源、环保二部合一也许更利于资源环境的统一保护和建设。

公有产权设置，最为社会忽视而又绝对必要的一个权力设置，是作为所有者的人民群众权利的落实。

（2）公有资源环境的民主管理权。国有生态财富的所有者是人民，而所有者必须对自己的财产享有管理权。没有所有者的民主管理权和民主决策权，所有者就丧失了产权所含的支配权、转让权、分配权、监督权，将极大损害甚至丧失所有者应

① 山西政协：《阎锡山统治山西史实》，太原：山西人民出版社，1984 年版，第 188 页。

有的资源收益和环境利益，那将使所有权变得有名无实，公有的资源环境也得不到有效的保护和再生。因此，民主管理、民主决策作为公有制内容的组成部分，是管理好国有资源环境的根本保障。

☞ 人民群众最有动力维护社会绝大多数人的利益。虽然众多的所有者必须把日常管理权和日常监督权委托给代理人，但如果不能使代理者在自己的严密监控之下开展工作，并对重要的事项亲自决策，则代理者罔顾所有者的利益而对所有者消极怠工和滥用权力就是不可避免的。仅就生态问题而言，资源环境损伤分摊在代理者本人身上的份额会比较小，他还可以通过私人环保措施、调动工作等办法回避环境损伤给自己带来的损失，而其受贿金额和经济增长给个人带来的好处可能会比较大，例如财政收入增加后不仅个人收入增加，领导者可自由支配的财政收入也增加，而可支配财政收入又可以给决策者带来很多潜在的利益。中国公有制经济出现的种种腐败、不公、损失、浪费等弊端，最重要的原因就是决策机制个人专断化。只有人民群众的利益与生态财富的保护与生产具有完全的一致性。

☞ 人民群众最有资格进行经济福利与生态福利的判断与选择。由于福利带有很大的主观性，某一福利是大是小，只能由福利的服务对象或消费者人民群众来判断。虽然群众的判断不会百分之百都正确，但经过信息最大限度地公开，群众非常充分地讨论，再由群众在生态福利与经济福利之间进行权衡，其决策结果有利于社会的概率必然比少数人甚至个让别人决策正确合理的概率大得多。

☞ 人民群众的管理与决策效果最确实。与个别人或私有单位生态维权相比，群众有组织的行动可以更多地减少交易费用和维权费用，可以更有效地克服阻力，可以较好地消除搭便车行为；与市场分散决策相比，可以较好地克服企业主的私利动机；群众决策比精英控制易为社会所接受。

实践证明，过去经济增长对的生态破坏严重，与民主管理原则未落实有直接关系。在我国发生“环境冲突十大事件”之后，2012 年 7 月初，又发生了影响颇大的“什邡事件”，在对这些事件的分析中，最被忽略就是群众集体民主控制的必要性。

2012 年 6 月 29 日，四川省什邡市宏达钼铜深加工综合利用项目举行开工典礼。因担心预计年利税 45 亿元的该项目引发环境污染，7 月 2 日，陆续有市民到什邡市委、市政府门口聚集，反对项目建设，虽政府表示此事可再议，少数市民仍情绪激动，强行冲破警戒线，进入市委机关，砸毁一些设施。德阳、什邡两级党委政府调集武警部队赶赴现场，对聚集群众进行驱散，造成十余人受伤。同时警车被推翻、警察遭投掷物攻击，有民警、机关工作人员受伤。公安局通告宣布 27 人被强制带离现场，3 人被刑拘。7 月 3 日，公安局发布《通告》，严禁非法集会、游行、示威活动，并要求煽动、策划、组织非法集会游行示威活动或打砸抢的人员，限 3 日内到公安机关投案自首。7 月 3 日下午，什邡市委书记表示，鉴于部分群众因担心宏达钼铜项目建成后，会影响环境，危及身体健康，反应十分强烈，决定停止该项目建设，今后不再建设这个项目。

各方评论认为，此次事件的问题是，信息不公开，重大决策把公民参与排斥在外，民意听证没有做到位，政府态度粗暴、不理智等，同时也暴露出环评部门往往隐瞒可能引起的生态危险，对政府的信任危机等。

而笔者认为，类似事件的根本问题是，谁有权决定这一重大项目是否应当上马？

在此事件中，什邡民意认为该项目污染严重，官方认为该项目可以做到零污染、零排放和循环利用，且该项目早就公示征求意见。我们知道，目前的公示都不公布据此做出决定的具体材料，总是让人不甚了了。如果官方所说属实，政府就应拿出具体的数据和技术证据，向百姓讲清道理，根据群众意见决策，那就不会出问题。如果群众出于个人利益希望多得一些补偿，则可能因为要价过高而失去可得的经济利益。而且既然可以零污染，那就应当继续做好宣传工作，争取群众同意，而不是决定不再建设这个项目。

一个地区的居民享有该地区环境的享用权，而享用权以支配权和决策权为前提。官方认为，该项目的初衷是为了让老百姓过上好日子，但好日子并不等于就是货币收入的增加，如果身体受伤害，突破了社会生态可接受阈值，即公众可容忍的环境破坏程度，就没有什么好日子；况且利税的增加也不等于群众利益的增加；而什么样的日子是好日子，完全应以所有者和受益对象的判断为转移。就算该项目污染不会很严重，那么环境消费使用者生态福利 X 量的减少需要经济福利 Y 量增加多少才能补偿，那也需要环境的使用者来判断，这一判断需要环境的使用者与项目的所有者谈判来判定。这也就是通过享有使用权的产权主体与购买者的市场交易来解决。因此，这类大项目以及经济增速、资源环保政策等绝不应当仅仅是信息公开和开听证会，不应仅仅只允许民众“参与”，更不能像现实中那样，大多数项目的决策都是以某一官员为主导，大一点的项目都是所谓的“一把手”掌握最高拍板权，而必须由民众来“决定”。全国性的问题可由民意代表或以基层群众为主体的、由非行政官员人士组成的人大代表投票表决，乡村基层的建设项目和生态问题更应当由全体群众直接表决。就算是由党委、政府决策，也应当实行不记名票决制，并经人大讨论通过，群众也应当具有质疑并得到回复的权利，有要求复议的权利，有示威游行抗议的自由，决策机关决策要以民意为基础。即便群众的意志和对信息的理解有偏差，在合理的概率上也比代理者决策的合理性大得多。什么是民主？民主就是遇事由人民来做主。如果马克思和列宁在世，根据他们的一贯论述，他们一定认为这类大事应由群众来表决。

第3章 增长主义的理论误区和目标误区

增长主义不但没有正确地认识经济增长与生态之间的辩证关系，受到经济利益和其他个人利益的不恰当驱动而未能遵循包括生态在内的社会总生产的经济规律，而且对于经济增长本身的认识也存在偏差，包括对经济增长目的和增长目标的认识存在盲目性，对增长条件或增长规律的认识存在片面性，对增长措施和增长政策的理解不科学。这些误区成为增长本身方面的片面追求经济增长的理论根源，成为一些盲目刺激经济增长的不恰当经济政策的“催化剂”，必须予以澄清。

3.1 增长主义视角的“保增长、保速度”

可以理解的是，各个国家自己都尽力推动本国经济增长。然而，如果执着于一定的经济增长速度，非达到不可，则是违背经济规律的。例如，虽然只有在较少的年份政府会明确提出“必须把保持经济平稳较快发展作为明年经济工作的首要任务”，但确保经济发展速度的观念和氛围，长期都是浓厚存在的，而且不管是很多省份都争取的百分之十几的经济增长速度，还是“保八”、“保七”的政策研究，都没有根本区别，都存在误区，而类似的增长目标往往源于诸多理论误区。

3.1.1 对增长目的和增长目标认识的盲目性

（1）未能正确地理解“发展生产力”。中国共产党党章规定：各项工作都要把有利于发展社会主义社会的生产力，有利于增强社会主义国家的综合国力，有利于提高人民的生活水平，作为总的出发点和检验标准。许多人对这一提法理解得不完整、不准确。例如，一些人只强调这里的“生产力”，而有意无意地不提“社会主义社会的生产力”；一些人只是强调“生产力”，而不同时注重“综合国力”；一些人把“提高人民的生活水平”更多地理解为“生活水平”而不是“人民的生活水平”，也忽视了生态生活水平。尤为值得注意的是，人们往往把“发展生产力”理解为就是发展生产，而发展生产主要的直接目标就是扩大生产规模，其具体表现形式就是增加 GDP。

按照通行的观点，生产力是人类社会制造和创造物质文明和精神文明产品，满足人类自身生存和生活需要的能力，或某一社会的人们控制与征服自然的力量，所以生产力是“力”而不是物质资料。马克思把劳动资料、劳动对象和人的劳动称为生产过程的要素，而没有称为是生产力的三要素。“生产力水平提高是指：科学技术水平的不断发展，特别是劳动者的科学文化水平不断提高；生产工具由简单到复杂……；人们控制与支配自然的能力与范围不断扩大，新的劳动对象不断投入生产过程；劳动者的质量不断提高，体力劳动者数量的减少与脑力劳动者数量的增多”。“从长远来看，生产力的发展变化与劳动生产率的发展变化总是以同一方向同一程度进行的。”[①]也就是说，“发展生产力”是提高生产的能力和效率，不是扩大生产规模。即使退一步把生产力的载体之一生产资料也看作是生产力，那么生产资料规模的扩大也不是生产力的主要内涵，生产力的发展不能理解为就是生产资料数量增加、生产规模扩大、生产总值增长。

所以，不能把生产规模的扩大作为各项工作的出发点和检验标准。而且，如果把生产力作为工作的出发点，那也必须是发展“社会主义社会的生产力”即在“社会主义”原则基础上发展生产力。邓小平讲，社会主义的两条根本原则是公有制和

---

① 任杰义、白永秀：《试论生产力与劳动生产率的关系及其意义》，载《汉中师院学报（哲学社会科学版）》1986 年第 2 期。

共同富裕。

在生态文明时代，生产力作为满足人类自身生存和生活需要的能力，不仅包括人类社会制造和创造物质文明产品和精神文明产品的能力，也应当包括创造生态文明产品的能力，所以，发展生产力也包括提高创造生态文明产品的能力。

不管物质产品、精神产品还是生态产品，其生产能力都受到生态条件的影响。通常认为，生产力的物质载体是生产资料和劳动力。这里的生产资料不能仅仅理解为直接进入生产的生产资料，还应当包括潜在的生产资料，也就是生态系统或自然资源。仅就物质生产能力而言，生态状况的改善会促进商品生产投入产出效率的提高，生态环境的贬损则会降低商品生产的生产能力。例如，农林牧渔业的发展严重依赖土地和水源的质量，自然环境状况也严重影响某些产品的质量，资源浪费会加大正常的商品生产的资源压力。因此，创造物质文明和精神文明应以保持一定生态文明水平为前提，自然条件不仅是生态生产力的物质载体，也是整个社会生产力的物质载体。

社会持续的生产能力不仅取决于自然资源的供给，还取决于人类社会利用自然资源的效率即生态效率的提高。对于自然条件的利用效率是衡量生产力水平高低的重要标志之一。

总之，发展生产力，主要是提高生产效率，同时也要提高创造生态文明产品的能力，保护生态生产力，提高生态效率。

（2）未能正确地理解“发展是硬道理，是解决中国所有问题的关键”。正确理解“发展是硬道理”，关键在于澄清什么是“发展”。实际上，在经济学中，“发展”早已与“增长”区别开来了。我们今天所讲的发展，除了包括经济增长外，还包括经济结构、社会结构的转变和社会全面进步，如收入分配、文教卫生、生态文明、社会保障、生活质量乃至经济、政治、社会体制等的全面改善。经济发展是一个国家现代化文明演进的过程，所以，“发展”即是“全面进步”，“发展”即为“科学发展”，当然根据国情中国还需要统筹城乡发展和地区发展以及要在中国特色社会主义道路基础之上发展。所以，一个社会就算是经济规模很大，但如果两极分化、生态恶劣，那就不仅不是健康的、科学的发展，按照西方经济学的老说法，那是“有增长无发展”。

科学发展要求我们的视线从国内生产总值转到国民生产总值，从国民生产总值转到国民生产净值，从国民生产净值转到包括经济福利、社会文化福利和生态福利在内的国内福利总值，从国内福利总值转到分配结构合理的国民收入，以及人类发展指数和人类幸福指数。

我们党在理论上很清楚发展的内涵，但由于思维的模糊性，很多同志在提到“发展是硬道理”的时候，往往只强调发展能给我们提供各方面的物质基础，只强调经济实力的增强可以为我们战胜各种困难和风险打下坚实基础，而不讲发展的其他方面。人们在强调经济“增长”重要性的时候强调“发展”是我们党执政兴国的第一要务，强调“发展”是解决中国所有问题的关键，证明他们讲“发展是硬道理”，实际是在讲“增长是硬道理”。这些“发展主义”其实是“增长主义”。有的官员认为，一些提出是不是要以“公平”为中心的舆论不合时宜，还是要以经济发展为中心，因为一句话，发展是硬道理，这也是把增长当发展。因为，增进公正和平等是比“增长”更为紧迫的“发展”，而增长不是硬道理。

《华尔街日报》曾评论说，多年来，中国每年至少达到 8%的经济增长率一直是政策制定者的首要目标。低于这个增幅的可能性让他们发愁，因为各方相信，若经济增长达不到 8%，大规模失业将引发无法控制的社会不安定。中国学者秋风指出，各级官员似乎保定这样一种信念：中国一切麻烦问题的根源就是生产力水平低下，那么解决这些问题的唯一办法就是不惜一切代价，实现经济高速增长，积累足够财富。一旦生产力水平达到相应高度，如人均 GDP 达到多少美元，全部问题就可以迎刃而解。

实际上，腐败特权、办事不公、分配不公、环境恶劣等才会引起大麻烦。因此，“发展是硬道理”＝科学发展是硬道理，以人为本，全面协调可持续的发展才是硬道理。

（3）未能正确地理解“现代化”和“全面小康”。我国长期被视为发展中国家。先实现全面小康，再实现现代化，一直是我国最重要的奋斗目标。通常认为，我国与发达国家差距巨大，而为了在一定的时间内实现现代化——发达地区还要率先实现现代化——就必须保证经济增长的较快速度。这里面存在一个认识上的误区，就是高估了我国与发达国家的经济差距。高估我国与已经实现现代化国家的差距，主要原因是过去多年中我国习惯按汇率法比较中外人均 GDP 的差距。

在汇率放开的情况下，市场汇率由外汇的供求关系不是由货币代表的价值或所能购买的实际财富所决定，现实的汇率还往往不是市场汇率而是由政府调控的汇率。由于我国的汇率多年本币被低估，单位人民币与单位美元之间的比价远不能反映人民币与美元之间实际代表的财富差别。2004 年以前，人民币汇率与购买力相差 3.68 倍，也就意味着中国经济水平大约低估 3.68 倍。2007 年 IMF 公布的人均购买力 GDP（PPP），美国与中国的差距是 5.10 倍，而按汇率计算，中国与美国人均 GDP 差距则达 18.53 倍。中国 2008 年 GDP 统计调高前两种比较方法结果相差 4.60 倍。关于我国与发达资本主义国家经济发展的差距，按汇率计算，20 世纪曾有 60～70 倍。

实际上早在 2000 年，中国的钢、煤、水泥、化肥、电视机、谷物、肉类、棉花、水果等主要工农业产品产量均居世界第一位，发电量、棉布、化纤等产量居世界第二位，原油产量居世界第五位。家用空调、彩电、洗衣机、冰箱分别居世界的 32%、26%、23%、19%。到 2006 年，电脑、纺织服装产量已居世界第一，石油消费量居世界第二，汽车产量居世界第三。在绝大多数实物产品规模上，中国都居于世界前列，但在 GDP 总量上美国却是中国的好几倍，这是不可信的。

消费资料和服务业价格比较低的国家，居民实际生活水平与发达国家居民实际生活水平的差距，不仅小于汇率人均 GDP 差距，也小于购买力人均 GDP 差距。

实际上，一些外国人和中国人早都感到，我国发达城市的生活水平，与发达国家居民生活水平相比没有多大差别。武汉大学周怀北在美国生活了 13 年，他在 2004 年就曾指出，你在美国有 10 万美元和在中国有 10 万元人民币，生活实际上是相当的。①根据前几年一些发达国家消费品物价一般是中国 4～5 倍的状况，消费品购买力货币比价是一个美元相当于 1.3～1.8 个人民币而不是世界银行认定的 3.4 个人民币。中国人民大学顾海兵经过详尽的调查研究得出结论，北京居民实际生活水平在 2008 年已完全等同于台北。②2007 年按常住人口计算，广州市人均 GDP 为 9 302 美元，折合为购买力人均 GDP（3.63 倍）则为 33 766 美元，与比利时、澳大利亚、荷兰相当，高于英国、日本、德国、瑞典、法国和中国台湾。不仅如此，由于 2007 年中国消费品购买力人均总收入与外国的差距低于中国人均 GDP 与外国的差距，广州实际人均收入实际上已高于发达国家，但由于中国消费率低，广州消费水平和人均 GDP 4 万多美元的美国差距不会很大。有人说，韩国人的生活水平完全没有

① 周怀北：《我的归国历程——周怀北博士在“2004 年第五届北美留交会”上的演讲》，载《世界科学》2005 年第 2 期。

② 顾海兵：《北京与台北居民实际生活水平的比较：20%的差距或 4 年的滞后——基于人民币与台币的现实购买力分析》，载《经济学家茶座》2005 年第 4 期。

电视中演的那样高，很多人都和我们乡镇的中国百姓相同。

从工资来看，2005 年美国劳动者人均年收入 4 万美元。广州 2006 年全市职工平均工资为 36 273 元。按消费品 1 人民币近于 1 美元衡量，我国发达地区户籍居民与发达国家平均实际收入水平相差不大，早已基本实现现代化，直观的衣食住行就可以说明这一点。另外，根据联合国粮农组织的标准，恩格尔系数在 30%～40%为富裕，低于 30%为最富裕。北京市城市居民家庭恩格尔系数 2006 年就已经下降到 30.8%，2009 年上半年达 25.34%，为最富裕程度。我国城镇居民家庭恩格尔系数 2000 年即达 40%以下，而农村居民家庭恩格尔系数 2011 年降为 40.4%，也迈进富裕门槛。

以汇率为基础分析我国的经济活动效益，还会把我国生产力水平看得太低。如曾有人说中国制造业劳动生产率仅为美国的 1/25，日本的 1/26，完全与现实不符。

如果我们保持 7%～8%的增长速度，人口自然增长率控制在 0.6%左右，到 2025 年左右，全国就会初步实现现代化，城镇会接近当时中等发达国家水平（4 万～5 万购买力美元），农村大部分会进入高收入阶段（1 万美元购买力以上）。

但是，如果把自己的发展水平估计过低，就会为追赶发达国家而拼命追求发展速度，并采取不恰当的调控措施。

3.1.2 对增长条件和增长规律理解的片面性

经济增长是有规律的，经济增长速度是由客观经济条件决定的。传统的西方经济学生产函数认为每个时期各种投入要素的使用量，决定了所能生产某种商品的最大数量，而生产要素包括劳动（L）、资本（或固定资产，K）、土地（及其他自然资源，N）、企业家才能（E），即：$Q=f(L, K, N, E)$。由于对企业来说，N 是固定的，E 难以估算，所以一般的简化为：$Q=f(L, K)$。而对社会来说，研究经济增长还必须考虑到技术进步。狭义技术进步指要素质量的提高，广义技术进步还可以包括管理水平的提高等对产出具有重要影响的因素。1957 年索罗提出了用总量生产函数度量技术进步的总量增长方程：

$$\frac{\Delta Y}{Y}=\frac{\Delta A}{A}+\alpha\frac{\Delta K}{K}+\beta\frac{\Delta L}{L}$$

其中，$\Delta A/A$ 用来度量技术进步对产出增长的贡献，事实上可以代表产出增长中不能被要素数量增长所解释的部分。

西方生产函数理论在价值形成和要素贡献方面是错误的：由于生产要素需要互相配合才能生产，要素互相替代的空间却很小，生产中不同要素对生产贡献的比例不是能够区分的；资本只是生产的条件，而劳动才是一切价值和使用价值的创造者。不过，生产函数公式用来表达生产所需的各种必要条件，还是比较直观的。但是，索罗的方程式对于考察宏观经济增长条件是不全面的：①对一个企业而言，可以认为资源是既定的和固定的，而对于社会经济的持续发展来说，自然资源不是固定的，如果某一时期资源消耗过多，就会影响或制约下一时期的产出量，即存在负的函数关系。②个别产品生产和部门生产可以不考虑生活环境，但对社会生产来说，（生活）环境消耗是一项重要的投入，而且这一投入不超过一定界限。③在个别生产中，产量是资本、劳动、技术的函数，但对社会生产来说，在一定的技术水平下，如无市场，投入的要素并不一定带来相应的产出。要素投入经常表现为产能过剩，产出量也经常表现为库存即产品的过剩，而销售不掉的产品其使用价值和价值都不能实现，因而不是有效的产品，甚至可以理解为是负产品。④社会经济不能只由企业家个人来管理，还需要社会管理，即使在企业内部，管理者也不等于企业家，现代管理是集体行为，公有制企业还必须实行民主管理。管理也影响产出。总之，完整的经济增长函数不仅需要保留技术变量（A），还要保留资源耗费变量（N），增加环境投入变量（E）和管理投入（M），增加市场容量、资源、环境 3 个约束条件，并要表示负向函数关系。

根据随机边界生产函数模型原理，经济增长生产函数模型可以表达为

$$Y=f(K,\ L,\ A,\ M,\ N,\ E)\ \mathrm{e}^{v-u}=\left[f(K,\ L,\ A,\ M,\ N,\ E)\ \mathrm{e}^{v}\right]\mathrm{e}^{-u}\quad (u\geqslant 0)$$

约束条件：$Y\leqslant$市场容量；$N\leqslant$社会长期可持续用量；$E\leqslant$突破生态（环境）文明必要水平的用量。

式中：Y—— 正常的社会长期总产出水平（不是“可能的最大产出量”）；

$f(K,\ L,\ A,\ M,\ N,\ E)\ \mathrm{e}^{v}$—— 边界生产函数；

e^{-u}—— 反映相对于随机边界的非生产效率（$0\leqslant \mathrm{e}^{-u}\leqslant 1$）。

根据上式 Y 值小于或等于 $f(K,\ L,\ A,\ M,\ N,\ E)\ \mathrm{e}^{v}$ 的值，即 Y 在 $f(K,\ L,\ A,\ M,\ N,\ E)\ \mathrm{e}^{v}$ 的下方，但 Y 可以由于随机因素的作用或误差而处于 $f(K,\ L,\ A,$

M，N，E）e^v的上方。资源、环境、过剩等对长期增长来说都是负效率因素。

在社会长期生产函数中，生产资料的量，尤其是能源的量，取决于可利用自然资源，所以资本 K 实际是不起作用的；在现代社会，劳动力属于长期过剩要素，一个企业增加劳动力可以增加产量，而一个社会增加劳动力，只能带来更大的负担，减少生产能力，所以在模型中 L 实际上也是不起作用的。所以，决定经济增长的因素，从而，推动经济长期增长的政策菜单是：

（1）在 $Y\leqslant$市场容量的前提下，提高技术水平 A 和管理水平 M 来提高经济效率，包括生态效率。其中 A 受 M 的影响很大。具体包括：通过科技创新提高资本或生产资料的效能，通过机制改革调动劳动者劳动的积极性，通过科技创新等途径提高资源和环境的利用效率，通过改进政府管理和企业管理提高各种生产要素的利用效率。

（2）发现和创造（生产）新的可用资源，创造（生产）新的环境，以增加 N 和 E 的可用量。

（3）在 $N\leqslant$社会长期可持续资源用量，$E\leqslant$突破生态（环境）文明必要水平用量的前提下，合理扩大市场容量，包括：为急需消费人群如患者、贫困者以及各种存在生活困难人群提供急需的消费品、服务和收入，增加中低收入群众的消费能力和消费意愿，按结构合理的原则有序增加公共消费量，鼓励确实是居民消费所需的产品创新。

在经济增长模型中，经济增长速度作为因变量，受到市场、资源、环境和技术的严格制约，是不能根据主观愿望决定的。由于市场和技术有很大的不确定性，经济增长速度不是也不能事先预定的。经济增长速度只能是预测性的，而经济预测大部分做不到基本准确，因而不必设定很具体的 GDP 增速目标。“确保增长”，意味着不顾市场容量、社会长期可持续资源用量、生态（环境）文明所必要的环境要素去保经济增长，这是违背经济增长规律的，不是客观地从实际出发的理性态度。在市场经济中，经济增长速度必然存在快慢变换的周期，当促进经济增长的因素不存在时，经济的零增长和负增长也是难以避免的。在这个意义上，连稳增长也都不是什么时候都能够和应该做的。

如果违背经济增长的“自然”速度，强行保增长、保速度，长期地搞投资拉动，出口拉动，必然造成生态浪费、生产过剩、通货膨胀、财富外流，以及伴随不正常增长的腐败机会扩大，最终减少社会总福利。因此，保生态、保效率比保增长更重要。

其实，片面追求 GDP 会引起种种弊端早已成为社会共识，问题是在应对世界市场萎靡或本国经济增速下降的境况下能不能做到不对增长速度过于敏感而是坚持“科学发展”。“科学发展”的最直接要求就是不要片面追求增长速度而要推动“科学增长”。科学增长就是利用前述措施菜单所能实现的增长：在产值不超过市场容量的前提下提高技术水平和管理水平来提高效率，发现和生产新的可用资源与创造新的环境，在资源用量小于社会长期可持续用量、环境耗费量少于突破生态（环境）文明必要水平用量的前提下合理扩大市场容量。

3.2 增长主义视角的“保就业”

不惜代价保增长的一个突出理由是通过保增长来达到保就业的目的。然而，保增长能否实现保就业？为了实现高就业是否需要竭尽全力保增长？这需要去掉盲目性。

3.2.1 保增长对保就业作用的局限性

经济增长就能增加就业，似乎是一个很自然的结果。因为只要 GDP 增加的速度大于创造每单位 GDP 所需劳动力减少的速度，就业就会增加。当我们看到近代人类历史上世界经济规模大扩张而就业规模也有很大扩张的时候，似乎感觉到经济增长带动了就业的增加。但是，需要注意的是，①就业的增加并非都是经济增长的功劳，每个劳动者劳动时间的大大减少也是就业增加的重要原因。②这种带动就业的经济增长并非都很合理，增长的很大一部分是以生态大破坏为代价的。③在不同的情况下经济增长带动就业增加的效应大小是非常不同的，尤其是经济衰退或失业增加时期，刺激经济增长难以带动就业明显增加。

中国从 20 世纪 90 年代以后，就业增长弹性即就业增长率与 GDP 增长率之间的比值非常小。就业增长弹性系数从 20 世纪 80 年代的平均 0.345 下降到 2000—2008 年的 0.099 左右，2008 年就业弹性系数仅为 0.07。[①]有研究发现我国在 1978—2005

① 张燕：《我国经济增长与就业增长的非对称性分析》，载《特区经济》2010 年第 10 期。

年的就业弹性为−0.029 554，即国民经济每增长 1 个百分点，创造的就业机会下降 0.029 554 个百分点。[①]研究还显示，1999—2003 年经济增长和失业率之间关系很不确定，甚至有时表现为反常的正相关关系。[②]2003—2007 年 GDP 年均增长率在 10% 左右，而就业年均增长率在 0.8%左右。[③]

我国经济增长不一定或较少地带动就业的增长，原因何在？有人认为，技术进步加深了对劳动的替代。但龚玉泉、袁志刚指出，从长期影响来看，技术进步能大大增加社会产出，提高社会的人均收入水平并导致社会消费结构的改变和产业结构的演进，尤其是具有劳动密集型特征的第三产业的发展，因此具有就业增长效应。[④]有人认为原因在于，我国就业容量大的第三产业发展缓慢。但实际上我国第三产业比重不断增加且比重并不低，改革开放初期为 21%，1999 年达 32%，2011 年为 43%，而且比重被低估。有人认为原因在于，我国经济增长是资本推动型增长模式，投资高增长主要发生在资本密集型部门。这有一定道理，但难以说明就业弹性为什么非常低。有人认为原因在于，随着市场经济体制改革的逐步深化，隐性失业转变为显性失业。但这一过程在 20 世纪 90 年代已经基本完成，无法说明进入 21 世纪以来就业弹性为什么非常低。有人认为原因在于，中国较高的经济增长率实际上带来了就业的相应增长，而经济增长带来有效劳动需求量增加时，表现为企业对冗员的充分利用，同时，外来民工，一部分非正规就业人员和隐性就业人员，往往不被统计为从业人员。当市场经济改革完全到位时，经济增长与有效劳动需求量就会出现协同变动。[⑤]实际上，统计遗漏的问题根据不足，未统计的就业人员也不会持续大幅增长，冗员问题在 20 世纪也基本解决，而此后劳动市场市场化改革已基本到位，但经济增长与有效劳动需求量之间的关系离协同变动更远。

中国生产每单位 GDP 所需劳动量并不很少，就业弹性过小的根本原因是，由于劳动者劳动时间长，增加每单位 GDP 所需增加的劳动力数并不多。如王艾青指

---

① 刘键、蓝文永、徐荣华：《对我国经济增长与就业增长非一致性的探讨分析》，载《宏观经济研究》2009 年第 3 期。

② 张庆祥：《经济增长与就业增长的经济学悖论》，载《中小企业管理与科技》2008 年第 32 期。

③ 齐艳玲：《我国经济增长和就业增长非一致性的制度解释》，载《当代经济研究》2008 年第 8 期。

④ 龚玉泉、袁志刚：《中国经济增长与就业增长的非一致性及其形成机理》，载《经济学动态》2002 年第 10 期。

⑤ 龚玉泉、袁志刚：《中国经济增长与就业增长的非一致性及其形成机理》，载《经济学动态》2002 年第 10 期。

出，资本的盈利与经济的增长所应该带来的就业增长均被过度劳动抵消后，甚至在某些个别行业或领域还出现就业负增长的情况。[①]刘键等认识到，从业人员的过度劳动会使就业机会被挤占。[②]

无论用哪种方法计量我国绝对过剩的劳动力都有几千万人，统计上的失业者、"自愿失业者"和就业不足的半失业劳动者加在一起怎么估算都有一两亿人。与此同时，就业者劳动时间严重超时，使劳动供过于求的局面雪上加霜。大量调查显示，近年来，进城务工人员和私营企业雇员每周工作时间平均在 60 小时左右，很多人甚至超过 70 小时，这比每周 40 小时工作制超过 50%～70%。曾有调查显示零售业每周工时达 71.09 小时，节假日员工更难得到休息。有报道，某地非公企业女职工为保住工作不敢请假，女职工人均周劳动时间为 76 小时，甚至长达 90 小时。此外，对教师的诸多调查表明，除了节假日和晚间在家工作，大部分中小学教师每天在校时间都在 10 小时以上或 9 小时以上。从事科研工作的许多大学教师工作时间更是远远长于农民工。出租车司机每天工作 12 小时，节假日不休息，相当于一个人占据 2.19 个劳动力的岗位。超时劳动成为我国就业难的突出原因。

"保就业"主要是经济困难时期的政策导向，而保增长难以达到保就业的目的，这在经济衰退时期表现得最为突出。这是因为，在经济增速下降时，企业虽然生产经营任务不足，但并不会按经营量下降的比例同比裁员，而当经营量有所上升时，当然也不会同比增员。即使是就业弹性较高的国家，在经济衰退时期也不可能通过经济增速的上升达到保就业的目的。例如，美国在较长的时期内，就业弹性相对较高，除个别年份外，都维持在 0.5 以上。[③]而美国在最近的一次经济危机中，2009 年、2010 年经济增长率分别为−2.63%、2.85%，而失业率稳定地为 9.7%、9.5%，即 2010 年经济增速比上一年提高 5.48 个百分点，但失业率几无变化。面对 9%～10%的失业率，就算就业弹性能达到正常情况下的比值，要想依靠经济增长把失业率压到充分就业的 1.5%～2.5%的自然失业率，也需要有近 20%的经济增长，而这在中短期内是不可能做到的。

---

① 王艾青：《过度劳动及其就业挤出效应分析》，载《当代经济研究》2007 年第 1 期。

② 刘键、蓝文永、徐荣华：《对我国经济增长与就业增长非一致性的探讨分析》，载《宏观经济研究》2009 年第 3 期。

③ 李俊锋、王代敬、宋小军：《经济增长与就业增长的关系研究——两者相关性的重新判定》，载《中国软科学》2005 年第 1 期。

3.2.2 规范与缩短劳动时间：中国保就业的根本途径

3.2.2.1 规范与缩短劳动时间对就业的作用

规范和缩短劳动时间可以极大缓解就业压力。当代社会劳动时间普遍大大缩短，这是发达国家在劳动生产率大大提高的情况下就业率在经济正常时期能够差强人意、经济危机时就业波动幅度有所下降的重要原因。法国自 2000 年以后仅从每周 40 小时工作制变为 35 小时工作制就创造了 40 多万个就业机会。我国如果缩短和规范工作时间，就业不足的问题将轻而易举得到解决。

简单计算就可以证实这一点。2006 年年底到 2007 年一项关于农民工劳动时间的大规模调查显示，[①]农民工相对于每周 40 小时工作制，平均每周超时劳动 24.605 小时。上述调查还显示，农村转移劳动力每周的工作天数在 5 天以下的占 3.6%，5 天的占 8.3%，6 天的占 23.9%，7 天的占 64.2%。如果每周工作不到 5 天的按 4 天计，加权平均计算平均每周工作天数＝6.487 天。这也意味着，相对于每周超时 24.605 小时，每天超时 3.79 小时。2007 年 2 月的一项调查显示，样本中农民工平均工作 269 天，这意味着每个农民工每年超时劳动 1 019.51 个小时，相当于 127.44 个工作日。2011 年浙江省社科院发布的《浙江农民工群体生活状况调查报告》显示，农民工每周工作时间为 6.42 天，没有休息的占 63.0%，平均每天工作时间为 9.89±0.19 小时。

这意味着，2.3 亿个农村转移劳动力，每年多工作 293.112 亿个工作日。我国法定工作日是每年 250 天，如果完全按法定工作日劳动，仅仅农民工就可以省出 1.172 4 亿个工作岗位。

超时劳动的不仅仅是农民工。城镇居民大部分就业于非公企业，而非公企业劳动时间与农民工差不多。假定国有企事业单位为劳动时间规范单位（实际上除教师等超时工作外，近 500 万国企农民工每周工作 60.41 小时），目前城市非国有集体单位和乡村非农就业人员，大约有 4.5 亿人，如果按平均每人每年可腾出 100 个而不按 127.44 个工作日计算，理论上就相当于 1.75 亿个就业岗位。

我国 1994 年《劳动法》规定，每日工作时间不超过 8 小时、平均每周工作时

① 顾金土、张志英：《农民工劳动时间的现状和权益保护》，载《今日中国论坛》2008 年第 6 期。

间不超过 44 小时，如生产经营需要，与工会和劳动者协商，每月可加班 36 小时，这个规定过于宽松。实际每周 40 小时，加班不超过 4 小时就行了。1995 年国务院颁布的《关于职工工作时间的规定》，并无加班之说，就是每周工作 40 小时，这是比较合适的，应照此执行。如果照此执行节省的劳动岗位仍然不够，法定劳动时间还可以分情况进一步缩短，直到劳动供求平衡。此外，还可以采用工作岗位分享、轮换上岗、延长带薪休假时间等措施。不少国家带薪休假是 30 天、25 天、20 天，德国在职人员每年都有 30～50 天的休假，加上法定节假日 13 天和休息日，一年的劳动时间折合劳动日约 220 天。我国职工带薪年休假则只有 5～15 天，还有很大延长余地。

3.2.2.2 规范与缩短劳动时间多方面的历史意义与现实迫切性

（1）缩短劳动时间是实现社会主义本质要求的前提。社会主义共产主义的本质要求是人的自由而全面的发展，而人的自由而全面的发展以劳动时间缩短为条件。一方面，合理的劳动时间使劳动本身成为快乐，提高劳动者的生存质量。人为了维持生存和较好的生活质量所不得不进行的劳动对人可能是一种负担，但这种劳动如果长度适当、强度适中、环境适宜，就业方向有一定的自主选择，则可以转变为充满乐趣和满足内在需要的生命活动，至少是较轻的负担和内在需要的统一。在这种情景下，“时间实际上是人的积极存在，它不仅是人的生命的尺度，而且是人的发展的空间”。[①]而劳动时间如果过长且强度过大，带来的就是纯粹的副效用。2012 年 11 月 29 日《新京报》报道，在某特大型台资企业，工人胳膊一伸一蜷的动作，10 小时的工作时间下来累计七八千次，像“磨盘前的驴”，下半夜是一段漫长且饱受煎熬的历程，早晨七点下班走出车间，像个大病未愈的人“飘”在路上，“在这里干久了，会觉得自己变成行尸走肉”，采访者几次目睹员工在公司现场晕倒。工人无法自控连连跳楼也就不足为奇了。另一方面，马克思称人类活动的“彼岸”，即可自由支配时间，完全是人的享乐、交往和自由发展的空间。马克思指出，“作为目的本身的人类能力的发展，真正的自由王国”，“工作日的缩短是根本条件”。[②]全面自由发展在一定程度上是实现劳动时间和自由时间合理统一的结果。那种劳动时间表现为自由时间、以共同占有生产力和人全面发展自由个性为特征的社会形态

---

① 《马克思恩格斯全集》第四十七卷，北京：人民出版社，1979 年版，第 532 页。

② 《马克思恩格斯全集》第二十五卷，北京：人民出版社，1973 年版，第 927 页。

是马克思所称的第三社会形态。而人的发展是中国追求现代化的终极价值理想和价值目标。[①]规范劳动时间，大量劳动者就将从疲劳冗长、身心受损的状态中解脱出来，另一些人则不再无所事事。嗷嗷待哺的失业者、就业不足的农村人、数量众多的大学毕业生将从焦躁中解脱出来，所有的劳动者都将进入发展空间扩大、休闲享乐社交时间充裕、工作成为实现人类本质的途径的良好境界。劳动分配不均给社会带来的副效用＝在业者过劳的痛苦＋无业者的无聊与烦闷。劳动分配合理给社会带来的正效用与幸福感＝原在业者劳动感受的积极变化＋原在业者休闲时间多种需要的满足＋新就业者工作需要的满足＋新就业者休闲性质的积极改变。这些都是社会总福利的重要构成要素。

（2）通过缩短劳动时间保就业有利于保护资源环境。面对世界经济萎靡不振，如果仅仅通过保增长、保出口来保就业，不仅将消耗大量资源、损伤更多环境，加剧产能和部分基础设施过剩，宽松的货币政策、财政政策和顺差还将造成极大的通货膨胀隐患和资源财富外移外送，并且经济增长对就业的拉动系数还很低。通过缩短工时或者是规范工时保就业何乐而不为？

（3）通过缩短劳动时间保就业有利于缩小收入差距，扩大内需。大面积超时工作不仅大大加剧失业，而且劳动者工作的时间越长，劳动供给越多，他们的工资议价地位就越低。反过来，工资越低就越需要加班加点，为赚取更多生活费用而“自愿”延长劳动时间。劳动供给过剩成为我国劳动报酬相对水平低的基础性因素。调节劳动时间使劳动供求达到总量平衡可以使工资大幅上升，使劳动报酬在国民总收入中份额过低、社会收入差距过大的状态得到重大改变。

提高劳动报酬比重还可以提高宏观需求水平。我国劳动者收入在新价值中所占比重过低是消费需求不足的主要原因。2006—2012 年，我国居民消费率分别为 36%、35.3%、35%、35.11%、33.8%、35.5%、33.8%，自 2000 年以来，经合组织成员国的居民最终消费率平均水平保持在 55%～57%。就算我国消费率统计有几个百分点的误差，也改变不了比率过低的基本事实。因此，提高国内消费需求，是我国经济未来持续发展的迫切要求，而提高居民消费率以提高普通劳动者收入为前提。

（4）缩短劳动时间，我们还会得到更多的收获，如提高劳动成本可以促进企业

---

① 胡绪明：《劳动时间观念与马克思三大社会形态理论的历史生成》，载《湖北经济学院学报》2006 年第 4 期。

加快科技创新，改变我国创新落后的局面；增加就业可以减少犯罪；减少工时可以错时上下班缓解交通压力等。

3.2.2.3 规范与缩短劳动时间的可行性与现实性

（1）缩短劳动时间符合劳动供给的数量和意愿。国际上退休年龄一般在 60 岁以上并往往达 65 岁或者 70 岁。随着寿命的延长，越来越多的国家开始考虑延长退休年龄甚至实现自由退休制度。目前，我国城市退休年龄人口的实际预期寿命是 80～81 岁，统计的 75 岁只是全国零岁时的预期寿命。如果女工人 50 岁退休，退休后还有 30 年以上的漫漫生涯，而一个 30 岁就业的女博士 55 岁退休，工作了 25 年，退休生涯比工作生涯还要长。延长退休年龄，不仅可以保证保险费收支平衡并且提高养老金待遇水平，可以多利用富有经验的劳动力以促进经济社会发展，可以防止“年轻的老年人”隔离于社会而遭受身心困扰。更重要的是，劳动是人类的本质，如果老年人依照自己的愿望生存，愿意工作就工作，不愿意工作就休息，不愿休息了再工作，愿意满勤工作就满勤工作，愿意部分时间工作就部分时间工作，那不就是为人的自我实现提供极佳条件、为人的自由发展提供充分机会吗？

如果不让那些忙忙碌碌的过度劳动者缩短工时，延长退休年龄将遭遇极大的障碍；而如果使劳动时间走向正规化，立刻大幅度延长退休年龄（如 5 年）或实行多种形式的弹性退休制度，将完全没有必要担心老年人抢青年人的饭碗。

（2）缩短劳动时间，企业具有承受力。我国劳动报酬比重占 GDP 比重过低的数据早已广泛流传，而且据我计算这些数据实际上还高估了劳动报酬比重，所以缩短劳动时间增雇员工并不能使企业难以承受。另外，缩短工时有利于提高企业效率：保证员工休息，不仅可以保证员工高效工作的体力和精神，还可以激发员工的创造力和积极性；缩短工时还将使劳动者有更多的时间学习，不断提高自身素质；过度劳动使企业凝聚力也难以形成，调查显示，农民工不想回原单位工作的原因主要是，工资太低和加班太多吃不消。有调查资料表明实行 35 小时工作制的法国人每小时工作效率在英国人和美国人之上。

（3）我们不必把规范与缩短劳动时间想象得有多难。我们中国早就实行过规范的劳动工时制度，现在世界上大多数国家工作时间都已经法制化，下班就走，已成习惯。2006 年欧盟统计，欧盟国家人均每周工作只有 37.9 小时，其中荷兰是 31.4 小时。阿拉伯国家甚至盛行每天 5 小时工作制。国际劳动局称，美国是全世界年平均劳动时间最长的国家，2006 年年平均工作 1 804 个小时，而根据前述数字，我国农民工每年工作达 3 100 个小时以上。有资料统计说中国人均工作时间排第一位，一年高达 2 200 个小时，而日本是 1 758 个小时，荷兰只有 1 389 个小时。

建立规范和平等的劳资关系是规范劳动时间的基础，行政权力的有效作为、违法必惩是规范劳动时间的关键。由于对一个具体的企业来说，谁缩短工时谁吃亏，对直接从事企业监管的地方政府而言，也是哪个地方认真哪个地方吃亏。因此，必须自上而下对工时制度的落实进行有力的、刚性的推进。加班加点只限于在特殊情况下且经职代会投票同意、上级工会和劳动部门批准，自行决定延长劳动时间的行为应依法给予罚款等处分，严重者应在刑法方面予以定罪或者停业整顿。

3.3 积极的财政政策和扩张性货币政策

先后自称"后凯恩斯主流经济学"和"现代主流经济学新综合"的新古典综合派，主张运用积极的财政政策和货币政策，刺激经济增长，拉动经济走出衰退低谷，以减少失业、消除或抵御经济危机。这一政策被各国政府广泛接受和使用。实际上，这种调控政策不是没有效果，就是弊大于利。

3.3.1 积极财政政策的局限性与副作用

应当说，积极的财政政策在经济遇到困难的时期会起到一定作用。如增加社会救济和失业救济，可以增加消费需求；对遇到短期资金困难的重要企业注入国有资本，可以起到挽救作用，并从而缓解经济的进一步下滑；那些自动性的减税政策，也能缓解一些企业的困难。因此，救济性、自动性和适当的救急性政策，是可以采取的，但那些刺激性财政政策，则效果有限，并往往产生极为不利的副作用。

（1）刺激性财政政策的实际效果不像看起来那么大。①从减税来说，经济困难时期税收本来就减少，财政支出的需求却增加，所以减税的空间不可能很大，而对企业来说，是否增加生产取决于是否能够有盈利地销售产品，税收稍微少一点，对于企业是否实现盈利目标，从而是否扩大生产规模，绝大多数情况下不会起到决定性作用。②财政投资的购买支出有大量的部分指向国外，是拉动对外国的需求。对于中国推出的 4 万亿元人民币振兴计划，国际货币基金组织前总裁卡恩认为这将对世界经济产生积极影响。有人认为 2010 年中国对世界经济增长的贡献接近 6 000

亿美元；《澳大利亚人报》在头版头条的大幅报道中说，中国推出了约 4 万亿元人民币的经济刺激方案，将刺激对澳大利亚铁矿石和煤炭的需求。所以有人说，中国进口铁矿石救了澳大利亚。此外，中国的投资建设工程在国外开展得如火如荼，在非洲大举兴建道路、广场、医院，对发展中国家的贷款已经超过了世界银行。③政府投资会挤掉一部分企业投资。通常认为，政府投资的挤出效应是挤出民间投资，包括政府提供的商品和劳务对私人提供的商品与劳务的替代，以及政府投资对利率和汇率的影响引致的挤出效应。实际上，政府的基础设施建设和民生投资也会被挤掉一部分，因为这些基础设施在没有积极财政政策的情况下，国有企业、地方政府和事业单位乃至农民也要从事一部分。④我国投资乘数比较小，导致政府投资带动的总投资数额并不大。投资乘数= 1/（1−边际消费倾向），边际消费倾向越低，投资乘数越小。对于 1997 年年底以后我国连续实施的一系列扩张性财政政策，有研究认为效果不明显，原因主要是居民平均消费倾向与边际消费倾向不断下降，农村居民的边际消费倾向甚至还出现负数，1996—1998 年边际消费倾向逐年为 0.73、0.58、0.35，投资乘数则逐年递减，分别为 3.70、2.38、1.54，即越是遇到经济困难（1998 年），投资乘数越小。边际消费倾向的持续下降，不仅是凯恩斯所说的消费倾向递减规律作用的结果，还与人们的收入预期不稳和支出预期增大及收入差距拉大相关。[①]2008 年第四季度以后，我国扩张性财政政策力度之大，前所未有，有研究认为效果显著，但其计量结果却很难说是显著：首先在一个相对较长的时期里，我国主要体现为建设性的财政赤字（9 500 亿元）可以拉动经济增长 1.39 个百分点（不同年份的合计）；其次为扩大政府投资和结构性减税，其长期影响可以分别拉动经济增长 0.16 个和 0.09 个百分点。[②]

（2）过多的经济性财政支出会加大居民收入差距。有研究指出，短期内促进经济增长的财政政策有可能导致收入分配差距的拉大。[③]潘敏、张依茹对 1994 年第一季度至 2010 年第三季度我国财政支出的经济增长和收入分配效应进行了检验，结果表明，（积极的）财政政策在促进经济增长的同时导致了居民收入分配差距的扩大。由于经济性支出主要投向各个生产部门和企业，这类支出的主要归宿是拥有较

① 蒲艳萍：《对近年来我国积极财政政策效果的分析》，载《重庆工学院学报》2001 年第 1 期。

② 许生：《积极财政政策效果评估与对策》，载《宏观经济管理》2010 年第 7 期。

③ García -Pealosa. C. ，Turnovsky. Growth，Income Inequality，and Fiscal Policy：What are the Relevant Tradeoffs？. Journal of Money，Credit and Banking，2007（3）：369-394.

多资源禀赋的人也即较富裕的人，因此可以视之为“惠及富人”的政府支出。[①]为刺激经济增长而进行的减税也主要使企业主获利。2008 年 4 万亿元投资虽然有 10 400 亿元用于农村民生工程和农村基础设施、生态环境、安居工程、医疗卫生和文化教育事业，但其实也都是建设性投资。如果政府把有限的资金更多地投入到社会保障领域，效果肯定远比政府大上重复性、冗余性建设项目好得多。

（3）刺激性财政政策在长期中增长效果可能是弊大于利，最终造成巨大的资源浪费。①应对经济困难的投资都是短期急于实施的项目，往往缺乏科学决策，造成大量损失。香港《文汇报》和《联合早报》2010 年 12 月报道，中国国际经济交流中心常务理事、原外经贸部副部长张祥表示，中国在金融危机以来因投资过失而造成的经济损害要远胜于同期贪腐数字。张祥领导的团队经过一年调研发现，在国家启动 4 万亿元投资刺激经济、抗击金融风暴的过程中，一大批不符要求的大项目、大工程匆匆上马，最终，高达 30%的调研案例宣告失败。造成这种现象的原因多种多样，主要包括地方急功近利、缺乏调研便盲目开工等。有人指出，高铁项目大干快上，结果一些质量安全隐患陆续暴露，其后铁路建设项目如果收紧则会遗留下许多半拉子工程或者欠民工工资，而不收紧则很可能是吞食资金的无底洞。建成的部分也比较超前，加重乘客经济负担，亏损严重。②通货膨胀。政府赤字投资，必然形成超额货币需求，加上扩张性货币政策的配合，必然推动物价上升。2009 年年底，我国的 CPI 连创新高，房价更是突飞猛进，房地产调控成为真正的“空调”，错失了房地产“去泡沫”的机会，结果其后房价无论上涨还是下跌都将使社会难以接受。③过多的政府投资加剧收入差距扩大，使有效需求不足的状况得不到缓解，由此推迟危机的解决。④加剧基础设施和产能过剩，推迟危机的化解。经济下滑本已意味着生产过剩，而政府投资不仅使某些基础设施过剩，而且大拆大建的过度城市建设及政府推动的其他投资项目，还使生产资料生产部门获得增加的订货，使过剩的企业暂时免予破产，过剩的产能难以淘汰，并且进一步增加产能，从而使下一期生产过剩问题更为严重。为了消化下一期更为严重的过剩，需要大得多的财政投资去消化，更大得多的财政投资又会带动更多的供给量，使过剩更加无法消化，直至下一期伴随资源浪费的经济下滑。据《华尔街见闻》网报道，一些经济学家怀疑中国 2012 年的经济增长数据。伊顿公司首席执行官 Sandy Cutler 认为，中国官方

① 潘敏、张依茹：《鱼和熊掌能否兼得？我国财政政策效果研究》，载《统计研究》2012 年第 4 期。

公布的 2012 年经济增长 7.8%可能夸大了增长形势；根据个人消费者消费和耗电量等指标，实际 GDP 增长为 3%～4%。渣打 10 月分析结果预计，中国当季增长应为 6.5%。[①]对 2013 年也有类似的观点。⑤财政赤字政策是危险的。很多人认为欧债危机主要归罪于高福利。实际上，主要由财政负担社会保障和社会福利的北欧和英国，并未发生债务危机，以个人和企业为主承担社会保障资金的美国等国家债务负担却非常严重。欧洲主权债务危机的根本原因是一些国家经济下滑，政府运用财政政策强拉投资和消费，赤字不断累积，最终不可收拾。美国政府为救市支出的总金额等于 2008 年 GDP 的 2/3。我国“4 万亿元投资计划”出炉，地方政府也依法炮制，各地也开始跟着大上项目。2008 年年底全国地方政府性债务 5.56 万亿元，到了 2010 年底已高达 10.7 万亿元，超过地方年度财政收入。公路等基础设施欠债 2 万多亿元，铁路系统欠债 2 万多亿元，各级政府总负债保守估计将占中国 GDP 的 70%以上。截至 2013 年 6 月，中国地方政府债务总额 17.89 万亿元，已相当于全国 GDP 的 33.2%。地方政府普遍无法按期还债，即等于陷入债务危机，只不过通过地方政府继续发行债券以及通过银行对地方债务进行滚转等措施，使这一危机未能爆发。2009 年 4 万亿元投资后遗症尚未完全消化，2012 年 6 月至 2013 年 11 月，全国十多个省市发布的大规模经济刺激计划数据，涉及金额就已超 20 万亿元，孕育更多的风险和浪费。

1992—1996 年，日本 6 次采取刺激增长的财政经济“对策”，总金额达 65 万亿日元。结果，日本政赤字占 1990 年为 0，1995 年 11 月，日本政府却发表了“财政危机宣言”。郎咸平认为日本用了 20 年消化刺激起来的过剩，还有 10 年才能消化掉。2009 年日本新经济刺激政策总规模为 24.4 万亿日元，其中国家财政负担 7.2 万亿日元，结果，日本成为世界上国债负担最严重的国家之一。

只有把财政支出的重点转到社会保障制度的完善、科学技术研究开发、国民教育和环保产业发展方面来，才能缓和生产的无限扩张和有支付能力的需求相对不足的矛盾，以及经济与生态的矛盾，从而达到科学推动经济增长的目的。

① 若离：《伊顿 CEO：中国 2012 年 GDP 实际增长只有 3%～4%》，华尔街见闻-wallstreetcn.com/node/ 22. 2013-02-07.

3.3.2 扩张性货币政策的无效性与副作用

在经济危机期间对有挽救价值的企业注入资金，可以缓解经济的连锁性下滑，但在经济困难时期，政府企图利用扩张性货币政策，通过降息和扩大货币供应量来恢复经济增长，则几乎是不可能的。

3.3.2.1 经济衰退时期降息政策是无效的

（1）央行降息难以使市场利率充分下降。央行控制的基准利率最低可以为零，而商业银行确定贷款利率要加上自己的经营成本、盈利和风险溢价，越是困难的企业贷款利率越高。美国联邦储备委员会 2008 年 10 月将联邦基金利率降到 1%，2008 年 12 月又将该目标基准利率下调至 0～0.25%，而据《华尔街日报》报道，符合资格的 30 年期抵押贷款的利率原来有 6.64%，后来也达 5.28%。当时，评级为“BB”的垃圾债券的收益率比同期的美国国债高 14 个百分点以上，而具有标杆意义的 10 年期国债收益率为 2.25%，即发行垃圾债券的借款利率超过 16%，而这对非绩优公司而言负担非常沉重。到 2009 年 5 月 22 日，联邦基金利率虽然只有 0.25%，但 1 年期浮动利率国债抵押贷款平均利率仍达 4.82%，而信用贷款或抵押不充分的抵押贷款、长期贷款，尤其是高风险企业的贷款，利率肯定比这高得多。此外，新利率下降后，原有债券和贷款利率的下调还需要一段时间。

（2）央行难以控制长期利率。央行再贴现率是短期利率，再贷款期限也较短，美国联邦基金利率主要是隔夜拆借利率，而长期市场利率是由未来利率预期、通胀预期、风险溢价和流动性溢价所决定的。美国有观点认为，承诺实行长期的低利率有助于刺激企业增加投资。但扩张的货币政策巨额增加货币量，社会预期必有通胀，央行承诺长期低利率社会不一定会相信。实际上，经济衰退期间市场利率会自发地下降，这一下降是否有，以及有多少是央行调控的贡献，很难鉴别。

（3）利率下降难以推动企业生产规模扩大。可以想象，预期增产能够实现盈利目标的企业不降息也会扩大生产，预期悲观的企业不会因为利率下降一点而扩大生产规模。从逻辑上来讲，因降息而增加投资的，只能是在企业产品有市场但因利率高而不能盈利，降低了利率就能实现预期盈利的微亏企业，而这种情形是很少能出现的。首先，在经济停滞时期，企业是否扩大生产规模，取决于有无订单或预期能否增加销售，而微亏企业销售预期较难乐观；其次，不要以为降息两三个百分点，就会使利润也增加两三个百分点：通常负债也就是资产的一半，而资产负债表上的负债项目有 20 多种，需要付息的贷款和债券又往往不到总“负债”的一半。这意味着，就算贷款利率下降五成，利润增加只能有一两成。同时，企业利息负担不像人们想象的那样大——随机举例：我国 2011 年六个月至一年期的贷款基准利率为 6.56%（可上浮），而财务费用（经营期借款利息和手续费）/所有者权益，即借贷负担，负债率较高的武钢股份 2011 年只为 2.85%，四川长虹 2011 年只为 0.484%，中国化学 2012 年第一季度财务费用为-5 604 万元，利息收入大于利息支出——因为企业有很多存款，这种情况国外很常见。可见降息为企业提高利润率的空间非常小。如果降息，对中国化学是负影响，对四川长虹无影响，对武钢也只有很小的影响——2.85%降低两三成还是 2%左右，而带来的比重不大的收益增加难以抵消生产扩大带来的不确定性风险。

各国降息实践，尤其是危机期间的降息实践一再证实降息政策的无效性。20 世纪 30 年代末美国经济大萧条时期的降息就毫无效果。东南亚金融危机期间，我国贷款基准利率 1999 年比 1996 年下降了 42%，但年均固定资产投资增速 1990—2005 年为 20.8%，1991—1995 年高达 34.7%，而 1996—2000 年只有 11.2%，同时消费增速明显放缓，零售物价 1998—2002 年连续 4 年、工业生产者价格 1997—1999 年连续 3 年处于下降状态。日本从 1995 年 9 月开始政策利率就保持在 0.5%的水平，1999 年 2 月开始实施“零利率政策”，至 2012 年，央行基准利率还维持在 0～0.1%，由于物价上涨，利率已经为负。日本央行从 2001 年 3 月 19 日至 2006 年 3 月又推行定量扩张货币政策，但经济一直停滞不前，到 2013 年实际 GDP 也只增长 1.6%，名义 GDP 只增长 1.0%，充分说明扩张货币政策未能把经济刺激起来。

即使非危机时期降息有时能刺激投资增加，但最终结果也往往副作用很大。2000 年美国股票市场网络股泡沫破裂后，美联储由于对经济前景担忧，实施扩张性货币政策。2001 年 1 月 3 日至 12 月 11 日，美国联邦基金利率由 6.5%降到 1.25%，2003 年 6 月 25 日降至 1%。伴随宽松的信贷行为，2002 年以后房价快速上涨，资产价格泡沫膨胀。2004 年以后，出于对通货膨胀的担忧，美国央行开始调高利率，到 2006 年 6 月调高至 5.25%，结果刺破房地产泡沫，进而引爆了金融经济危机。

3.3.2.2 经济衰退时期扩大货币供应量是无效的

（1）经济衰退期间商业银行并不缺乏货币。经济衰退时由于企业生产萎缩，需要的资金减少，许多资金滞留在银行，造成借贷资本和超额准备金大量增加，如

2008 年下半年开始美国商业银行的超额准备金从几乎为零急剧增加，到 2011 年接近 18 000 亿美元。由于银行不缺乏资金，央行降低再融资利率，银行也没有必要向央行贷款。美国金融危机发生后，美国央行再贷款急剧下降，2011 年中期以后商业银行几乎不再通过央行再融资获得资金。

（2）衰退期间生产企业整体上也不缺乏资金。美国金融危机爆发后，公司积累的储蓄超过 6 000 亿美元，但由于缺乏有利可图的机会，投资数量一直下降。穆迪报告指出，截至 2011 年 12 月，美国非金融公司现金持有量已达到 1.24 万亿美元，2012 年 1 月 31 日发布的路透调查显示，标普 500 企业持有现金达 9 986 亿美元，占市值的 11.48%，比 5 年前增长 63%。日本非金融公司现金持有量则高达 2.4 万亿美元。在这种情况下，即使央行增发货币，企业也不会申请贷款。

（3）衰退期间商业银行不愿意把货币借给急需资金的企业，货币流通量难以增长。央行通过降低法定存款准备金率和公开市场业务，可以直接增加商业银行的超额储备，但迫切需要资金的企业恰恰风险比较大，商业银行宁愿把资金投向金融市场，甚至宁愿存回央行也不会借给这些企业，因而信贷机制受阻。美国 2008 年迅速将基础货币增加一倍多，后来仍不断增加，但 M_1 和 M_2 不受任何影响竟然和原来一样匀速缓慢增长，原因就是贷款不能增加，因而无法创造派生存款货币。我国贷款变化也是顺周期。

（4）衰退期间即使大量增加货币供应，也难带动经济增长。美国金融危机期间，因为商业银行贷款的意愿下降，美联储实行了非传统货币政策工具，绕开商业银行，让非银行金融机构参与，直接向借款人和投资者提供信用，推行了大规模的资产收购计划。但由于社会经济不缺乏资金，大幅增加资金当然不会有效果。Aït-Sahalia（2010）的研究表明，资产收购计划在整个危机期间都是无效的。[①]实际上，美联储增加的基础货币，基本上没有进入到实体经济之中，自然不会推动 GDP 的增加。

事实上，扩大货币供应量的量化宽松货币政策在历史上一再碰壁。观察图 3-1 可以看到，从 20 世纪 90 年代初到 21 世纪的前 10 年，美国 M_2 增速大部分时间与 GDP 增速反向变动。

---

① Yacine Aït-Sahalia，Y.，Jochen Andritzky，Andreas Jobst，et al. *Market Response to Policy Initiatives during the Global Financial Crisis*. NBER Working Papers.2010，No.15809.

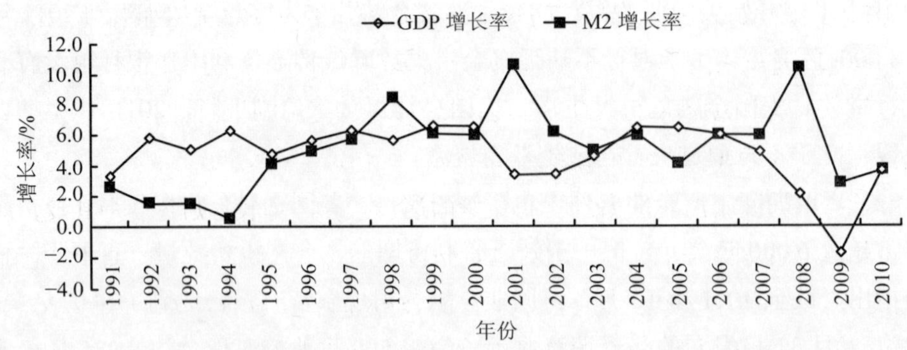

资料来源：http：//www.docin.com/p-290740046.html。

图 3-1　1991—2010 年美国 M_2 与 GDP 增长率曲线

2008 年美国实施量化宽松政策，但 2009 年连续 3 个季度经济严重负增长，增速比 2008 年大幅下降，全年负增长，2010 年恢复性增长，2011 年又低于危机前几年的水平。同时，从 2008 年 5 月开始，美国失业率大幅提高，实施量化宽松货币政策后，2009 年失业率继续上升，最高达 10%，到 2010 年 12 月失业率仍高达 9.4%，比 2008 年 2 月的 4.6%高出 1 倍多。

如果不是在经济危机爆发期间，或者是在企业贷款需求旺盛时期，扩张性货币政策则会与积极的财政政策一起，加剧生产过剩，浪费资源，增加环境压力。我国近年来增加的过量贷款和政府大量投资，涌入经济的各个方面包括房地产及基础设施领域，由此造成了大面积的产能过剩，商品房大量闲置，基础设施方面也明显过多。截至 2009 年第三季度，在 24 个行业中已经有 19 个行业存在不同程度的产能过剩，但投资仍然高度增长。据分析，2012 年如果按照出钢表观消费量在 6.88 亿 t 左右计算，产能过剩约为 22%，钢铁业这么大的一个产业存在这么多的过剩资源浪费非常大。新华网记者报道，到 2013 年全国规模以上工业企业整体仍有将近 22%的产能闲置。严重的产能过剩实质上是经济危机的一种形式，并可能导致剧烈的显性危机。产能严重过剩意味着放宽信贷得不偿失。

3.4　投资拉动和消费拉动

经济增长速度下降，都是因为经济方面出现了某种问题，要想提高经济增长速度，就要从经济运行中的问题去入手，如经常出现的问题是社会生产能力超过社会消费能力，这时就需要那些产能过剩的行业停止扩大投资，等待其过剩的生产能力慢慢消化。如果希望提高经济增长速度，就得通过科技创新提高投入产出之比来扩大经济规模，或者在资源环境允许的情况下，科学地扩大消费，为生产创造更大的消费市场。如果泛泛地用扩大投资和消费的途径去拉动增长，则将适得其反，加剧过剩，并引出诸多弊端。

3.4.1 “投资拉动”的合理性限度和效果的局限性

（1）不顾生态约束竭力推动投资必然使经济增长超越资源环境的承受力。凯恩斯学派认为存在失业的时期有大量的资源没有利用，通过“挖了坑再埋上”，似乎就可以把这些闲置资源利用起来，工人也就就业了；扩大投资还可以填补收入和消费的差额。而在今天，资源环境压力不断向人类的生产活动亮起红灯，就算社会上有大量的设备在闲置，也不能不看到原材料、能源和环境并非在闲置，而是严重短缺，社会扩大投资必须小心翼翼地与环境资源的可利用程度相适应。经济增速下降，正好可以借此缓解生产与生态的矛盾，也是淘汰高消耗高污染产能的好时机。而强拉投资或把闲置设备利用起来，也没有市场需求，还加剧原材料、能源紧张，使严峻的环保形势雪上加霜。

（2）脱离消费需求推动投资会加剧生产过剩，延缓经济危机或经济困难的解决，甚至引发经济危机。危机爆发的客观作用就是生产过剩的强制调节，正视经济减速，顺应经济减速，减产减投资，才能缓解过剩，化解危机。在经济困难时期，一些人强调应对危机要注意发展是硬道理，实际是在讲增长是硬道理，是与应对危机应有的科学途径背道而驰。在实践上各地普遍把“大干快上”作为应对危机的主要措施，但是产品本不缺。执行宽松的信贷政策，通过窗口指导“解决中小企业贷款难问题”，支持小微企业创业，加上政府增加投资，只能加剧产能过剩，延缓过剩的调整。虽然投资也能拉动需求，但那主要是中间需求，最终需求没有同比扩大，这种需求难以持续下去，所以经济加速之后必然再减速。在高房价、售后闲置房很多、青年人口将急剧减少的情况下，将来爆发住房过剩危机很有可能；宽松的住房贷款，遇到高利率时期，完全可能像美国那样诱发房贷危机。

2008 年以后，中国的救市资金刺激投资的力度比美国等西方国家大得多，但中国工业产能原本就严重过剩，大规模增加投资必然形成新的浪费性过剩产能，并形成银行坏账风险。2008 年开始的大规模投资的刺激效应到 2012 年退潮，为防止经济放缓过快，新一轮的刺激又开始了。在钢铁产业严重过剩的前提下，总投资超过 1 300 亿元的多个钢铁项目成为最引人注目的投资。2012 年 17 家已发中报的上市钢企合计亏损近 10 亿元，但仍有 100 亿元用于“购建固定资产、无形资产和其他长期资产”，比上年同期增长 22.35%。钢协副会长吴溪淳说，“严重的产能过剩和进口铁矿石价格过高是当前钢铁行业陷入困境的根本原因”,“产能过剩不能全赖钢企，没有 4 万亿元投资哪有如此高的产能？”1 t 钢利润 1.68 元还要扩产；应收账款增加一倍，800 亿元存货压顶，现金账户失血 46 亿元，但仍在一边借款一边大手投资，银行坏账疑为“滚雪球”。[①]

（3）盲目的“投资拉动”会形成通胀压力，造成收入和财富不合理的再分配。十年间，美国 M_2 增加了 50%，我国增加了 500%。我国十年来房价、物价高涨的一个重要原因，就是巨量投资贷款等因素造成的货币超发。那些新增信贷带来的超发货币的购买力价值，都是从居民储蓄和消费购买中转移而来的。过高的房价，增加着政府的卖地收入、房地产企业的利润，以及银行及其从业人员的收入、中外投机“炒楼”者所得，这都是买房者财富的转移，而且是加剧社会分化的财富转移，而社会并不因此而增加一点财富。高房价吸引拉动房地产投资的高增长，拉动已经极度过剩的粗钢、水泥等建材的“高增长”，结果是许多 GDP 转化为“炒房团”手里的流动房产、房产商用于囤积居奇的库存、“投资族”的保值增值手段、贪腐者赃款的储藏手段、诸多审批者收受的贿金。这些闲置资源成为社会财富分化的极为重要的途径。

（4）把大量的资金投向基础设施，也极易造成巨大浪费。不少基础设施超过了现实的需要，一些高速路、桥梁隧道行车寥寥无几；大量的道路非必需的扩建、改建、翻建；大量城市建筑在不到使用年限的时候被拆毁；过多的“大都市”、“城市带”、“开发区”、“度假区”建设同样耗费大量的土地、能源和原材料；非完全必要的城市基础设施建设还使更多的土地变成水泥丛林，破坏我们的生存空间；最后，这种投资需要不断递增的更多的投资来接续，消化这些投资带动的建筑材料产能增加，而这不是难以为继，就是造成新的更多浪费。

---

① 曾颂：《一吨钢利润 1.68 元还要扩产 巨亏钢企拖银行同入泥潭？》，2012 年 9 月 4 日《羊城晚报》（A17）。

房价高涨，许多人认为价格是由供求关系决定的，增大供给可以抑制房价。这种观点正中增长主义下怀，但极其荒谬。从供给方面来看，房子已供给过度极其过剩，而土地和其他建筑材料资源极其宝贵，这些材料的生产和空置房的增加给环境带来的压力也极其严重，在这种情况下还要大力增加住房的无效用供应，置生态于何地？从需求方面来看，房子需求取决于货币量、住房贷款利率、贷款宽松程度，取决于房地产税、房地产增值税和遗产税的有无及其税率高低、房地产转让所得税和营业税的税率高低，取决于有无房地产空置税及房地产空置罚款征收等措施。而这些是由货币政策、财税政策和房地产政策决定的。

盲目的错误投资在“七五”到“九五”期间在我国发生的概率，据世界银行统计在 30%左右，资金浪费及经济损失在 4 000 亿～5 000 亿元。投资近 50 亿元兴建的中国第一条跨海铁路——粤海铁路，2002 年 12 月通车以后，实际运量仅为设计的 2%，6 万元的日均收入甚至不足以支付贷款利息，所以一直亏损，直到 2011 年年底，才首次实现了盈利。投资近 30 亿元超前建设的福州长乐国际机场于 1997 年 6 月通航后，运营 5 年累计亏损达 11 亿元。2005 年扭亏，是因为在政府承担了 10 亿元债务，剥离 1.5 亿元社会公用工程资产，减免了 2.48 亿元的贷款本息的条件下，将机场转交给新的股东。阜阳机场在 1998—2007 年的 10 年间，这个安徽第三大机场一直没有告别闲置状态。一些工程项目在为经济发展做出贡献的同时，也带来了环境破坏和社会影响。例如，三门峡水电站，2003 年 8 月 24 日至 10 月 5 日，渭河流域发生了 50 多年来最为严重的洪灾，数十人死亡，515 万人口受灾，直接经济损失达 23 亿元。这是世界大型水电工程中，由于泥沙问题处理不当影响生态环境的典型教训。

（5）公共消费性投资也可能是超前的、浪费的。例如，非理性的、被北大教授称为疯狂的大学扩招，虽然也增加了 GDP，但严重降低了教育质量，使本科生承担职高生的工作，是教育资源和人力资源的极大浪费。很多豪华景观的改造和豪华办公楼的建造也浪费了大量的资金和资源。此外，盲目进行的工程建设，在官员主导下，豆腐渣工程泛滥，资源投向也不合理。

但是，有影响力的精英通常并不接受以上诸多教训和有识之士的批评。对于今后较长时期的经济增长，有学者认为，出口已经不可依赖了，国内消费相对稳定，投资是唯一我们还可以有一点掌控权的因素。所以，今后的增长仍将主要由投资拉动，应主要可投资于工业化或新型工业化。这类主张好像投资是为了增长而不是为了消费。

3.4.2 “消费拉动”的合理性限度和效果的局限性

“消费能拉动经济”是对的，但泛泛地“刺激消费”、“用消费拉动经济”则扭曲了生产与消费的关系，会引起不良的后果。

（1）片面刺激消费可能使消费带动的增长超越资源环境的社会生态可接受阈值，或难以修复受到损伤的生态文明。凯恩斯摒弃传统的节约原则，提倡浪费性消费，甚至认为建造金字塔、地震，甚至战争，均可增加财富。这在资源环境约束不明显的时代，可以说有一定道理，而在资源环境非常紧张的今天，已显得荒诞不经。资本主义发达国家的“消费主义”已经成为破坏生态环境的大敌。各国政府为了保增长而避开生态泛泛地刺激消费，违背可持续发展观要求人类节制消费、合理消费的原则。如果我们刺激人们不停地更换移动电话和掌上电脑，赞赏大家不停地购买新衣，鼓励加快淘汰家用电器，大力提倡同样耗费资源的旅游，就是在无节制地消耗资源，毫无顾忌地制造大量废弃物和污染物，就是把自己天天津津乐道的生态平衡、绿色、环保等话语抛到九霄云外。

（2）泛泛地刺激消费可能造成浪费性消费，鼓励奢侈性消费，默许有害性消费。本来，企业主借助巧妙设计的广告和电视、电影、视频等媒体形象，不断煽动和刺激人们的物欲，将“时尚”大众化，诱导人们消费他们可能并不需要或原本不想购买的商品，让消费为资本积累服务，而如果政府不分青红皂白，泛泛地鼓励消费，那就等于是火上浇油。

加快产品的更新换代是另一种浪费性消费。在一定程度上，商品的耐用性应当最大化，从而使资源消耗最小化。但是，加快产品更新换代符合增长主义的要求。因此，行业技术组织和管理机构会有意地把商品的使用寿命规定得比较短，鼓励企业不断推出商品的新款式。较短的使用寿命规定使尚能使用的商品在规定的时间后经常成为废物，换汤不换药的新款式新品种经过促销不断使新款变成旧款，从而使旧款被弃用。比如，汽车、手机、掌上电脑的新型号令人眼花缭乱，不仅加快了老款式的淘汰速度，而且推出的新型号又挑起了一些人的购买欲望，从而淘汰和销售更多的产品。

当代社会的炫耀性消费也很多。不仅高收入者，而且很大一部分普通民众也出于虚荣心、“摆谱”、“争面子”的目的而追求奢华的消费，把奢侈品当成日常消费品。增长主义不仅不会遏制这种浪费性消费，反而会对其大开方便之门。

信贷消费本来促进了挥霍性消费，政府宽松的信贷政策进一步推动了非必需性购买。美国人的信贷消费几乎达到了无所顾忌的程度，2010 年美国有 74.9%的家庭背负债务，其中 47%的家庭背负自用住宅贷款债务，5.3%的家庭背负非自用住宅贷款债务。作为高收入国家，39.4%的家庭背负信用卡债务，46.3%的家庭背负消费信贷债务，家庭每月需要偿还的债务约占月收入的 14.7%。

“用消费拉动经济”等于让消费为生产经营服务，为此，可以不惜容忍维护生产经营所需要的有害性消费和副作用极大的消费，如容忍生长素、添加剂、化肥农药和争议巨大的转基因；对大吃大喝、公款旅游长期网开一面。面对 140 多万 km^2 雾霾笼罩，8 亿以上人口受到影响，北京 1 个月的雾霾天气数量多达 25 天，城市上空悬浮 4 000 t 污染物这种生态危机，要空气清新，还是要汽车制造厂的繁荣和高楼大厦带来的 GDP 和财政收入？事实上，人们根本没有减少汽车生产销售和减缓城市建设的念头。

合理的消费应当是科学的、节约的。提高消费水平并不能否定艰苦奋斗、勤俭节约的风尚；满足人民群众的消费需要也不等于允许铺张浪费的行为。节约每度电、每滴水、每粒米、每张纸，仍然是应当提倡的美德。节约就是人类对稀缺性资源的合理使用、节制性使用和有效率地充分利用。勤俭节约不仅是培养奋发向上的精神风貌、磨炼坚强的人生意志和艰苦奋斗意志的需要，也是建设生态文明的需要。在实际生活中，不仅有人反对节俭，嘲笑节俭，有人甚至认为节俭是提高人民生活水平的最大敌人，这些观念是极为有害的。

（3）笼统地“用消费拉动经济”作用有限，且可能导致消费不公正。增加消费的着力点，首先应放在那些最急需的消费层面上，而提高低收入者的消费水平，既是社会和谐公正的需要，也能提高社会消费率。中国要提高消费水平，增加消费份额，必须更好地满足普通群众的基本生活需求，为此要改变分配格局，搞好社会保障尤其是医疗保障制度，但很多的政策建议及政策制定往往只局限于现有分配政策的落实及其强化，以及财税政策微调和公共服务改进，而现有分配规则包括社会保障体制和财税政策等是无法显著改变收入分配格局的，既不能实现公正消费，也无法持久释放消费力。例如，较低层次的社会保障尤其是医疗保障制度，由于对风险只是起到一定缓解作用，或只具有一定的福利补贴作用，并未实现病有所医的可靠保障，因而不能解除大多数居民的后顾之忧，从而不能大幅度持续释放中低收入群众的消费能力。相反，笼统地“用消费拉动经济”，必然为富人的高消费大开方便之门。

为拉动经济而补贴消费，往往使较高收入者比较低收入者受惠更多。①收入相对较高者购买较多，如家电以旧换新和家电下乡补贴；相对富裕的阶层购买家电和汽车更多，更新更快，所以受惠更多。②受惠者主要是商家。2011 年通信设备、计算机及其他电子设备制造业利润总额达 2 827.42 亿元，主营业务税金及附加只有 155.84 亿元，但 2009 年中央财政安排“家电下乡”补贴资金预算 200 亿元，2009—2011 年，中央财政累计向各地预拨家电以旧换新补贴资金约 300 亿元，2012 年中央财政安排补贴家电资金 265 亿元。截至 2012 年 9 月，家电下乡、汽车摩托车下乡、家电以旧换新和汽车以旧换新四项政策实施期间，中央财政用于补贴的资金达 1 524.5 亿元，这些钱用于低收入者是能解决更多问题的。③消费者不一定得到实惠。消费者受惠可能只是心理上的，在补贴前，商家可以把价格提高，或者取消以前的销售折扣，财政补贴就会进入商家的腰包。

现在全球人均 GDP 已经超过 1 万美元，中国人均超过 1 万购买力美元的地区和城市也很多，如果 2/3 用于消费，那就是 6 000～7 000 美元，如果其中 2/3 用于个人消费就是 4 000 多美元，算一算 4 000 多美元能买多少生活资料？均衡地消费足以使世界 70 亿人，中国十几亿人过上相当富足舒适的生活。可世界仍然年复一年地在贫富不均状态中度过，就是当今最富裕的美国，还有数千万人生活在贫困线下，数百万人流落街头。显然，我们需要的不是笼统的“消费拉动”，而是“公正消费”和“平等消费”。

（4）短期的消费刺激没有长期持续拉动作用。我国于 2007 年 12 月出台了家电下乡政策，2009 年 2 月在全国推行，2009 年 6 月，家电以旧换新政策试点，到 2011 年 4 月实施范围扩大至全国。舆论普遍认为拉动了经济。如新华网北京 12 月 31 日电，据商务部数据，全国家电以旧换新共销售五大类新家电 9 248 万台，“拉动直接消费”3 420 多亿元；2013 年 1 月 27 日《经济参考报》报道，截至 2012 年 9 月，全国家电下乡共发放补贴 759 亿元，平均向每个农村家庭发放补贴近 400 元，累计销售金额 6 598 亿元，如此计算，平均 1 元的补贴“撬动”了 8.69 元的家电下乡产品。实际上，以旧换新和家电下乡销售额的效果不能如此高估。①没有这两项政策，这些家电的销售额也不小，只有因这两项政策而增加的销售额，才是政策拉动或“撬动”的，而且增加了这方面的购买还会减少一些其他方面的购买。②有些家电还能使用，提前淘汰了，包含很多的资源浪费。③销售的增加刺激很多厂家扩大投资而不是竭力推进科技创新，使产能过剩更为突出。一些企业依靠补贴活了下来，优胜劣汰的作用被淡化，龙头企业转型升级的动力也小了不少。④一旦刺激措施停止或者刺激政策延续较长时间，销售会先下降而后恢复常态，实质上原来拉动的消费只是提前一点而已。从 2011 年下半年开始，家电下乡对各大厂商销售业绩的拉动力出现了急速下降，销售量增速低于政策刺激前。2012 年 1 月、2 月，政策虽未取消，家电消费增速还是明显回落。“汽车下乡”也是如此，从 2010 年下半年开始，政府出台的消费刺激政策对车市的带动效应已明显减弱，消费者购买能力已经提前释放，2011 年，在“汽车下乡”等相关汽车消费刺激政策取消后，中国汽车市场销量同比仅增长 2.5%，为 13 年来的最低增速。如果对低收入者实行制度性持续补贴，则既能提高低收入者的生活水平，又能持久地提高消费率。

实际上，用消费“拉动”经济只有在经济危机爆发经济负增长时期才是适用的，但我国当时并没有处于危机状态，刺激的结果是短期经济增速高于调控目标。从长远来看，要真正扩大内需，政府的政策引导不应立足于如何千方百计“刺激”消费，而是通过缩短贫富差距和完善社会保障等方法来促使群众提高消费率。增加消费的另一着力点，是理顺投资与消费的比例关系，形成生产与消费的良性互动机制。如果出现 2007 年以前美国那样的高消费状态，则应压低消费率。

第4章 增长主义对经济—生态—社会发展规律的破坏

传统的经济理论虽然也会讨论生态问题，但在研究经济规律的时候，都是把生态因素排除在经济变量之外的。由于生态因素不仅和经济问题密不可分，而且非常重要，在分析经济规律的时候对生态因素置而不论就会得出错误的结论。本书第1章实际上就是把一般的经济生产或商品生产与生态问题结合起来探讨社会总生产或社会总经济系统的经济规律，尤其是第1章第4节分析的商品经济增长速度的生态均衡条件，就是把商品生产与生态问题连接起来，分析与此相关的社会总生产的经济运行规律，而遵循这些规律，也就应当成为宏观经济管理工作的必要原则。本书第2章分析了不同社会经济制度对生态具有不同影响的必然性，也是一种客观经济规律。增长主义过分注重增长本身而轻视资源环境的倾向，违背了生态视角的社会总生产的经济规律及相应的经济原则，其主要破坏机制是不计生态成本，忽视生态生产和生态效率，轻视生态福利，破坏商品经济增长速度的生态均衡条件，并且片面崇尚效率，藐视生态公正，破坏生态共有共享的原则。

4.1 不计生态成本

4.1.1 经营成本、消费成本不计社会生态成本

通行的成本概念不关注生态成本。如商务印书馆《现代汉语词典》（第6版）

对成本定义是:"产品在生产和流通过程中所需的全部费用。"这里没有明确说明"成本"是"谁付的成本"即谁的成本?而社会的费用和经营主体的费用,其生态角度的成本大不相同,"生产和流通所需的全部费用"显然不包括社会生态成本。美国会计学会(AAA)所属的"成本与标准委员会"对成本的定义是:"为了达到特定目的而发生或未发生的价值牺牲,它可用货币单位加以衡量。"这一定义是从经营主体经济核算的角度来说的,没有回答成本的本质;对社会来说,成本的实质不是价值而是物质资料。中国成本协会(CCA)发布的《成本管理体系 术语》(CCA2101:2005)标准中对"成本"的定义是:"为过程增值和结果有效已付出或应付出的资源代价。"其详细的表达为:"成本——为将输入转化为输出的系统增值或结果有效已付出或应付出的凡是能被人所利用的物质代价。"其相关的定义为:"资源:是指凡是能被人所利用的物质","在一个组织中资源一般包括:人力资源、物力资源、财力资源和信息资源等。"这个解释虽然把成本解释为资源或物质,但对资源的外延混淆了物质成本(生态成本)和非物质成本;显然,把人力资源、财力资源、信息资源称为"物质"不太合适。财力资源虽然在一个单位内可以和物质资源相并存,但财力资源是为了媒介物质资源而存在的,不是生产和流通的真实消耗,因此不是物质成本,站在社会的角度来看也不是成本。就信息资源而言,信息本身是事物发出的消息、指令、数据、符号等所包含的内容,信息资源是经过人类主观处理或加工的,可以对社会生活发挥作用的信息。信息的价值一方面包括劳动的凝结,另一方面包括与信息内容相关的资源如设备、设施、技术等价值的转移,而这些设备、设施、技术都属于物质资料或生产资料,因而信息并非独立的生产要素或成本。

正确回答了成本的本质并可以从中区分生态成本的是马克思的成本定义。按照马克思的分析,商品价值 W=生产资料价格 C+劳动力价格 V+剩余价值 M。在这里,生产资料消耗包括原料、材料、燃料和劳动资料折旧等消耗,这些消耗其实就是资源消耗,对社会来说,就是生态成本。流通过程道理也一样,因为流通费用也分为物质消耗和人力消耗。因此,生产和流通过程中所消耗的全部物质资料属于进入经营者成本核算的商品和劳务的生态成本。

消费也有成本。消费者的消费成本是消费付出的全部货币额,而消费的生态成本则是商品和劳务包含的生态成本。虽然消费者消费的全部代价或消费成本等于消费品的全部价格,但生产经营者们生产和销售消费品耗费了多少煤炭、电力、棉花和设备磨损,那消费者也就消耗了多少煤炭、电力、棉花和设备磨损。虽然,消费者付出的代价比商业经营主体付出的代价多出一个利润部分，但实际的生态成本是相同的。当然消费者为获得消费品所消耗的物质资料基本上是可以忽略不计的。

但是，迄今为止的经济成本概念都是从微观角度定义的，且都没有包括环境损伤。

然而，在市场经济中，无论经营者（企业、个体户、农民、政府直接管理的事业单位），还是消费者，他们付出代价的生态成本远小于实际的社会生态成本或全部生态成本。

（1）经营者的经营成本和消费者的消费成本，不能完全反映经营、消费活动对自然资源的耗减占用。例如，石油价格并不能反映石油的稀缺程度。石油是不可再生资源，假设地球上可以开采的石油大致还能使用80年，如果80年之后人类开发的新能源完全能够接替石油，那就好办了，但如果80年后没有理想的接替能源，世界会变成什么样子？这80年中的后40年就有可能严重供不应求。鉴于此，我们是不是应当让石油慢点用？那么怎样慢点用？无法搞配额就只能调价格，只有较高的价格才能反映石油资源的稀缺程度。因此，目前世界经营主体和消费者购买石油付出的市场调节而不是计划制订的价格是没有充分反映社会生态成本的。类似地，经济主体对矿产资源、森林、海洋产品的消耗以及造成的土地、河流、海洋、森林草原的生产力下降也都没有付出与生态成本相适应的成本价格。经济主体占用土地空间，虽然当时也付出了代价，但多年以后空间越来越拥挤，土地越来越增值，原来付出的货币是否代表了目前空间的“价值”？即是否等于未来收益的现值？可以说完全代表不了。再如，很多资源环境问题不是单个企业所造成，个别企业根本不会付什么代价，像森林减少，沙漠化，草场退化、水土流失，以及土壤次生盐碱化、湖泊的富营养化、生物多样性锐减等，在企业的财务报表成本费用栏上是根本反映不出来的。

（2）经营者的经营成本和消费者的消费成本，不能完全反映自然资源存量维护成本。例如，为了提高土地、水和空间的利用率，对植被、生物加以保护，对矿产品进行深加工等，国家财政要付出财力进行科学研究、科技开发甚至直接投资，这些钱并不出自企业的经营成本，国家从事这些工作消耗的成本自然要从财政资金中扣除。

（3）经营者的经营成本和消费者的消费成本，不能完全反映自然环境损耗恶化成本。例如，排污费征收往往不全面，居民生活用水污染，生活垃圾、农业面源污染，车船尾气、放射性物质等可能不征收排污费，征收排污费的，往往标准也比较低。据 2011 年 8 月 15 日《中国能源报》记者报道，我国排污费征收标准仅为污染治理设施运行费用的 50%左右，某些项目甚至不到治理成本的 10%。对于间接性环境损伤，更没有纳入企业的生产成本和消费者的消费成本之内，如生产发展造成气温上升、气候变差、生活水源紧张、臭氧空洞扩大、空气和水的营养成分下降，以及景观破坏、噪声增加、交通不便、城市拥挤，生物资源减少、影响食物品质的动植物生长环境变差等，企业并未付费。对于产品污染，如食物污染、装修污染等，更谈不到征收环境修复的成本。

（4）经营者的经营成本和消费者的消费成本，不能完全反映自然环境质量保护成本。自然环境质量保护成本分为维护自然环境付出的物质成本和预防污染付出的物质成本。对于预防污染，企业在环保设备和运营费用等方面有一定的付出，如环保项目的研发、建设和更新，废弃物处理，再生利用系统的运营，污染材料替代，节能措施实施，环保管理体系构筑等，但远没有达到完全预防污染的程度。很多社会自然环境质量保护活动，主要是政府通过耗资较多的环保研发费用以及环保项目的投资建设、维护和更新等进行。

（5）很多非常规现象，使经营者和消费者付出的生态成本比实际生态成本更少。比如，经营者利用行政审批而不是按市场行情购买生产资料，可以获得价格超低的生产要素。在 20 世纪 90 年代，土地盛行批租，县长和市长可以按大大低于市场价的价格把土地批给企业；在各地区招商引资过程中，土地优惠是个重头戏；各地优化投资环境，政府付出大量投资对土地实行“四通一平”，搞开发区基础设施建设，企业节约了大量土地整治费用。在消费方面，国家各项鼓励消费的政策，包括保障房兴建，商品房税费优惠、贷款利息打折、长期住房贷款在通胀后还款负担大大减轻，家电下乡、以旧换新补贴等，都减轻了消费成本。在排污费方面，经常有法不依、执法不严，对严重污染者处罚力度不够，对工厂工作环境环保要求放宽，而一些企业不执行国家相关规定，肆意突破国家标准，明目张胆或偷偷地排污，自己获利而让社会承担了极其严重的生态破坏成本。

总之，生产流通成本和消费成本中所包含的生态成本远远小于社会总的生态成本。经营者和消费者付出的生态成本可以称为内部生态成本，属于内化的生态成本，在此之外由社会付出的生态成本属于外部的生态成本，可称为社会生态成本。

外部生态成本或社会生态成本的实质，是私人经营和私人消费对公共资源的无偿使用和破坏。私人的生产、分配、交换、消费，是按照市场等价交换原则进行的，但市场价格没有囊括应有的全部成本，亦即经营者和消费者无须计算或没有计算生态成本，这使经营者的利润大大提高，消费者的代价大大减小，因而刺激了经济增长的动机并抑制了企业生态保护生态建设的动机。这对人民的生命健康享受造成了严重威胁和损害，并使商品经济增长速度的生态均衡条件遭到破坏，即商品生产的速度超过了生态成本与新增生态财富间的均衡关系。

只有将社会生态成本内化到经营者和消费者的负担当中去，经营行为和消费行为才会与商品经济增长速度的生态均衡条件相适应。

4.1.2 局域空间生态成本不计社会空间生态成本

企业是经济增长的执行者和主体，经济盲目增长的机制直接体现在企业身上，盲目增长的现象也主要表现在企业身上。但企业不是孤立地行动。企业与消费者之间的互动是经济增长的必要条件。另外，企业的背后是政府，政府对经济增长的支持状况，尤其是政府在多大程度上将社会生态成本内化到企业的内在成本中去，对企业的增长动力有极大不同的影响。

政府调控经济增长的目标有多高，对推动经济增长会采取多大力度的支持，取决于多种因素。在生态方面，就取决于对经济增长带来的生态成本增加持有什么样的态度，而对生态成本增加的态度，取决于对生态成本增加带来的资源紧张和生态福利破坏有着怎样的感觉和认识，取决于生态财富减少与经济财富增加对个人和局部利益的影响。而在这方面，不同的生态因素具有不同影响空间，因而不同空间范围的政府对同一生态成本会采取不同的态度。不同的生态因素对相应空间的公众也有不同的影响，而公众的态度又会在不同程度上影响政府决策者。

按不同生态成本对不同空间的不同影响，生态空间大体上可以分为社区生态、区域生态、国度生态和世界生态。不同的生态空间有不同的生态成本和生态态度。

社区生态是影响村组、工矿区、街道、小型市镇（镇本身）等一个居民居住区的生态因素，往往就是一个项目、一个企业直接影响所及的生态范围。一个项目、一个企业的生产经营活动排出的污水、污气，首先使周围的空气、土壤、水流受污染，使周边的居民、农民和本企业的职工受害，其占用的土地首先使周围空间狭窄，其发出的噪声首先使职工和周边的居民受扰。过去，公众的生态需求还不十分强烈，民主意识还不特别浓，造成很多企业、很多项目大胆妄为，给周边居民和职工造成了严重的生态伤害。随着人们的生态意识日益觉醒，随着人们反抗生态伤害的表达日益增加，生态社区的破坏常常有所减小，但不是每一个地区的群众都有充分的生态意识和意志表达，很多历史问题短时间内还难以解决，因此与周围不同程度的较严重污染“长相厮守”的居民和职工还非常多，一些农村地区污染和西部地区污染的程度还在加快。如果生态社区的决策者是企业本身，或者村组、市镇、街道的领导者在决策选择中对经济增长给予更大的权数，则这种情况就更加难以扭转。

区域生态是造成相互联系的具有共同生态问题的一个地区的生态影响因素，一般是以乡、县市、几个临近市等行政区划为代表的经济区的生态范围。区域生态可能大致和行政区划一致，但也可能很不一致，如一个流域、一个海域、一个草原等的生态问题。由于一个生态区域的生态问题一般要由当地的政府出面来解决，因此生态区域往往是一个行政区划的问题。社区生态和区域生态没有截然的划分，如一个经济开发区既可以看成一个大社区，也可以看成一个小区域。区域生态会发生一些社区生态不会发生的生态问题，或发生与生态社区同种的生态问题但具体情况又有所不同。一个流域、一个海域、一个草原的生态问题是许许多多企业共同造成的，需要区域政府乃至更高层次的政府来关注，而某一个企业某一个项目周围的居民、职工乃至政府都不一定很关心。一个地区地下水位的下降，是一个地区所有企业、居民、人口共同造成的，单个社区组成人员在大多数情况下可能会关注不够。一个地区污染严重，但单独的企业污染可能看起来不那么厉害，这都造成社区经济具有大于区域经济的投资冲动。

但是一个较大的项目和企业的影响不限于一个社区，而其区域性影响显著时，社区问题就演化为区域问题。2012 年 7 月 28 日，江苏省启东市当地群众担心日本王子制纸株式会社在南通兴建的浆纸一体化项目专用达标水排海管道会影响生态和近海渔业养殖，发生了数千人的示威游行活动，失控的人群冲入了市政府大院和办公楼，院内数辆汽车被掀翻，市委书记一度被群众扒去上衣。随后南通市政府研究决定，取消拟在启东市建设的日本王子纸业排污入海工程，但日本王子制纸 30 日发表声明，否认中国江苏南通工厂排污工程污染当地水源，称污水中含致癌物质的说法“毫无根据”。此事颇为复杂。如果不污染，还耗资 12.5 亿元修排污管道干什么？（受水源水质污染等因素影响，江苏癌症发病已经占到全国的 12%。启东市北新镇有个化工园区，区内到处排放着废气，废水没有经过处理就任意排放，当地人体内的转氨酶超过正常人，每年的征兵不能完成指标，但是北新镇地区老百姓依然喝着地下水。）如果王子制纸污染严重，那当地居民为什么不强烈反对？原因可能是王子制纸南通工厂污水经净化处理后排入长江了，对当地居民无影响。可是污染长江为何没人反对？据说，该排海工程接纳的废水，除王子制纸产生的废水外，同时还接纳南通、海门、启东一条线上的工业企业以化工、制革、印染、钢绳等行业为主产生的污水，其实那些小印染厂、小化工厂、小钢绳厂的废水处理水平远不如王子制纸，而这些小企业的工业废水最终流入内河。此外，南通重大工程——总投资 3 亿元的启（东）海（门）区域供水工程正式动工建设，按照计划，2013 年 7 月启东、海门两地居民将能喝上比较纯净、卫生的长江水，而水厂位于原来的排污口附近。由此看来，污水排海对绝大多数启东人没有损害，不排海反而对所有的启东人有损害，但为什么又遭到非常激烈的反对？据分析，这和海边养殖业和新建的别墅有关。因此，“启东事件”反映了不同空间人们之间生态利益的矛盾冲突，在同一个大空间，生态损失对不同小空间公众影响程度不同，因而其态度必然不同，这又会影响政府决策。其实，位居亚洲第一的王子纸业不从启东排污，也得从长江排污，或者经上海排污——把污水排到长江和大海中，人们就不关心了。我国许多河海污浊不堪，因为河海不是哪一个社区，也不是哪一个较小的区域污染的结果，受害的也不局限于哪一个较小的区域，小区域难有预防的积极性。这类问题没有大区域甚至国家层面的组织来控制就难以完善地解决。

很多生态问题在一个区域也没有较大的动力去解决，只有由中央政府来解决，因为那些问题是国家生态问题。比如，保证一个国家粮食安全的耕地总量，保证一个国家用水安全的水源总量，保证一个国家能源基本安全的能源来源等，都不是一个地方政府所能解决和具有急迫感的。河北省副省长、省委常委宋恩华在“2012 年中国城市发展论坛”上表示，现在把风沙挡在河北，把清风送给首都，把清水送给首都，把污染留在河北。我们为了给北京送去清洁的水，我们所有滦河、拒马河（音）两岸的企业两年前就全部关掉了。如果不是把这些企业关掉了，现在的财政收入和人均收入绝不是如此。所以我们呼吁，国家应该为我们所做出的奉献给予一定的补偿。这些问题都要求国家加强生态问题的计划性。区域生态利益与整个社会的生态利益不一致，地方政府比中央政府片面增长的动力大得多。自 2013 年 7 月上海自贸区获批以来，至少有 26 个省份在 2014 年的政府工作报告中明确写道要申报自贸区，有评论认为地方把自贸区当作过去跑马圈地、搞基础设施建设、以招商引资为目的的工业园区的居多。

更严重的生态困境是世界生态问题。最典型的莫过于碳排放。此外，在经济一体化的今天，能源、重要原材料、粮食等都是严峻的世界性问题。单一的国家对于这些问题都是站在经济需要和经济成本的角度上加以重视，都缺乏足够的动力从全球需要的角度对这些资源加以节约和保护。由于国家数量众多且都把经济利润和经济增加值放在第一位，协调起来十分困难。在资本主导的世界，这些生态问题给人类带来的困难、冲突和混乱不可避免。

由上可知，在不同的社会空间中，空间越小的经济单位，所需考量的生态成本越少，即只考量地域空间生态成本，大空间会发生许多小地域空间不会发生的生态问题，即社会空间生态成本，地域社会主体轻视社会空间生态成本，成为经济发展超越生态成本许可的趋势性机制。

4.2 放松生态生产

4.2.1 政府在生态生产中的主导作用

商品生产耗损的生态成本，一部分可以通过天然再生新生资源环境的恢复、改善和增加得以补偿，但通常这种资源环境天然再生新生补偿远远没有生态成本损耗的数量大，这就需要人类的生态生产活动创造生态产品加以补偿和替代。不过这种生态生产的补偿也往往达不到生态平衡和生态文明的要求。

企业应当是生态生产的重要力量，事实上也从事一些生态生产活动，如一些企业尤其是大型企业或公有企业会搞一些厂区绿化，少数企业会从事一些新材料开发、废物再利用，搞一些勘探活动，过去的集体经济搞了很多农田基本建设、荒地开发和水利建设等。然而，企业是否愿意实施生态生产，取决于自身投入产出之比。由于生态生产创造的不是经济财富，大多数不能通过市场盈利，因而实际上在市场经济中企业通过生态生产创造的生态产品是很少的。

生态生产的主要依靠力量是政府。企业和农民从事的很多生态生产都受到国家资助，或者完全使用财政开支而由企业替国家从事生态生产。如实施天然林保护工程，中央财政、地方财政和国有林业企业都要付出投资资金和安置资金。国家有生态补偿制度，即政府通过财政转移支付，对因保护和恢复生态环境及其功能，经济发展受到限制的地区给予经济补偿，以基本农田、水源地和重要生态湿地、生态公益林为生态补偿重点，以直接承担这些生态区域生态保护责任的乡镇政府（含涉农街道）、村委会（含涉农社区）及农户为补偿对象。大部分生态生产都需要国家直接或间接组织进行，如自然保护区、生态功能保护区、生态脆弱区的建设和保育，退耕还林、退耕还草、退牧还草、育林育草，野生动植物繁育，以及通过绿地建设、公园建造、工厂搬迁、废气废水控制等途径形成优良宜人的城市生存环境，还有兴修重要水利、大规模植树造林等。有些生态生产即使不是主要由国家出资，但也要由政府进行组织，如推行舍饲圈养以保护草场，轮牧，加强农村饮用水水源地的保护和监管，停采或关闭的矿山、坑口的土地复垦，农村生活污水和垃圾治理，村庄环境综合整治，畜禽养殖污染治理等。此外，新材料、新能源、生物新品种的开发，也难以完全依靠企业去完成。

正由于生态生产主要依靠的是政府，企业不可能具备充分的积极性，如果政府生态生产的力度不够，生态的不平衡或生态文明建设水平不高就是必然的。

不同层次的政府或不同范围的生态空间的政府，其生态生产的积极性也不相同。资源问题总体上是宏观问题，不要说社区，即使地方政府也不可能有充分的动力关心资源是否能够持续的问题。而在环境方面，生态社区如村组、市镇、街道等是局部环境的受益者或受害者，对局部污染也已比较敏感，部分社区可以成为局部环境的主要建设者。有些涉及生态区域如乡、县市等经济区的问题，地方公众和部分地方政府也相对比较敏感，具有一定的生态生产积极性。然而地方政府的生态生产积极性尚不足以完全达成生态平衡的目标，更有大量的生态生产如新能源等新技术开发、草原的恢复、跨区域污染问题的解决等有待中央政府去组织。

正是由于许多生态生产依赖高层次的政府或国家机关去解决，如果高层次的国家机关组织或财力投入的力度不够，则生态的不平衡或生态文明建设水平不足就是必然的。

4.2.2 生态生产的现实差距

我国的生态生产不断提出相关措施和目标，已经受到较大重视并取得了一定的进展。如 2000 年《全国生态环境保护纲要》提出，我国生态环境保护的远期目标是：到2030年，全面遏制生态环境恶化的趋势，使重要生态功能区、物种丰富区和重点资源开发区的生态环境得到有效保护，各大水系的一级支流源头区和国家重点保护湿地的生态环境得到改善；部分重要生态系统得到重建与恢复；全国50%的县（市、区）实现秀美山川、自然生态系统的良性循环，30%以上的城市达到生态城市和园林城市标准。到2050年，力争全国生态环境得到全面改善，实现城乡环境清洁和自然生态系统良性循环，全国大部分地区实现秀美山川的宏伟目标。实际上，按这个目标的表达，2030年之前环境仍然是继续恶化的趋势，只是部分地区得到改善，30%城市达到生态要求，到2050年环境才能得到全面改善，大部分地区而不是一切地区山川秀美。2011年4月21日，由50多位两院院士和数百位专家历时3年多完成的中国环境宏观战略研究成果发布，提出了我国环境保护“三步走”战略目标：到2020年，主要污染物排放得到控制，环境安全得到有效保障；到2030年，污染物排放总量得到全面控制，环境质量全面改善；到2050年，环境质量与人民群众日益提高的物质生活水平相适应，与社会主义现代化强国相适应。这一设想把遏制恶化和全面改善的时间表差不多提前20年。目前，我国大部分省都在开展生态省建设，大量地区开展了生态城市、生态县（市、区）建设，以及国家级生态乡镇、生态村建设，还有多种生态区建设等。

但生态生产未得到应用的重视，远未达到应有的规模。相对而言，经济发达地区对环境的改善做的努力多一些，经济落后地区做的工作少一些。有些落后地区的环境投入的落后程度还大于经济落后的程度，因为经济落后地区对经济发展的投入更为迫切。但即使在发达地区，环境投入也没完全到位，或者说，环境改善的努力未能充分抵消经济增长对环境带来的损伤。比如说，即使是一些“国家级园林城市”，其林木的分布还往往比较稀疏，而林木的密集对空气的改善、遮阳、夏季温度下降、交通安全带来的作用是非常重要的。农村多年水利失修，近年在一些地区有所改善但也并非理想。企业环保研发投入严重不足，环境技术开发创新体系建设进展迟缓，相关科研、设计力量薄弱。在中央层面，对生态维护的财政转移支付、对公益性的各种大型环境工程的财政投入、对自然保护区的建立与建设以及对生态建设者的各种税收优惠、补贴等不断增加，但总体资金有限，难以满足全面需要。我国尽管已经初步建立起了比较完整的环境资源法律体系，有关法律、法规中对生态补偿也做出了规定，但这些规定大多是原则性的，缺乏实际操作性。例如，没有考虑对生态环境保护活动所产生正外部性进行补偿。[①]准确地说，不是没有补偿，而是补偿不全面，力度不够，难以通过经济刺激引导市场主体积极自觉地进行生态建设，同时为农业生态补偿筹集资金的税费制度还尚属缺乏，也不利于为农村生态建设筹集资金。

据2008年2月19日《经济日报》报道：韩国银行日前公布的资料显示，2004年韩国环境保护支出额占GDP的比重为2.87%，2005年上升至2.96%，2006年达到3.13%。这一比重奥地利是3.49%，英国是1.21%，法国是2.05%，比利时是2.23%，德国是2.85%。从韩国环保支出部门分布看，企业占51.1%，政府和家庭分别占43.3%和5.6%。这意味着2006年政府环保支出占GDP的1.36%。中国2011年全国公共财政支出中节能环保（主要为环保）支出为2 640.98亿元（据全国公共财政支出决算表），占全年国内生产总值471 564亿元的0.56%，2012年这一比值是0.57%，从比重上看，显得很少，但中国比发达国家污染程度严重得多。按原国家环保总局和国家统计局联合发布的《中国绿色国民经济核算研究报告 2004》估算，要处理好2004年点源污染物，加上每年治理运行成本，约需当年GDP的8.60%。

4.3 忽视生态效率

4.3.1 对经济生产的生态效率重视不够

增长主义追求的是经济增长的速度和规模，片面追求速度和规模必然忽视和降低经济效率，而经济效率当中包含着生态效率。

在广义的生态效率即经济增量与生态成本的关系中，企业或微观主体生态效率、国民经济生态效率和生态利用最终效率都容易被忽视。

企业无须核算生态成本，必然导致生态成本高而企业生态效率低。生态效率低下的状态多数是直接由追求利润最大化的企业、追求经济效益最大化的个体户和农民的活动造成的。一些企业管理水平低下，技术装备落后，造成能源、原材料、水、土地的利用率较低，这种低利用率既是经济效率低的表现，也是生态效率低的表现。

---

① 蒋华林、陈彪、邵泽义：《西部生态补偿机制的法治化型构》，载《商业时代》2009年第13期。

一些企业污染较为严重，等于同样的经济产出需要较多的环境破坏，也是企业生态效率低下的一种形式。

不少严重的资源浪费和环境破坏问题是整个社会和政府忽视生态效率造成的，因为微观经济主体的行为要受宏观经济政策和国家行政管制制度的影响，国民经济还有一个资源配置是否合理的问题。在土地和空间非常紧缺的情况下，如果允许存在大量空置房，那就造成土地资源、生活空间、绿地以及一些建筑资源的浪费，所以许多国家不允许住房成为闲置着的投资品。如荷兰法律允许人们无偿入住闲置一年以上的空房。瑞典政府甚至将无人居住的住房推倒，或把闲置住房征用，用作廉租住房租给无房户。通过这类措施，荷兰和瑞典房屋闲置率均不超过 2%。在德国，在房屋闲置率超过 10%的市镇，当地政府也会推倒那些无法出租的住房。而法国、意大利和英国，法律针对闲置房业主出台了一系列处罚措施。如在法国的一些城市，房屋闲置的第一年，罚金为房款的 10%，第二年为 12.5%，第三年为 15%，以此类推。丹麦政府则在 50 多年前就开始对那些闲置 6 周以上房屋的所有者进行罚款，房屋闲置超过两个月政府会强迫房产所有人免费供他人使用。美国住房出租税率是租金的 30%左右。在美国亚特兰大，租房者不仅不用付房租，还能因为租住在偏远地区而得到补偿，在该城市一些地区，甚至还有业主出钱让人租住其房屋以逃避因房屋闲置而面临的处罚。美国的克利夫兰和巴尔的摩等城市也将空置房推倒。由于空置房也能增加 GDP，如果受增长至上观念的影响，就可能允许存在大量空置房。大量空置房的产生，虽然单位土地产出经济产品未变，企业生态效率和经济效益未变，但对整个社会来说，浪费了资源投入带来的是无效产出，造成整个国民经济生态效率低下。我国从 20 世纪 80 年代开始，就大力推动经济增长方式的转变，力图使国民经济增长方式从粗放型转变为集约型。粗放型经济增长方式就是靠资源要素投入推动经济增长，就是国民经济生态效率低下的经济增长方式。粗放式经济增长方式得以延续，与国家对经济增长的管理政策有关。例如，如果节能减排的要求提高，企业达不到一定标准，就不能开工；如果提高劳动工资成本和土地购买成本，不维持本币低估状态，不搞出口退税，那就会迫使企业在科技创新、提高生态经济效率上面下工夫；如果企业不能充分提高生态效率而不能扩大生产，社会生产规模和宏观经济增长速度就只能下降。但是如果在心目中经济增速重于资源环境效率，有意无意地觉得为了增加产出而多消耗点资源环境也没关系，那么对企业节能减排的要求就会放宽，或者通过其他政策维持粗放式增长。

国民经济生态效率还不等于生态利用最终效率。生态利用最终效率是社会总福利增量与社会总生态成本之比，而经济产品产出量不等于社会福利增量，因为经济产品的结构、质量和分配的不同，其给社会成员带来的福利总量是不同的。有人指出，1999—2009 年我国共垮塌大桥 30 多座，而且都是近 30 年内建成的。还有人指出，在大地震中旧楼不倒新楼倒，还有那些伪劣产品层出不穷等，说明经济产出不等于福利产出。而这种情况的产生原因之一，是为了追求更高的增长速度而对质量把关不严。2013 年 8 月媒体报道，在“鬼城”现象突出的情况下，国家发改委课题组对 12 个省会城市调查显示，平均每个城市要建 4.6 个新城新区；144 个地级城市，平均每个规划建设约 1.5 个新城新区。这些新城区的建设，必将包含巨大的生态浪费。

4.3.2 提高生态生产效率和要素生态效率动力不足

在狭义的生态效率即生态产出与生态成本的关系中，或就某种单一要素的生态效率而言，无论要素生态生产效率、社会生态生产效率和要素生态效率，也都存在生态效率容易被忽视的倾向性。

要素生态生产效率就是社会在生态保护、生态修复、资源开发、生态创造诸多方面活动中的效率，由于生态生产或者是商品生产的一部分，或者需要模拟商品生产来进行，因此，这些方面的效率也就是生态生产过程中的经济效率。经济效率不高也意味着生态效率不高。

社会生态生产效率即社会新增生态财富与社会生态成本之比，其基础是微观狭义生态生产效率的加总，但是有一个宏观社会生态生产的结构和质量问题，即那些更重要的生态生产，值得投入更多的生态成本和其他经济成本去实施，并且要确保其生态产品的质量。微观生态生产效率和社会生态生产效率的高低，一方面受经济效率制约，另一方面也受重视程度的影响。而我们知道，目前社会对生态效率的重视程度远低于应有的程度。

要素资源效率（经济产品/某种自然资源消耗）具有特殊的重要性。人们经常所说的转变经济增长方式，提高经济效率，很多问题最终都归结为要素资源效率上来，如前面提到的能源利用效率。再如，一个地区，一个国家，在一定时期内可利用土地空间是有限的，如何在既定的土地上形成更多的产出，就需要进行产业选择，而那些高附加值和高技术产业，就可以在既定的土地上形成更多的经济产出，服务业也可以在既定的资源环境成本下带来更多的增加值。提高要素资源效率的基本途径是科技创新，而我国科技创新的动力一直不足，因为我国多年来企业盈利非常容易，做低端产品便可以获得不菲的利润，甚至靠“寻租”获利更容易，而高端技术研发投入大，风险高，所以大量的企业便安于现状，不去花大力气进行科技创新。自主创新不仅需要资金的投入，也需要良好的社会文化氛围，企业在急功近利、快速致富的浮躁的社会心态下，自主创新是难有较大生长空间的。此外，地方政府热衷于搞政绩工程，搞立竿见影的短平快项目，在行政化、关系化、官僚化充斥的学术界和科技界，科技评价机制和人才评价机制充满漏洞，造成科技经费分配不合理，人才激励不公正，都在遏制科技创新效率的提高。

本书第 1 章讲到，经济增速与生态效率以及生态生产的平衡条件是：在经济增长状态中，要求“经济增长速度－资源增加速度”≤要素资源效率（单位经济产品/单位自然资源消耗）提高的速度或≤国民经济生态效率提高的速度；在生态效率不变的情况下，要求经济增长速度≤“新增生态财富－生态成本”的增加速度；在资源环境总量不变的情况下，要求经济增长速度≤国民经济生态效率提高的速度，或经济增长速度≤社会生态生产效率（“社会新增生态财富/社会生态成本”）的提高速度。但是，生态效率的提高速度往往都是很慢的，如果完全受生态效率和生态生产发展速度的制约，经济增速必然使决策者感到太慢，而企业根本就不必顾及生态效率，于是，超越生态效率提高和生态生产发展速度的经济推动活动就出现，经济生态平衡的状况由此就被打破或者进一步恶化。

4.4 轻视生态福利

4.4.1 企业的误导与消费者对经济福利的追求

对社会而言，生态福利与经济福利、社会福利是人的全面需求，在三者之间有一个合理的比例，才能更好地提高人们总福利水平。然而，不同的主体，对不同的福利追求的程度不同。

以利润为目标的私有制企业、模拟私有制企业自负盈亏的公有制企业，推动着社会追求最大可能的经济福利。通常讲，企业的经营活动要围绕着消费者的需要来进行，这被称为“消费者主权”，然而这只是事情的一个方面，事情的另一个方面是“生产者主权”，即生产者生产什么，消费者就消费什么。一个时期流行什么服装，不是由消费者决定的，而是由服装设计师和服装经销商决定的。人们使用什么样的手机，也不是消费者决定的，而是手机开发厂商决定的。企业不仅诱导着消费的方向，而且诱导着消费者消费的数量。消费品的不断更新换代、冗余消费、奢侈消费、错误消费往往都是企业误导的结果，而消费者往往陷于盲目的消费活动之中。现代科学早已证明，各种保健品对人们的健康作用不大，但一些保健品厂商抓住人们注重健康的心理，大做夸张广告，俘获了大量的消费者。脑白金广受质疑但生产者仍然大发其财。汤臣倍健的主要业务是膳食营养补充剂的研发、生产和销售，2007—2009 年的营收三年平均增长率为 78.46%，净利润三年平均增长率为 107.79%。其上市发行市盈率高达 115.29 倍。上市之后，2010—2013 年的营业收入分别同比增长 68.58%、90.12%、82%和 40%。控股家族财富 19 个月就从 3 000 万元增加到 80 亿元。再一个可笑的例子是，天然食物是提供优质蛋白的最佳来源，在食物丰富多样的情况下，完全能满足不同人体对蛋白质的需要，而不必要地补充蛋白质粉却会产生副作用，但是人为加工的蛋白质粉却在市场上大行其道。

现代的一些大企业不是股东决策而是代理者决策，但决策机制不但保留了利润最大化的基本机制，还增加了代理者的利益动机。管理主义厂商理论对企业家（经理）的行为目标提出了一些判断。其中的莫尔模型说明，企业的规模是与对管理者的补偿有关的重要因素，职员和资产较多的公司倾向于提高主要管理者的薪水，因此管理者有动机使投资水平超过仅从利润最大化考虑所需要的数额。马里斯模型认为，经理有 3 个支配性的经营决策动因：收入、地位和权力。企业家一方面希望得到与增长联系在一起的威信、地位和薪金，另一方面又希望从企业在股票市场的地位以及避免被解雇的安全境地中保证利益。威廉姆斯指出，收入、地位、权力由于公司规模的扩大而得以增强。以上说明，企业领导者的效用函数决定了代理者可能比资本家增长的动力更大。社会主义市场经济条件下的代理者同样比所有者增长扩张的动力大得多。

公共媒体本来应当是公益性事业，但是现行经营机制使电视台、广播电台、报社的个人收入和单位支出与单位的创收密切相关，网络更是自负盈亏的盈利单位，媒体便成了冗余广告和虚假广告的泛滥场所。具有现代艺术形式的广告具有极大的诱惑力和潜移默化的影响，让人们超出正常需要去过度地购买消费品。广告直接的知觉诉求，使人有身临其境之感；广告的情感诉求采用富有人情味的方式诱发人们的购买动机；广告的观念诉求不仅树立一种新的消费理念，还改变旧的消费理念，使消费者的消费理念向着有利于企业的方向变化；广告的理性诉求本应直接陈述商品的好处，但虚假诱人的陈述往往让人信以为真。

消费者在企业和媒体的强大攻势面前并不总是理性的。面对电视上家庭和办公室的“豪装”，我国居民在装修上的投入真是有点“比学赶超”。我在电视上曾经看到中国装修协会秘书长的家里什么装修都没有，几乎就是水泥地面水泥墙，家具也十分简单，他认为简约就是美，实用就行。前几年简单装修房子不超过 1 万元，而同时很多人装修都是 3 万～5 万元，如今，不要说富翁，一般市民花十几万元装修已经很平常。据说，中国消费者春节平均每天挥霍掉 87.5 亿美元，春节燃放鞭炮每年浪费数十亿元，还污染环境，炸死炸伤很多人。很多人存在“别人有了我也要有”，“不买对的，只选贵的”等心理，购买东西时对顶级品牌往往不惜重金。署名潘涛的和讯网文章称，在西方发达国家，消费者平均只用自己 4%的财富去购买奢侈品，而中国的中产阶级奢侈品消费者，不惜花去自己收入的 40%，甚至花更多的钱去追求奢侈的感觉，如 5 千元月薪者提 3 万元 LV 包。印度近 3/4 受调查者表示，自己对于花大价钱购买奢侈品并不感到内疚，因为他们把买得起奢侈品看作国家经济发展的一个标志。

企业主知道生态福利是重要的，清新的空气、清洁的水源、宜人的气候、美丽的风景，以及保证食物等生活资料安全优质的各种自然环境等，是令企业主非常向往的。但那是需要社会集体行动才能实现的境界，集体行动才能实现的事情，“那和我又有什么关系呢”？企业只需要考虑利润，而无须考虑生态福利。

消费者也知道生态福利是重要的。但是消费者单个人减少消费对生态福利的保护和增加作用几乎为零，但对于集体节约才能使生态福利得到保护的事情，“那和我又有什么关系呢”？于是，物质的享受推动着一个个孤立行动的消费者为企业的异化生产提供市场。至于食不果腹或住无所居的穷苦人，在物质需求面前，生态福利似乎是一个可有可无的奢侈品。不仅如此，生态财富只能共同消费，生态福利只能共同享有，就算消费者愿意把自己的货币选票花在生态财富上，这个钱在大多数情况下也花不出去。你可以到海南、大连、庐山去购买别墅，享用新鲜的空气和不冷不热的气候，海南、大连等好地方占完了，你也可以坐飞机到新疆度假，还可以移居旧金山、洛杉矶，但社会尚没有一个机制，如果消费者愿意花钱消费好环境，社会就会生产出好的环境来。

因此在一个自发或比较自发的市场经济中，自发的生产流通和消费活动倾向于过度追求经济福利，结果是，经济增速快于生态条件的许可，经济福利的增加无法弥补生态福利的减少，不能保证社会福利应有的增加。这种情况严重时就会使生态福利低于社会“可接受阈值”，直至下降到社会所不能容忍的地步。环境群体事件的频频爆发就是其表现。

4.4.2 精英的误导与决策者对经济生产的追求

微观的决策者是经营者和消费者，宏观的决策者是国家。通常说宏观决策者是政府，这有些模糊，问题是政府是谁？政府是怎样做出决策的？在企业，决策的做出是所有者与管理者博弈和协商的结果，而国家决策的做出则是经过多种利益集团博弈最终由掌权者做出的。影响决策的利益集团至少包括社会大众、精英阶层、金融寡头、决策层和最高决策者。“国家”即通常所说的政府也是分层次的，每个决策层又包括不同的机关。

社会大众在宏观决策或社会决策中的意愿与作为消费者个人的意愿并不相同。如果一个居民作为消费者觉得一件商品能给自己带来 3 个单位的经济福利，并且与 3 元钱相当，他就会把 3 元的货币选票投向这件商品，而作为社会公众他可能觉得增加生产此商品带来的生态福利损失为 4 个单位，相当于 4 元钱，他就会用政治选票否决这个商品项目。福利作为效用具有主观性，居民判断某一经济福利是 3 个单位或 4 个单位，而某一生态福利是 4 个单位，或者是 5 个单位，理论上没有对错之分。公众的福利是用来满足公众需要的，公众认为怎样的福利更能满足自己的需要，那就是怎样的福利更能满足自己的需要。通常而言，如果一个社会由公众做出选择，那将是多数人判断和意志表达的结果，也是最不坏的结果。当然，符合多数人认识和意志的决策并不是没有弊端。一个问题是，这个人和那个人的判断是不同的，而且在一项决策中经济福利和生态福利的变动，不同的人增加的或减少的经济利益各不相同，不同的人增加的或减少的生态利益也各不相同。这需要建立补偿机制，获得经济利益较多的那些人必须对生态利益损失较大的人做出必要的补偿。由于局部公众对于环境具有使用权，局部公众应当对补偿不足的高层次项目决策具有否决权。

公众对经济福利和公众福利的判断不会固定于一个选项，而是可变的。部分公众做出的选择，在另一些人、学者或官员看起来是不理性的，而事实上也很可能在一定程度上是不恰当的；以前的决策具有不科学的因素，由公众做出的决策以后就会改变。影响公众福利选择及其变化的因素，除了人类文明观念的历史变迁外，也受同时代的精英阶层、经济控制者和政治控制者的影响。

重要的是，公众往往不能直接做出决策，普通公众的影响更是比较小。

精英阶层是社会公众的一部分，包括科学家、经济学家、记者主编、网络上的“意见领袖”，包括大型企业的大股东和管理层，包括政府决策者及决策者周围的大秘书，中央政府各部门制定法律政策时的咨询专家、人大代表、议员等，即学、商、官三界“精英”。在经济与生态决策的过程中，精英阶层与一般群众之间以及不同的精英阶层之间态度会有所不同。不可否认，学界精英在批判 GDP 崇拜，揭示环境问题，宣传生态福利的重要性方面发挥了很大的作用，但片面推动经济增长的倾向也很大。比如，科技工作者对创新活动的宣传和支持较少地放在不盈利的生态科技方面而主要放在一般商品科技创新上；对一些不太重要或可能有副作用的技术抱有支持的态度，例如对添加剂、转基因、化肥农药、化学药品、外科手术的副作用力图淡化或否认；地方媒体的宣传口径与地方政府要完全保持一致，对以上项目赞赏有加，而对环保漏洞避而不谈；很多经济学家把西方宏观调控思想当作自己的思维范式，虽然反对财政赤字过多，反对滥发货币，但一遇具体经济困难，总是认为扩张性货币政策和积极的财政政策是经济增长的促动者，常常主张为拉动经济而刺激消费，而不是主张适应消费需求和生态需求而组织生产。自不待言，商界精英在经济增长过程中会获得大比例的经济利益，而生态福利差不多是精英与公众相对均分的，商界精英的经济利益与生态福利之比会大于其他阶层，因此，这一阶层会倾向于向决策层施压，并向社会公众施加影响，在经济增长与社会生态福利之间向经济增长倾斜。我国的官界精英，在近二十几年中个人收入与当地财政收入正相关，“三公”消费和“回扣工程”的便利程度也与经济规模正相关，加上财政收入更多地用于官界精英所在的城市，所以官界精英的意愿也是在经济增长与社会生态福利之间向经济增长倾斜。

商界精英的顶层是金融寡头，按照列宁的定义，金融寡头也包括控制工业的大富翁。掌握大量资本的外来投资者和商贸界人士实际也是金融寡头。无论对于大众还是对于政府，金融寡头都比一般商界人士具有更大的影响力。如美国的院外集团游说对政府决策影响不小，资本主义国家的竞选资助使当选者暗中照顾大财团，不同形式的官商勾结使政府官员成为资本家的代言人，金融寡头把持着国家的主流媒体和门户网站。金融寡头的影响力使政府支持了一些不那么特别值得支持的企业行为，如资本控制的媒体经常大肆渲染企业的困难，而让财政金融政策出手相助。

官界精英的顶层是直接做出决定的人。在当今的世界上，国家经济决策都是由政府主要官员直接做出的。环境破坏，官员不仅受到社会压力，自己也身受其苦，所以主要官员也有很大的动力保护和改善环境。但是官员决策并不能达到经济生态平衡。第1章讲到了生态制约下社会商品经济最佳发展速度的基本均衡条件：①商品生产与生态生产的均衡条件是：商品生产与生态生产的边际转换率＝商品福利与生态福利的边际替代率。②社会总福利最大化的均衡条件是：单位生态成本产生的商品福利＝单位生态成本减少的生态福利。这意味着，只有增加一单位商品生产带来的经济社会福利，大于一单位商品生产消耗的生态成本损失的生态福利，这一商品生产才是值得进行的。但官员对经济福利的重视程度可能偏高，而对生态福利的重视程度可能偏低。首先，某一政府经常面临较大的经济压力，如公务人员的工资福利发放，社会保障和失业方面的矛盾，地区间国家间的经济绩效比较等，而环境问题，除非有重大污染，否则看起来像个软任务。其次，经济增长给决策者个人带来的经济利益，往往大于人均经济利益，此外还有显示个人政绩的政治利益，还可以缓解主要官员个人面对的矛盾，而生态利益对每个人可能都是相同的。如果某一项目给所有人带来的生态福利损失都是1，给公众带来的人均经济福利是0.8，给主要官员带来的经济政治利益是2，那么主要官员必然决定这个项目上马。最后，官员如果是外地派来的，他用不了多久就会转走，甚至退休后可以移居国外。所以，在增长主义倾向的氛围下，专断性决策机制导致社会所认可的单位生态成本带来的商品生产的福利增加程度，在概率上往往小于社会所认可的单位生态成本导致的生态福利的减少程度。

4.5 片面推崇效率，藐视生态公正

4.5.1 对公平与效率关系的不正确理解

从思想认识和价值观的角度看，在一些政治家和一些学者的意识中，生态的公正远没有增长的速度更重要。在这方面，“效率优先”的思想是有代表性的误导性观念。

效率和公平总体上是相互促进的，没有谁先谁后的关系。比如按劳分配既公平又促进效率，平均主义和两极分化既不公平也破坏效率，把教育和卫生事业当作公益事业来办、增加农业财政经费也是既公平又促进效率的措施。只有公平地切好蛋糕才能有效率地做出又大又好的蛋糕；而只顾做蛋糕，不能公平地切蛋糕，则会带来两极分化、生产过剩和生态危机的并存，从而把蛋糕做坏。因此，公平与效率应当相结合，或者应以公平促效率。但自从20世纪80年代中期有学者提出“效率优先、兼顾公平”的主张以来，轻视公平的倾向一直存在。这种提法符合了社会和决策层快速发展经济的主张，也适应了人们不满意计划经济时期缺乏物质刺激政策的心理，十分流行。虽然很多学者充分论证了而且多次指出“效率优先”的提法既不合逻辑，危害也很大，但被人们说习惯了的东西却流行起来、难以改变。强调“效率优先”的观念虽然在2005年10月党的十六届五中全会提出“更加注重社会公平”后有所改变，但改变的程度非常小，而且还有些人认为应当继续坚持“效率优先，兼顾公平”的原则，认为“效率优先”是我国改革开放30多年来经济取得巨大成就的一个重要原因，这一分配政策是经济效率与社会公平之间的最佳抉择；不要忽视、不要忘记“效率优先”，因为经济的发展归根到底要靠效率，要把蛋糕做大就要靠效率，这是我们重视公平、改善公平、增进公平、缩小差距的基础和前提。[①]

“效率优先”观念的基本错误是把“效率优先”理解为发展生产力优先，而且发展生产力不是被理解为提高生产的效率和能力，而是被理解为扩大生产的规模和

---

① 师曦：《注重公平与强调效率优先没有本质冲突》，2006年8月21日《光明日报》。

速度。效率，本来是指经济活动中投入与产出之比，它表示资源有效利用的程度。提高效率就是以尽可能少的资源生产尽可能多的财富。按效率的本来含义，GDP的增长不等于效率提高，经济增长方式转变才是效率提高，效率提高和经济增长可以同步，也可以不同步。但对“效率优先”的主流解释是：效率优先实质是发展生产力优先，即分配制度和分配政策要以促进生产的发展和经济效益的提高为首要目标，或把生产要素的收益和各要素的经济效率挂钩。如果真的是通过提高效率发展生产力这也没有错，但这一原则的推行过程中产生了一系列问题：①在人们实际的模糊观念中，“效率优先”就是发展“生产”（不是“生产力”）优先，所以大批人推动“效率优先”实际是在搞经济增长优先，其结果是高消耗、高污染。②在推行“效率优先”的过程中，由于各级政府只注重经济增长，而不注重增长方式转变，“效率”并没有被优先，反而被忽视，其结果是生态效率下降。③效率又往往被理解为效益，哪个企业的效益好，就被看成是企业或领导者效率高，因而高分配，而效益高的原因并不一定是效率高，所以收入与效益过分挂钩加剧了分配不公。总之，“效率优先”被理解为对经济增长的重视程度要超过对社会公正的重视程度，这种片面的分配原则不仅造成两极分化，加剧生态恶化，而且由于收入分化造成消费不足，生态恶化造成生产发展遇阻，反过来制约了经济的顺利增长。

公平既是提高经济效率的保证，也是促进经济和社会全面进步，实现共同富裕的社会主义目标的要求。但主流社会思潮却仅仅把“公平”置于被“兼顾”的地位：对“兼顾公平”的一种理解是，应当在重点关注经济效益的同时，对公平应当予以“适当的关注”，当经济效益问题和公平问题两者出现矛盾的时候，应当首要考虑效率而不是公平，有时甚至为确保“经济效益”可以暂时牺牲“公平”；另一理解是，兼顾公平，是指社会要将收入差距控制在合理的范围内。这些理解低估了公平的作用，并割裂了公平与效率的关系。而在实践中，由于对公平的忽视，“公平”实际上也没有被很好地“兼顾”起来。

4.5.2 对生态不公正问题的严重忽略

在实践中，一些人不仅重增长、轻生态，而且对生态公正的认识更加不到位。一个县级市污染本来已经很严重，但其上级地级市市委书记却认为该市经济发展的优势是“环境空间大”，再污染点也没有关系。生态破坏的灾难让别人去承受，经济增长带来真金白银的益处却能让增长的主导者企业和官员得到利益，这是对生态公正没有重视到位的根本原因，也是生态不公正的首要表现。一部分人利用资源环境获取大量经济利益，而给社会带来严重的环境污染和资源耗费，是广义上的生态不公正。

分配不公及其带来的消费不公也是广义的生态不公正。社会主义经济公平的核心要求是经济利益平等，而经济利益不平等不公正的本质之一是社会成员利用资源的不平等。住大别墅与住小户型房屋对生态的影响大不一样。部分国有企业利用自己控制的国家资源滥发工资，而很多单位收入却很低，不仅严重违背利益平等原则，也违背按劳分配原则和市场工资原则。由于这一问题和 GDP 增长比较起来显得无关痛痒，对公正的认识不到位以及利益纠葛，“解决”了 30 多年，仍然见不到能解决这一问题的措施出台。

直接的生态不公正更为明显。我国农村有大量的人喝不上干净的水，大量耕地受到污染，除工业污染外，城市垃圾也是重要污染源。据国家统计局统计，2005 年我国城市生活垃圾清运量为 15 776.8 万 t，而生活垃圾无害化处理率仅为 51.7%，大量未经无害化处理的生活垃圾转运到了农村地区，而农村地区自己每年还有产出的 1.2 亿 t 的生活垃圾未经处理而露天堆放，农村每年可产生总垃圾量估计超过 2 亿 t。在这种“环境不公”情况下，过去多年，我国污染防治投资几乎全部投到工业和城市，农村的环保设施几乎为零，即对这种“环境不公”似乎都没有怎么“兼顾”。2010 年，我国城市生活垃圾无害化处理率达到 77.9%，2015 年达到 80%，农村治污也会加强，但不等于过去没问题。

鼓励购买小汽车是为了“效率”（实为增长）而直接牺牲公平的又一事例。汽车使用的汽油约占全球汽油消费量的 1/3，成为吞噬石油资源的无底洞，汽车制造本身也消耗资源，而且一辆轿车一年排出有害废气比自身重量大 3 倍。汽车废气含有上千种化学物质，如一氧化碳、氮氧化物、碳氢化合物、醛类等气体和炭黑、焦油、重金属等颗粒物。由于汽车废气的排放主要在地面上方 0.3～2 m，正好是人体的呼吸范围，对人体健康的损害非常大。一氧化碳与血液中的血红蛋白结合的速度比氧气快 250 倍，导致携氧能力下降，给人造成可怕的缺氧性伤害，轻者眩晕、头痛，重者脑细胞将受到永久性损伤；氮氧、氢氧化合物会使易感人群患上眼病、慢性气管炎、支气管炎等疾病及呼吸困难、肺功能下降，甚至肺水肿等症状；尾气中的苯并芘类物质被人体吸入后不能排出，积累到临界浓度便会引发肺癌、甲状腺癌、乳腺癌等。此外，堵车已成为中国城市人的生活常态。可是汽车仍被当作支柱产业，在遇到经济困难时往往实行财政购车补贴。客观上，有钱人享受着快捷、舒适、潇洒和身份感，坐在车内还不一定呼吸到多少汽车的尾气，而其他人则只能在“恶毒”的气体中吞云吐雾，可谓是极大的不公正。

第 5 章

增长主义的生态危害、社会危害和经济危害

"增长主义"把经济增长本身作为目的，偏离了经济增长的根本目的——最好地满足人民群众的物质需要、文化需要和生态需要，必然超越经济—生态—社会发展规律而追求较高的经济增长速度，使社会付出过多的生态成本，耗费、占用和浪费过多的生态财富，破坏生态文明；必然威胁经济的可持续发展，推动通货膨胀，孕育金融危机和经济危机；必然使增长逻辑和资本逻辑冲击社会主义的社会逻辑，使利益向资本倾斜而加剧社会不公和生态不公。在前面的叙述中，对增长主义在实践中造成的多方面严重危害已从不同角度多有提及，本章进行系统的证明和批判。

5.1 生态资源高度紧张

5.1.1 世界自然资源日益紧张的局面

由于对经济增长过度追求，使人类社会的生态成本过高，资源消耗和占用数量过大，世界生态资源呈现日益紧张的局面。

水资源首当其冲。生产发展的影响使陆地水大量减少，水污染进一步减少可用水源，而生产规模扩大和生活方式改变使水需求不断增加，结果水问题日益严重。2009 年 12 月，世界银行联合其他一些国际机构共同发表的一份关于水资源状况的

报告指出，目前已有约 20 亿人口生活在水资源紧张的地区，而在未来 20 年内，全球范围对水资源的需求将增加 40%，一些发展中国家的需求可能增加 50%以上，到 2030 年全球将有 1/3 的人口分布在水资源高度紧张的地区。此外，过度捕捞和污染已导致 1/3 的鱼类资源枯竭，可用海洋水资源容量也减少。

耕地紧张形势也很严峻。一方面，经济发展推动粮食需求剧增。粮食深加工、畜牧业和用粮轻工业的发展使得粮食消费量呈台阶式增长。人均粮食消费数量，农耕经济社会为 200～300 kg/a，向工业化城市化转型的国家为 400～600 kg/a，工业化成熟期的国家为 600～900 kg/a。经济发展刺激了生物能源发展，全球 20%的豆油、东南亚 30%的棕榈油、全球 20%的菜籽油用于生物柴油生产，美国用于生产燃料乙醇的玉米产量相当于全球玉米的 15.6%，美国确立大规模生物能源政策后粮食消费水平向人均 1 000 kg/a 的方向发展。与此同时，人口总量持续攀升，2011 年 10 月底全球人口已突破 70 亿大关，而据估计，全球人口会在 2025 年达到 80 亿。目前全球有近 9 亿人的粮食安全得不到保障。另一方面，经济活动推动土地面积下降。近年来，沙漠化影响到 20 亿人的生活，还有大约 10 亿人面临沙漠化的威胁，每年消失的土地可生产 2 000 万 t 的粮食。新开发耕地成本非常大。

能源紧张的局面同样严重。据美国能源情报署的预测，2001—2025 年，全球能源消费总量将从 102.4 亿 t 油当量增加到 162 亿 t 油当量，增幅为 54%。根据《BP 世界能源统计 2006》的统计数据，全球石油探明储量可供生产 40 多年，天然气和煤炭分别可以供应 65 年和 155 年。随着时间的推移，化石能源的稀缺性越来越突显。

5.1.2 中国资源紧张更为严重的局面

虽然世界上一部分重要资源在多数国家的人均拥有量没有中国多，但整体上中国达不到世界平均水平也是事实。中国人均水资源量仅为世界平均水平的 1/4，人均土地只有世界人均土地的 1/3，人均耕地不到世界的 1/3，中国人均矿产资源储量潜在总值只有世界平均水准的 58%，大多数矿产资源人均占有量还达不到世界平均水平的 50%，我国的煤、油和天然气人均资源占有率只能相当于全球人均水平的 55%、11%和 4%。

中国经济增长速度快，资源利用效率低，资源消耗更大，进一步使资源状况比世界更紧张。2009 年 11 月水利部公布我国水土流失面积已占国土面积的 37.1%。2013 年 11 月水利部副部长刘宁称全国水土流失面积仍占国土面积的 30.7%。水资源污染严重也造成可利用水资源大量减少。由于水利年久失修，水土保持不力，一些地区的水资源枯竭。过去 30 多年，中国优先推进工业化和城市化，大量侵蚀良田，18 亿亩的农田红线岌岌可危，据国土资源部提供的资料，1996—2003 年，中国耕地面积 7 年减少了 1 亿亩，等于每年消失两个海南省面积的耕地。土壤退化也很严重，占全国粮食总产量 1/5 的东北黑土区的黑土层在过去半个多世纪里减少了 50%，而且几百年才形成 1 cm 的黑土层还正以每年 0.3～1 cm 的速度消失。许多地方"越穷越垦、越垦越穷"。粮食需求方面，1980—2009 年中国用于家畜饲料的粮食增加了近 1 倍，2010 年饲料粮的需求已占谷物需求的 63.55%。在能源方面，2010 年 5 月国家发展改革委能源研究所课题组的文章指出我国煤炭储采比为世界平均水平的 33.8%，石油为 26.5%，天然气为 53.5%。目前，我国煤炭、石油、天然气全部是净进口。

5.1.3 资源紧张与盲目增长的密切关系

资源紧张和增长主义密不可分。各地招商引资大战是牺牲资源环境换取经济增长的一个典型表现。为了把资本争夺到本地区来，一些地方政府实行所谓零干扰、零门槛、零距离的"三零政策"，在土地、税收、资源、环境等方面付出很大的代价。地方政府的心理是，不怕让利给你，就怕你不上门投资。各地优惠政策大比拼造成恶性竞争的加剧，使得内外资本趁机圈地、套利、转移污染。如果一个企业依靠土地等方面的成本优惠而得以生存和发展，那就说明这种企业是低效率的，而低效率的企业能够生存和发展，只能说明这些企业极大地浪费了资源。

注重速度必然轻视质量。住房和城乡建设部住宅产业化促进中心一位副主任说，国内住宅的平均寿命仅仅为 30 年。住房和城乡建设部一位副部长透露，中国建筑只能持续 25～30 年。英国建筑寿命则为 132 年。各地官僚和黑心地产商勾结，不断制造虚假 GDP，质量不佳加上反复拆建，浪费各种资源每年几千亿元以上。

大量闲置房的出现是为追求经济增长而浪费资源的又一典型表现（中国空置房的统计定义上是指房屋竣工一年之后没有实现销售的房子，所以我们这里把业主既不自住也不出租的房子称为闲置房）。我们可以从网上看到不少地方闲置房的照片，实际上闲置房是全国性的，并不限于媒体报道的那些“鬼城”。2010 年网上曾有一消息称，据社科院城调队调查显示，中国 660 多个城市现有闲置房 6 540 万套，在建房有 1 250 万套，相加共有 7 790 万套，可供 2.6 亿人居住。2013 年这一数据被指是官方组织调查的，据称 7 790 万套是社科院从全国各地供电公司调查的数据，标准是，每户每月电表零读数，且 6 个月以上。这一消息为国家电网公司所否认，但无人追查谣言制造者。北京市公安局人口管理总队 2012 年 6 月 4 日表示，北京已基本建成全市房屋标准地址数据库。该数据库已录入房间数为 1 320.5 万套，“核对空置房屋 381.2 万户”。由此计算，空置率高达 28.9%。一些人对这一数据表示不相信。面对 28.9%的惊人数据，北京市人口总队称很多空置房屋在接下来的普查中会划为有人住的房屋，但接下来并无下文。实际上闲置房比重过高恐怕是难以否认的事实。北京市公安局人口管理总队房屋标准地址数据库导入实有人口信息 2 074.3 万条（户籍人口信息 1 280.1 万、人户分离人员信息 112.1 万、流动人口信息 672.6 万、境外人员信息 9.5 万，其中 87.7%在电子地图上实现了人口信息与房间信息按居住地址对应）。2007 年北京户均人口 2.71 人，如果非户籍人口也按 2.71 人/户计算，2 074.3 万人口只需要 765.42 万套住房就够住了，而且这 1 320.5 万套可能不包括流动人口所住地下室（据称多达上百万人居住）和集体宿舍，当然肯定不会包括工棚和旅店。1 320.5 万套减去 765.42 万套，闲置房高达 555.08 万套，远大于“核对空置房屋 381.2 万户”。这 1 320.5 万套房屋不会包括经营与办公用房，因为这是人口管理部门搞的，且人口信息是与居住地址对应。另据报道，北京联合大学应用文理学院，城市科学系老师张景秋和孟斌曾经带领课题组，对北京 50 多个 2004—2006 年售出后入住的小区用电情况进行了调查，其结论是，电表几乎不走的比例达 27.16%。中央电视台采取对进出小区人数与小区房屋套数对比，发现人员进出数大大小于房屋数。2013 年 11 月 21 日中国企业资本联盟、中华博士会主席杜猛表示，大陆空置住房总量达 6 800 万套。

国家统计局曾认为，统计住房空置率是非常复杂的难题：有的房子是楼房，有的是平房，有的还是危房；有钢筋混凝土的，有砖的……要想计算出一个准确的空置率很难，这也是国际上的难题。”显然这种说法难以服人。著名学者刘植荣指出，国外在几十年前就开始统计住房空置率这个基本的经济数据了，因为住房空置率是宏观调控房地产市场的重要指标。美国自住房闲置率在 2006 年以前没有超过 2%，从 2006 年开始，一直在 2.6%上下波动；出租住房空置率在 1956—2003 年从未超过 10%，大多数年份在 7%左右波动，2011 年第三季度为 9.8%。加拿大出租住房闲置率 2009 年为 3.1%。住房泡沫引发银行危机的西班牙 2001 年时住房空置率则达 15%。总的来说，在一般国家，住房闲置率一般在 5%左右，最多也就在 10%左右。根据测算，建造 100 m^2 的住房需要消耗的能源折合煤炭不下 25 t，在每百平方米的建筑施工过程中，还会产生 6 t 的建筑垃圾。各国普遍严格限制闲置房。[①]我国没有类似制度，原因就在于房地产业被当作拉动经济的支柱产业。

由于多年来我国采用追求较高经济增长速度的粗放型发展模式，在改变贫穷落后面貌的同时，也在大幅度消耗自然资源，非再生资源因此呈绝对减少趋势，可再生资源呈现衰弱态势。

面对资源紧张，人类在短时间无法开发出充足的水源来，也无法制造出充裕的可用土地来，虽然对新能源的开发相对乐观，但也具有极大的不确定性。我们很难建造大批巨大的设备集聚巨额的太阳能提供人类所需的大部分电力，无法建造大量的风能设备收集巨额极不稳定的风能供我们所用，不可能拿出大量耕地用于生产生物能源，用于核电的核燃料储量也非常有限，而且极危险。也就是说，太阳能、风能、生物能、核电等都不能成为主体能源。可燃冰的储量是现在化生能源的数倍，是最具希望的重要能源，但由于其对环境的危险性，在未来较长时间内也只能处于探索状态，虽然一些专家预测若干年后可以大规模使用，但可燃冰多少年后可以替代传统能源，这并不是一个可以预测的问题，因为任何技术的发展都有很大的不确定性。另一种可能成为人类主要能源来源的方式是核聚变，而大规模利用核聚变似乎比利用可燃冰更困难。虽然一些专家认为人类大规模利用核聚变能源只需 30 年，但如果把这种预测作为人类现行能源政策的依据，则是非常危险的。核聚变理论从提出到现在已超过 70 年，从氢弹爆炸的成功实践到现在也已逾 60 年，我们并没有看见安全、低成本、大规模利用的现实可行性。按照悲观的推测，核聚变的应用可能是镜花水月，试图通过核聚变解决能源问题从理论到实践都还不具备，这条路走不通。[②]敌对势力和遏制中国发展的势力依然强大，跨国公司的兼并重组进一步加强了对全球矿产资源的垄断，使我国的资源保障状况面临严重的威胁和挑战。[③]

---

① 刘植荣：《中国究竟有多少闲置房屋？》，BWCHINESE 中文网，2012 年 5 月 9 日。

② 吴照银：《替代传统能源还需要多少年？》，http://blog.sohu.com/people/!ZjI0ODkwNzVAZm9jdXMuY24=/123298128.html。

③ 刘晓、王建松：《我国生态环境与资源现状及其相关法律制度的不足与完善》，载《山东林业科技》2012 年第 4 期。

5.2 生态环境严重破坏

环境质量严重下降的直接原因是经济活动生态成本的消耗速度快于生态效率提高和生态产品创造的速度，具体说，大量的基建工地、遍地的工厂、黑压压的汽车群以及密集的城市人口，释放出的废物和毒物总量，大大超出现阶段的减排能力、废物毒物空间消化与处理能力和资源环境再生能力，当然也超过现阶段的减排努力、废物毒物处理努力和资源环境再生努力。此外，经济增长速度较快也与减排标准较低、执行不力有一定关系。

5.2.1 片面增长与水质污染的生态灾害

经济过快增长产生的废水、废物、废气让人类赖以生存的水污染泛滥成灾。第四届世界水论坛提供的《联合国水资源世界发展报告》显示，全世界每天约有数百万吨垃圾倒进河流、湖泊和小溪，发展中国家约有 10 亿人喝不清洁水，每年约有 2 500 多万人死于饮用不洁水（联合电讯社北京，2011 年 11 月 11 日）。我国有环保部官员称，南方有水皆污（第一财经日报，2012 年 05 月 10 日）。由于污染，某些海湾、河口及局部海域大量海洋生物减少或死亡，海洋水产资源质量受到影响，一些世界著名的渔场基本上形不成鱼汛。环境保护部总工程师 2011 年 11 月透露，环保重点城市劣Ⅴ类水质比例达 20%。有材料称中国七大水系一半以上河段水质污染。35 个重点湖泊有 17 个严重污染，90%以上城市水域污染严重。

以自来水为例，2009 年下半年，住建部水质中心作了一次县城以上的全部城市普查，实行的是异地交叉检测。多位接近权威部门的业内人士告诉财新记者，他们所获知的该次检测结果，可能近 50%不合格。2012 年住建部水质中心总工程师宋兰合强调，2009 年以来，城市自来水水质并无“太多改善”。除城市水厂外，还有上万座小自来水厂供应乡镇，工艺更落后，水源安全更难保证。而且中国内地无一城镇实现自来水直饮。[①]针对公众对“全国普查自来水合格率仅 50%”的担忧，住建部城市供水水质监测中心负责人 2012 年 5 月 10 日回应，2009 年普查水质达

① 宫靖：《自来水真相》，载《新世纪周刊》2012 年第 18 期。

标率是 58.2%，而据 2011 年抽样检测，我国自来水厂出厂水质达标率已达 83%（新华社北京，2012 年 5 月 10 日）。但 2011 年的检测是针对城市而不是针对城镇的，是对 80%而不是全部自来水厂进行抽测，也不是异地交叉监测，而且 17%出厂自来水不合格也是很严重的问题，况且管网水质发生二次污染也常见，输配水质稳定性是比较差的。2011 年 5 月常州市进行农村生活饮用水水质检测，结果水质合格率只有 55.3%。另外，水源污染普遍，2011 年 1 月常州水利局水功能区监测评价表明，饮用水水源区功能区达标率仅为 64.3%。2014 年 3 月 14 日环保部发布的研究结果称，2.8 亿居民使用不安全饮用水。

普查发现，以地表水为水源的自来水厂不合格，主要原因是有机化合物总量超标，而以地下水为水源的水厂，不少也出现了氟、砷、铁、锰等超标。美国国家环保局曾发布报告称，现有检测技术发现水中有 2 221 种有机化合物，在饮用水中发现有 756 种，其中有 20 种致癌物、23 种可疑致癌物、18 种促癌物和 56 种致突变物。国外大量研究发现，水中有害物质只有 1/3 是通过饮用进入人体，另外 2/3 是通过皮肤吸收和呼吸进入人体——在洗浴、洗涤、刷牙、洗脸时，仍然逃不脱水质污染。

问题还在于，合格的也不等于是良好的，更不等于是完美优秀的。其中有机微污染成为我国各级城市面临的主要水质问题。有机微污染指：①水中天然有机物及其消毒副产物天然有机物（NOM），被证实具有致癌或疑似致癌等健康风险，而且这些变化的微观过程经常难以全部认知和有效控制。②个人护理品（PCPs），包括天然及人工合成的雌激素、合成类固醇、雄激素、多种处方药如止痛剂、降血脂药、杀菌消毒剂以及抗氧化剂、清洁剂或芳香剂等难于降解，通过不同途径对饮用水及人体健康产生不良影响。③生物污染。在原水和水处理厂经消毒后的管网水中检测出的病毒和真菌毒素污染，可能成为新的微生物污染问题。④复合污染。各自不超标而共存的微量物质可能通过交互作用、氧化、消毒等而导致水中毒性物质增加。这些问题将长久存在，无论用多少指标要求水质的安全性，似乎都无法真正达到对健康安全的理想境界。[①]

---

① 曲久辉：《对未来中国饮用水水质主要问题的思考》，载《给水排水》2011 年第 4 期。

5.2.2 片面增长与空气污染的生态危机

增长主义的另一产物是严重的空气污染，而我国的空气污染比世界更严重。空气中所含的悬浮微细粒子 $PM_{2.5}$，世界卫生组织的标准是 20 μg/m^3，小于 10 μg/m^3 是安全值，中国标准 50 μg/m^3 以下为优，但只有 1%的城市居民生活在 40 μg/m^3 的标准以下，而有 58%的城市居民生活在 100 μg/m^3 标准以上的空气中，[①]即生活在明显的污染中。实际上，$PM_{2.5}$ 数值在 200 μg/m^3 以上和 300 μg/m^3 以上很常见。2013 年 12 月雾霾席卷大部分国土，上海 $PM_{2.5}$ 达到 600 μg/m^3，甚至更多。上海、广州、天津、深圳等城市灰霾天数占到了全年天数的 30%～50%，部分地区甚至出现了每年 200 多天的灰霾天气。酸雨覆盖区域约占全国面积的 30%。世界银行 2006 年报告列举的世界污染最严重的 20 个城市中，中国占了 16 个。环境保护部有关负责人 2013 年 4 月 19 日通报 2012 年环境质量概况，城市环境空气中二氧化硫、二氧化氮、可吸入颗粒物 3 项主要污染物，依据中国标准地级以上城市达标比例仅为 40.9%。

细粒子颗粒物（$PM_{2.5}$、PM_{10}）不仅直接影响肺的通气功能，诱发肺部硬化、肺癌、哮喘和支气管炎，导致心血管疾病，还能携带空气中的病毒、细菌、放射性尘埃和重金属等物质，对呼吸系统、心血管、免疫系统、生育能力、神经系统和遗传等都有影响。研究认为，$PM_{2.5}$ 增加对细胞的损害，而内皮层（细胞）不仅仅是血液和组织的屏障，其损伤及功能紊乱还与多种疾病的发生密切相关，包括高血压、冠心病、糖尿病、慢性肾衰竭等。世界卫生组织指出，当 $PM_{2.5}$ 年均浓度达到 35 μg/m^3 时，人的死亡风险就比 10 μg/m^3 的情形增加 15%。据估计，全球每年有约 200 万人因空气污染而早死。

5.2.3 片面增长与土壤污染的生态灾难

我国土壤污染程度令人触目惊心。南京农业大学教授潘根兴告诉《经济参考报》记者，现在我国土壤污染比其他国家都要严重，日益加剧的污染趋势可能还要持续 30 年。这些污染包括随经济发展日益普遍的重金属污染、以点状为主的化工污染、

① 陶化彦：《中国城市细颗粒物污染严重 长期危害甚于核辐射》，2011 年 12 月 2 日《工人日报》。

塑料电子废弃物污染及农业污染等。[①]国土资源部的统计是10%以上耕地已受重金属污染，而2011年10月，中国工程院院士罗锡文透露，全国受到重金属污染威胁的耕地，占全国农田总数的1/6。土壤污染修复所需的费用更是天价。如苏州化工厂需数亿至数十亿元修复，若生物修复则需数十年。许多土壤污染地区如没有外来的治理干预千百年后也无法自净，有的地块永远都无法自净。

土壤污染导致的疾病严重威胁人类健康和农业可持续发展。汞、镉、铅、铬、砷五种重金属污染严重影响儿童发育，使人致病、致癌。2009—2010年，发生30多起重特大重金属污染事件。潘根兴教授在全国调查发现，约有10%的大米存在重金属镉超标，是致命的风险。

土壤污染都是为了提高农作物产量和经济效益的结果。我国农药使用量是世界平均水平的2.5～5倍，每年遭受残留农药污染的作物面积达12亿亩，有测算，大量使用的农药仅有0.1%左右可以作用于目标病虫，99.9%则进入生态系统。我国耕地总量占世界的9%，但所耗用的化肥占世界的35%，而化肥的实际利用率不到30%，其余70%以上都污染土壤、地下水、地表和空气了。重金属污染的增加，农药、化肥的大量使用，土壤板结，导致农产品产量与品质下降。农膜、生长调节剂等也过量使用。生长调节剂造成水果蔬菜适口性下降，损害人体机能。其实化肥、农药、激素等并非农业所必须。在中科院植物研究所研究员蒋高明领导的试验中，不用化肥农药、农膜、添加剂、除草剂、转基因，而使用牛粪代替化肥，用物理杀虫法代替杀虫剂，完成了生态修复，实现了高产，比如夏小麦，亩产达480.5 kg，而周边农民用化肥、农药、除草剂种田，夏小麦的亩产只有300多kg。但问题是，蒋高明修复生态用了3年的时间，前两年的收成并不好，农民和政府都觉得化肥、农药、激素来得快。

5.2.4 片面增长与诸多方面的生态破坏

数十年来因大量基建和过度开采等原因，造成全国至少20个省区市大面积地面沉降，目前超过50个城市遭受地陷灾害，部分城市可能在数十年后消失，估计会有多达两亿民众受累。温室效应、臭氧层破坏、酸雨增加、城市密集的后果是气

① 孙彬等：《全国耕地10%遭重金属污染 东北黑土地或消失》，2012年6月11日《经济参考报》。

候变坏，前几年专家做过一项研究，结果显示，城市热岛效应使武汉市主城区平均气温比远城区高出 1.8～2℃，夏季主城区局部地区气温有时甚至比远城区高 5.9℃。随着城市的发展，河流变成一条条僵直而又毫无生气的硬质河岸，让我们失去了往日青草碧绿、苍苔泥淖的景致空间。草原大部分被毁坏，“风吹草低见牛羊”的美景早已难见。海岛的开发利用处于无序无度的状态，人工修复成本远远大于建筑业、海产品养殖业产生的经济效益。快速城市化造成城市出行不便。大规模长距离调水、运煤、送电、输气的压力越来越大，也带来了交通拥挤。此外还有生产发展造成的旱涝频发、空气和水的营养成分下降，噪声增加、固体废物侵占土地、生物资源减少、电磁辐射紫外线放射线增加、影响食物品质的动植物生长环境变差、有毒有害食品增加等。污染造成的疾病以惊人速度上升，我国癌症死亡率一直呈持续增长趋势，20 世纪 70 年代、90 年代和目前每年死于癌症的人数分别为 70 万、117 万和 180 万。

中国农业大学食品学院范志红解释，农业生产中的育种和推广，从来不以营养价值作为选择标准。通常的选择标准是味道更香甜、酸涩苦味更少，更便于保存和运输、更高产、更抗病等。由于抗氧化物质含量高的品种通常会有些酸、涩、苦味，被消费者的感官所嫌弃，所以这样的品种必然被优先被淘汰。美国得克萨斯州大学生化学院唐纳德·戴威斯曾领导一科研小组对美国农业部 1950—1999 年记录的 43 种蔬菜水果的营养数据进行研究，发现这些果蔬的蛋白质、钙、磷、铁、维生素 B2 和维生素 C 等营养物质的含量平均减少 5%～40%；其他微量元素，包括镁、锌、维生素 B6 等含量也有不同程度的减少。这是人类过分追求农作物产量的结果。

环境严重贬损是长期以来人们简单地把追求经济利益作为唯一努力目标，违背了经济发展与环境保护之间辩证统一关系的结果。有记者曾将“毒土”称为“GDP 至上的恶果”。有记者发现，一些地方发展心切，抱着“宁愿毒死也要 GDP”的心态，导致“引进企业就是引进污染，发展经济就是破坏环境”的恶果。面对企业违法排污，一些地方政府成为企业的保护伞，通过变通政策打擦边球，甚至开绿灯，最终大事化小，小事化了。①2010 年，浙江德欧化工制造有限公司这家外商独资企业就因违规超标排放而被反复曝光。7 次曝光中，该企业均榜上有名，说明问题明

① 孙彬等：《全国耕地 10%遭重金属污染 东北黑土地或消失》，2012 年 6 月 11 日《经济参考报》。

显却长期得不到解决。某地疾控中心发表的报告显示，该市抽检的154份食品样本中，铅含量超标率达40%，镉含量超标率达12%，但未引起重视，直至引发严重中毒事件。无证排污、偷排和超标排放的情况屡见不鲜，地方政府并不是不知道，但为了经济增长却无动于衷。类似的情况不胜枚举。

有学者选取我国1990—2006年环境污染、生态环境与经济发展方面的指标数据，通过弹性分析得出，经济增长增量每变动1%就会引起综合环境质量5.2%的反向变动，环境质量每变动1%就会引起经济增长0.094%的反向变动。[①]作者认为环境质量的改善会“阻碍”经济的增长。其实，用“阻碍”一词似乎不妥当，应当说是环境质量的改善“要求”降低经济增长速度。经济增长引起环境质量的反向变动也不是必然的，与一定时期技术、资源、环境状态相适应的经济增长速度就不会引起环境质量的反向变动。由于事实上经济增长速度超过了同时期环保技术与环境的许可，使环境质量的破坏超过了可接受状态，严重影响了社会生产和人民生活。

5.3 物质财富外移、生态环境外用

为了保证和加快经济增长速度，各国政府普遍重视利用外需增加出口，同时吸引外资扩大生产规模。在此过程中，如果出现严重的贸易出超和过多的资本净流入，将出现严重的资源环境外用和财富外流，对本国生态文明造成极为不利的影响。

5.3.1 严重出超导致的生态外用和财富外流

一些国家在一些时期会因片面追求经济过快增长而片面追求出口。出口导向政策的手段一是本币低估，它使出口获利极为容易；二是出口退税。

在市场经济中，价格的涨落和供求的变化相互作用，可以使商品的供求趋于平衡。在国际市场上，外汇价格汇率的自发波动可以使国际收支趋于平衡。能够使得国际收支平衡的汇率就是均衡汇率。严重顺差造成外汇储备庞大意味着外汇供过于求，外汇供过于求要求外汇价格下降即本币升值，从而有利于进口、抑制出口而使国际收支转向平衡。如果汇率不能随着外汇供求关系的变化而变动，则外贸收支便

① 郭建斌、张春莲、魏毕琴：《我国经济增长与环境质量关系实证研究》，载《知识经济》2011年第20期。

难以平衡。由于短期实现国际收支平衡的基本杠杆就是汇率，因此，持续多年的顺差是本币汇率低估的同义语。当今外汇储备大国是日本和中国，日本政府在1991—2004 年一直大量购入美元，目的是防止在本国美元贬值即日元升值阻碍出口。我国汇率虽然名义上自由浮动，但由于实行结汇制和售汇制，绝大部分外汇必须卖给央行，央行是唯一的大买家和大卖家，客观上一方面形成强大的外汇需求控制，另一方面绝大部分外汇没有投入市场形成供给，加上资本项目不可自由兑换进一步限制了外汇买卖，外汇价格当然不能有效地由市场供求来决定。严重过剩的外汇不能在市场上体现出供过于求，因而难以贬值即人民币难以升值，结果就是顺差持续、外汇储备越来越多。

在外汇储备较多的情况下，出口退税进一步增加顺差的规模。

在进出口大致平衡的条件下，进出口对生态的影响是，科技水平高、劳动生产率高的国家，可以通过消耗较少的资源和环境，制造质量较好、成本较低的产品和新产品，换回科技水平和劳动生产率较低的国家更多数量的产品，而科技水平较低的国家需要消耗较多的资源环境制造产品出口，才能实现国际贸易收支的基本平衡。

在国际贸易收支严重不平衡的情况下，严重顺差的国家就得付出更大的生态代价。商品出口大于进口等于资源和环境为国外所利用，同时伴随巨额使用价值财富转移赠送。

（1）贸易顺差国持有大量不能用于投资消费的外汇，意味着与外汇量相等的物资被外国用于消费和生产。法国著名政治和经济学家雅克·阿塔利在其 2010 年出版的《国家的破产》一书中指出：月收入不足 1 000 欧元的中国人，却将省吃俭用的血汗钱供养着收入 10 倍于己的美国人。中国人负责劳动，美国人负责享受。同时，商品出口大于进口的国家比国家收支平衡需要损害更多的环境。但实际上问题远不止于此。

（2）本币低估意味着大量的汇率补贴，这种补贴是由使用价值构成的。例如，按人民币和美元所代表的实物计算，2004 年之前，世界银行计算的人民币与美元的购买力比价为 1.9∶1，2005 年修正为 3.4∶1，即 3.4 个人民币购买到的实物相当于 1 美元能够购买到的实物，而 2004 年人民币对美元汇率平均为 8.278 0，2005 年为 8.101 3，后来升值为 6 以上。一国本币汇率（6∶1 多一点）相对于购买力（3∶1 多一点）低一半，外贸的结果是，美国人在美国购买一单位使用价值需要 2 美元，按美元与币值低估国货币之间的购买力比价 1∶3.4 计算，2 美元购买力相当于人民币 6.8 元的购买力，即在中国需要 6.8 元人民币就可以购买到一单位使用价值。但按汇率 1∶6.5 的兑换比率，美国人购买中国的一单位使用价值，只需要用 1 美元多一点就可以兑换到在中国购买一单位使用价值所需 6.8 元人民币；中国人拿着这 1 美元多一点的货币到美国却只能买到半个单位使用价值。这中间相差的价值，是由劳动、能源、原材料和设备消耗构成的；此外还有土地占用和污染。不计对资源环境的损失，仅从财富角度计，上述情况意味着，一进一出贴补国外的价值接近进出口总额的 1/4（约 25%）。当然这些补贴的价值包括一部分劳动的价值，按与 2005 年购买力平价变化不大的 2009 年计算，2009 年年底，我国的工业增加值率是 26.8%，折旧率约为 5.9%，由于增加值由劳动创造的价值和折旧构成，所以劳动形成的新价值约为 20%（26.8%−5.9%），减去劳动价值，对外补贴的自然资源价值是进出口总额的 20%，即 25%×（1−20%），再去掉约 10%的来料加工，等于 18%。2009 年中国进出口总额超过 2.2 万亿汇率美元，相当于对外补贴 0.396 万亿美元实物资源，而 2009 年中国按汇率计的国内生产总值是 4.9 万亿美元。

2005 年曾流行一个“中国出口约 8 亿件衬衫（的利润）才能抵一架空客 A380”的说法。从资源的角度来说，应该说是 1.4 亿件衬衫（的售价）换 1 架空客 A380，或 2.5 亿件衬衫换 1 架波音 747。

（3）出口退税使企业可以以更低的价格对外销售，从而将更多的国内价值转移（赠送）给世界市场。据研究，出口退税支出一半以上事实上补贴了外国进口商和消费者。[①]2008 年全国出口退（免）税达 5 866 亿元，目前已过万亿元。

上述出口状况加剧了中国生态的恶化。一个人们熟知的例子是，在 2006 年之前，十多年中，每年中国出口日本的筷子（日本虽然森林覆盖率高达 65%，但从中国进口更便宜），就要砍伐 200 多万棵树，要砍伐掉数万平方千米的森林。[②]中国出口煤炭数以亿吨计被日本用来填海储存能源。有专家表示，号称世界最丰富的稀土资源，按照 2012 年的开采速度，仅需 10 年便会开采完毕。

技术竞争力弱的国家，为了维持国际收支平衡，汇率低于购买力从而多付出一定资源环境代价是不可避免的，但在外汇盈余过多的情况下则应促使汇率向促进国

① 田丰：《提高出口退税率对中国经济增长作用有限》，载《国际经济评论》2009 年第 3 期。

② 张国清：《日本每年“吃”掉中国 200 万棵树》，2006 年 5 月 19 日《世界新闻报》。

际收支平衡的方向快速浮动。例如，央行根据外贸收支等情况大力度出售或少购外汇，直至顺差消失甚至出现大额国际收支逆差以便实现国际收支趋于平衡，否则会付出无谓代价；在资源环境形势极其严峻的情况下，巨额顺差危害更大。从逻辑上说，未来也可以通过本币大幅高估和逆差把损失的资源财富拿回来，但本币未来大幅高估的可能性绝对没有；即使未来逆差导致部分资源回流，但国外已经先行利用我国生态来维持和扩大了消费，发展了经济。

不过，虽然大多数人认为经济增长不可过多依赖外需，认为过多的外汇储备危害极大，知道资源财富外移巨大，但奇怪的是对于减少顺差和对外依赖所必需的人民币升值等措施，我国社会各界绝大多数人却没有清楚的认识并从而不同意，有些人甚至认为人民币升值是帝国主义的阴谋。少数学者还迎合本币低估这种损人害己的增长主义做法，寻找人民币汇率是均衡汇率的理论依据。有一个说法流传极广：在中国加入世贸组织五周年的当天，中央电视台反复播报，中国入世五年来为美国家庭节省了1/5的生活费用，美国摩根士丹利公司的调查也显示，美国消费者因购买中国廉价产品而节省下来的金钱高达1 000亿美元。这种说法虽然有道理，但人们并不将其与汇率机制和出口退税机制联系起来，尤其是不愿意将其归因于汇率机制的作用。一个常识是，本币低估之所以有利于出口不利于进口，是因为本币低估可以使本国商品在外国卖得便宜，而外国商品在本国卖得贵。这是很多商品在美国很便宜而在中国很贵的主要原因。

除了认识不到汇率与生态外用和财富外赠的关系，而反对人民币升值的直接原因在于担心本币升值将使很多企业承受不起，并使经济增长速度下降，这使人们——当然关键的是货币当局和计划机关——难以在顺差严重时接受本币大幅迅速升值，但这种担心并不科学。

（1）顺差国货币升值虽然会有副作用，但一天不升值，生态外用、财富外送、货币超发、销蚀创新动力等危害就一天不减少，早升值一天，上述各种危害就早减少一天。虽然，实现国际收支平衡，其他重要措施还有提高劳动报酬和社保水平，严禁地方违规优惠吸引外资，限制于国家不利的外商投资，对企业提高环保要求，增加资源出口关税，取消出口退税，严禁游资流入、促进人民币国际化等，但在其他措施不到位或难以到位的情况下，汇率调整则为必需。为扭转外汇储备过多的不正常状况，相当的逆差也属必要，让一些出口企业效益下降甚至破产也比上述危害小得多。汇率低估的境内主要受益者即超额货币的主要获得者是出口商，间接的是房地产商，而大陆出口超过一半为外商投资企业所从事。

（2）本币大幅升值，至少在前几年顺差严重时期，不会造成大量企业破产和经济滑坡。我国企业利润空间是极大的，顺差巨大的前几年利润率更高。如常州市2008 年工业企业法人单位利润总额/所有者权益为 17.67%，2009 年规模以上工业资本保值增值率为 119.76%，而利润总额还不包括占增加值百分之十几的出口退税，更不包括巨量的利润隐瞒。美国企业赚 1 美元，劳动者可能得到 7 成或 8 成，在中国大量的私营企业，赚 1 元，劳动者可能只得到两成，统计的宏观收入分配格局和人们的所见所闻，完全可以证实这一点。所谓升值压力测试和一些利润率调查，完全不可靠。

另外，大量企业是产能过剩的制造者，他们本来就不应当诞生和存在。

（3）从宏观上看，汇率升值使出口受到的损失之量，约等于进口受惠之量。对进口不利的汇率必然有利于进口。升值压力测试不能反映的是，出口利润的损失等于进口成本的下降，从而给进口企业发展生产拓展空间。其中，我国外贸有近一半是加工贸易，加工贸易的进口量占出口量的一个很大比重。

（4）大部分人担心顺差国货币大幅升值会造成外汇储备大幅贬值，而实际上汇率变动并不会造成外汇实际价值减少。例如，央行原先用 7 元人民币购买 1 美元存起来，如果把 1 美元用 5 元人民币卖给中国企业，央行“亏损”的后果是 2 元人民币没有收回来而滞留在社会，增加了货币供应量，如果经济的增长和虚拟经济的增加不需要增加 2 元人民币，就会带来通胀压力。但中国社会公众不管用 5 元人民币还是 6 元人民币兑换 1 单位中国央行的美元，这 1 单位美元在国际市场上购买到的东西是相同的，中国对外没有损失。只有过了一段时间，在以美元支付结算的地方如果美元购买力贬值，比如美国发生通货膨胀，企业不管用几元人民币去兑换这 1 储备美元，这一美元在美国能购买到的东西都会比以前减少，中国作为一个国家才会遭受损失。使用和存储外汇的经济个体是否有损失，则视汇率变动而有不同。因此，本币在外汇过多时立即大幅升值，不会造成外汇储备贬值，而延缓升值，外汇储备不能减少反而继续增加，才会造成更大损失。

相关的另一担心是人民币大幅升值会造成国际游资退出而实现其大幅盈利。但是假设有 5 000 亿美元外资退出，带走人民币升值的给它们带来的汇率变动盈利，可能也只不过 5 000 多亿元人民币而已，和我们每年不止 1 万亿元汇率补贴和使用价值赠送比较起来（还有其他损失），也划算得多。

5.3.2 外资净利用导致的生态外用和财富外流

一国资本输入到另一国，如果其经济产出量大于挤出量，就会推动资本输入地经济规模扩大，但同时也要利用资本输入国的资源环境。资本项目严重顺差国，境外股权融资数量大于对外股权融资的国家，本币低估和增长主义倾向下的廉价招商引资，都使资本净利用国的资源环境为外资所利用的数量远大于本国资本利用国外资源环境的数量。

（1）国际直接投资顺差导致资本净流入国资源环境为外资大量利用。截至2010年，中国对外直接投资存量3 172亿美元，而外商对我国投资企业年底注册资本外方部分为12 590亿美元。笔者曾进行过详细计算，2008年我国经营性资本财产所有权结构中，外商资本7.864万亿元，占境内企业最终所有权总资本的20.63%。[①]从20世纪80年代开始，美国限制本国资源开采，把制造业外包到中国等发展中国家，用他国的资源为其制造产品，并把污染留给这些国家。在美国，每个商场的各个角落都有“中国代工”的商品。而在中国制造业中，大量的是外资企业。与直接投资类似的国际金融租赁也在一定程度上利用了中国资源，国际金融租赁主要是飞机租赁，还有轮船、海上平台，大型和成套工业设备租赁等。有人估算前些年中国向美国租赁的飞机和设备达700亿美元。2011年8月31日中国民用航空局陈卫估计，未来五年中国民航租赁飞机的价值可达600亿美元。中国航空器材集团公司孙博估计，到2030年中国民航约有3 400架飞机的需求，价值可达4 000亿美元，其中近60%将以租赁的方式引进。

引进的外资大部分是劳动密集型代加工制造产业，也就是高耗能、高耗材产业，而消耗资源少的部分留在了发达国家，这使外资利用我国资源环境的数量多于中资利用外国环境资源数量的差额，大于外商直接投资与中国对外投资的差额。我国地方政府的法外税收减免使其获利更多。

1993年以后的多年，中国每年GNP平均要比GDP低1.65%左右，2010年世界银行按汇率法计算的中国GDP为58 786亿美元，而GNP为57 000亿美元，差额为GNP的3.13%。根据IMF的测算，我国境内外商直接投资的利润率为13%～

① 李济广：《我国现阶段财产所有权结构统计评估》，载《中州学刊》2011年第4期。

14%。流入发展中国家的外商直接投资所获利益不仅表现在公开利润上和 GDP 差额上，更大量的利益是通过关联交易等手段转移利润。

（2）国际间接投资不平衡导致资本净使用国资源环境被外资大量利用。在间接投资的债权方面，中国利用外汇储备购买了大量的外国债券，但以美国债券为代表的发达国家债券利率非常低，外国投资者购买中国的债券则缺乏正规途径。在股票方面，中国大陆居民购买境外股票受到极大限制，一是人民币不能自由兑换外汇，二是境外企业不能在境内上市。相反，中国股票大量在中国香港、纽约等地上市，被境外企业、基金和个人所购买；外资还通过中国政策支持以战略投资者身份以及在二级市场投资了大量大陆股票。到 2014 年 2 月，在上海证券交易所，外资有股份，占总股本的 20.96%。截至 2014 年 2 月，香港联合证券交易所有 H 股 185 只，红筹股[①]129 支，内地民营企业 498 只。从 1993 年到 2013 年年底，H 股在香港证交所筹资 13 500 多亿港元，红筹股筹资 5 270 多亿港元。中国利润丰厚的企业，外资都占有不少的股权，包括五大银行，三大油企，三大电信，中煤、中铝、中国神华等资源性企业，以及许多行业的龙头企业。由于中资企业境外筹资时价格非常低，而市场价值是筹资的数倍。如中石化 H 股发行价每股 1.61 港元，上市后最高价格为 13.4 港元，近几年在 8 港元（复权）上下徘徊，中石油 H 股发行价 1.27 港元，近几年市场价格平均超过 10 港元。此外，我国在美国上市公司还有 300 多家，在新加坡上市 130 多家，加拿大、英国各数十家。

境外对我国间接投资也获利极丰。《北京商报》2012 年 8 月 23 日提到，中石油在美国上市融资只有 29 亿美元，但给境外投资者的分红 4 年就累计高达 119 亿美元，约合 800 亿元人民币。新华报业网同日指出，中石油、中石化、中移动、中联通 4 家公司，4 年中向海外投资者分红高达 7 000 亿元，年收益率高达 130%。上述公司的盈利完全是来自境内。相比外资收益，国家资金用于社会保障的支出数额是非常有限的。

此外，外资还通过私募基金和创投基金等方式投资大陆企业。

（3）片面追求增长导致外资直接、间接投资廉价获得大量资源，低代价使用环境。我国这方面最主要的表现是急于招商引资的地方政府不计代价以极低价格甚至

① 红筹股指主要业务一般在中国大陆，公司股东权益的大部分直接来自中国大陆，或具有大陆背景，但在中国境外注册、在香港上市。

无偿地把土地转让给外商使用；外资企业排放污染物比在发达国家受到的约束更少，且没有按照规定付出应有的代价。此外，外资还大量低价收购国有资产，极低价购买急于吸纳外资的中国银行原始股，通过参与处理中国银行不良资产获取利益，如美国摩根斯坦利公司在和华融公司的合作过程中，创造了900%的利润率。

2005 年，作为“战略投资者”的美洲银行和淡马锡公司分别购进了中国建设银行 9%和 5.1%的股权，每股定价仅为 0.94 元港币；高盛、安联及运通购买工行约 10%股权，收购价格仅为 1.16 元；苏格兰皇家银行、瑞银集团和亚洲开发银行共购买中行共 15%股权，入股价格也只有 1.22 元。上市后股价都增长数倍。虽然所谓的战略投资者并未为银行治理带来贡献，但获利巨大。据《星岛环球》等媒体报道，到 2006 年，境外投资者在工、建、中、交等国有银行身上获利高达 7 500 亿元，加上从其他中国股份制商业银行享受到的利润，保守估计，所赚利益超过 1 万亿元。在 2006 年以后的 7 年中，银行的利润和分红更是超高速地增长，而那些所谓的“战略投资者”还纷纷寻机高位套现获得资本增值收入。例如，2004 年年底，新桥以每股 3.54 元的价格购得深发展 17.89%股权，5 年后退出，赚了 90 多亿元。汇丰集团三次购入中国平安股份，2007 年 3 月平安 A 股上市，2012 年年底卖出，9 年获得 6 倍的高收益。

（4）本币低估使外资在资本输入国低代价买到生产资料等资源，同样获得巨额汇率补贴。外国人拿着 1 美元设备来投资，按 2005 年之后的一段时间购买力比价，这 1 美元设备按购货币买力比价相当于中国 3.4 元的实物财富，但按汇率会折合成 6.5 元人民币与中国企业合资。如果境外企业拿着 1 美元货币来投资，可以兑换成 6.5 元人民币在中国购买土地和其他生产资料以及劳动力，而如果按照均衡汇率，这 1 美元可能兑换不到 5 元人民币；按照购买力比价比较，则只相当于 3.4 元人民币的物质财富。这刺激外资更多流向我国，资本严重入超致使外商更多地利用中国资源。

（5）本币低估背景下国际“热钱”流入会攫取财富。本币严重低估意味可能升值，这导致投机资本流入。热钱在中国廉价地购买房地产、期货，参与高利贷、农产品炒作，或赚取人民币与美元的息差和人民币升值的汇差。中国热钱数量最高估计是 1.75 万亿美元。

5.3.3 外汇储备过多存在的贬值风险和外债偿还风险

外汇储备放到国内是闲置，放到国外即借给外国是不得已的选择。放到国外银行有银行倒闭风险和外汇购买力贬值风险，由于发达国家银行利率很低，也没有多少收益，有收益也难以敌得过物价上涨度。众所周知，美、欧、日的巨额国债无法正常偿还，要想减轻偿债负担并防止发生债务危机，唯一途径就是增发货币，美元大量增发如果造成美元自身购买力下降，其他国家外汇储备就将贬值。在长期中，各国货币都是显著贬值的。由于外币会贬值，即使未来出现大幅逆差（很难被允许）将储存的外汇储备花出去，也买不回来已经转移的资源和财富。

与此同时，由于美国利率显著低于中国，未来利率上涨是大概率事件；简单的机制是，利率上涨必然导致债券价格下降，中国外汇储备持有的大量美国国债和其他债券类资产将会大幅贬值，例如100元面值的债券市场价格完全可以变成80元，那就是上万亿元人民币的损失。

很多人指责外汇储备为何不购买外国的物资或用于改善民生。从法理和货币原理讲，外汇储备是货币当局的资产，不属于财政所有，货币当局是负责货币调控的，没有权力购买实物资产；央行发行货币的途径是再贷款和购买证券与外汇，作为货币发行机关不可能发钱。外汇储备只能由企业、政府和个人购买花掉。如果企业和政府、个人要使用外汇储备购买国外实物资产，必须付出人民币向央行去购买。企业和个人购买外汇到国外进行直接投资，在人民币汇率会升值和世界经济不景气的背景下，大部分注定要亏损或盈利空间非常小；让需要追求利润的企业囤积居奇，机会损失非常大而盈利前景非常不可靠；让不怕亏损的政府购买物资储存起来则需要巨量发行十数万亿元国债筹集资金以兑换外汇，也是不可想象的。外汇储备入股于企业是一个变通的措施，但企业只有把接到的外汇花到国外去，本国外汇储备才能减少，实际上企业往往还是把这些外汇在本国换成人民币。

总之，外汇储备保值的途径是不存在的。大部分外储只能随着全球货币量的增长而逐渐稀释，这在另一种形式上造成财富外流。

中国科学院国家健康研究组2013年1月8日对外发布《国家健康报告》第1号中披露的数据称，计算结果显示：美国霸权红利占GDP比例高达52.38%，而中国损失的霸权红利占GDP比例达51.45%。美国从全球攫取霸权红利的途径主要包括铸币税收益、国际通货膨胀税收益、债务收益、海外投资收益、流动性收益、不公平贸易收益、汇率操控收益、金融衍生品收益、大宗商品期货收益、知识产权收益等 10 个渠道。

最后还需指出，为维持增长而扭曲汇率，还会对经济发展和人民生活造成诸多其他危害。本币低估导致企业依赖低汇率出口从而缺乏创新动力，成为转变增长方式的重大障碍；本币低估不利于引进先进技术，不利于进口资源，不利于进口消费品和出国消费而更好提高人民生活水平，不利于对外投资，易造成严重的货币超发而形成通胀压力。

5.4 分配关系恶化、和谐公正受损

5.4.1 增长优先导致利益向资本倾斜

一个社会的经济要能够按最优速度发展，必须保持投资与消费比例合理，但消费是全社会性的，局部地区和单个主体增加消费，不仅不能带来自己的增长，还会减慢自己的增长速度。加快本地区本单位的经济增长必须尽可能增加自己的投资。虽然全社会过多的投资会破坏长期实际经济增长效果，但哪个局部地区投资增加迅速，哪个地区经济增长就会更快，投资额和项目本身就可以作为政绩来炫耀。由于投资的直接手段是资本，只有让资本在本地区能够获得最大限度的利益，才能在本地区留住企业、聚集企业，更快扩大经济规模；只有让资本得到最大限度的增值和获得其他收益，也才能让企业获得尽可能多的投资资金。

对企业土地、税收的大量的不当优惠大大增加了资本的利益。某市高新区入园企业二三百家，大多是本地企业，规模以上企业仅有二三十家。这些企业效益并不好，制造业大都处于产能过剩，许多企业也与高新技术扯不上关系，但都享受优惠。一燃气管道公司进高新技术开发区时，以 3 万元每亩的价格拿到了企业用地，而当时的土地市场价格在 13 万元每亩。此外，开发区还给予 10 年的税费优惠：前 6 年地税全部返还，后 4 年返还一半。而公司办公场所，也由开发区进行一定比例的补助。公司财务总监韩女士告诉记者，“在到期后，这个优惠或仍将延续”。另一个著名的例子是富士康落户郑州。当时，河南多个地市均向富士康抛出写着“各项优惠”

的橄榄枝，但最终被郑州方面以“极低的用地成本”和各项“史无前例的优惠政策”所击败。国土资源部耕地保护司司长潘明才曾指出：从 2005 年的情况看，全国新增建设用地出让纯收益应该为 763 亿元，而中央和地方实际收缴的新增建设用地土地有偿使用费只有 214.5 亿元，其中 550 亿元流入了外资房地产公司。零地价、低地价是严重违反国家土地出让政策的，但这种情况多年未扭转。2012 年 8 月初，河南省审计厅对外公布的一份报告称，包括安阳等多个地市都存在零地价招商的违规情况。高新区的优惠政策，除了明确表示土地价格还可以再进行商议之外，还有许多五花八门的土地价格之外的优惠政策，其中包括各种税费的减免、打折和返还。这其实是一种严重的分配不公，对企业的不当优惠措施使国家资金产生了负向再分配的效果。

私营企业廉价获得矿山，是财富负向转移的一个引人注目的表现。公有制下的自然资源、国有资产及其收益归全民所有，但不少自然资源如煤炭、矿山廉价地转移给了私企，等到开采完了，其资源的公共产权也同时消失，使国民财富变成了私人的巨额财富，而生态、环境成本却由社会承担。

在增长优先的发展战略下，资本集团和大款容易与权力部门和负责人结盟，通过不正当手段获利。官员“傍大款”后，在接受资本集团贿赂的同时“名正言顺”地为资本集团的不法行为张目，例如保护与协助强拆，令房地产开发商大获其利。此外，在经济活动中，充满了制假售假、偷税漏税、商业欺诈、商业贿赂、行贿寻租、工资抵赖、工资拖欠等超市场机制的牟利现象，这种不公正的经济环境保证了资本的超额利润，而为追求经济增长纵容资本的不正当牟利冲动是造成这种不合理现象较多的基本背景。

宏观社会经济政策也往往有利于企业主。就全局而言，利益分配过度向资本倾斜，虽然不利于全社会经济长远的健康顺利发展，但许多人都犯有“合成谬误”的错误，以为全国经济增长等于各地区各企业经济增长之和，因而主张经济政策的制定和执行更多地支持企业主而不是劳动者。例如维持较低的最低工资标准，要求银行向中小企业增加贷款，不积极发展工资协商，主张低水平的所得税税率，同意企业按较低标准缴纳社保费用等。

中国的财政对企业经营的直接补贴也数量惊人。中国的光伏产业就是依赖政府的财政补贴发展起来的。由于政府的巨额补贴，各地竞相上马光伏项目，从而导致产能过剩。这个被视为绿色能源的行业在中国不少地区却成为污染大户，同时引发了国际贸易纠纷。2012 年年初，记者粗略统计，已经有 207 家上市公司明确表示 2011 年获得政府补贴共 112 亿元，相当于这些公司 2010 年净利润的五成左右。生意极兴隆的腾讯 2011 年盈利达到 125.75 亿元，但作为高新技术企业却能获得 1.01 亿元的政府补贴。2011 年三一重工股份公司利润总额 107.92 亿元，老板以 700 亿元身价成为“中国大陆首富”，但计入当期损益的政府补助（与企业业务密切相关，按照国家统一标准定额或定量享受的政府补助除外）达 8.90 亿元，2010 年为 9 523 万元，2009 年为 2 491 万元。2013 年 3 月 2 日，2012 年公司年报公布刚过一半的时候，有统计表明，1 311 家上市公司获政府补贴近 550 亿元。

正如有网友所说，当某个企业获得财政补贴时，意味着政府将人民的财富转移给了少数企业主。如果说这个企业已处于亏损，这意味着在保护一个在市场竞争中失败的企业；如果这个企业是盈利的，那意味着政府拿钱去补贴市场上的胜利者。

5.4.2 增长优先挤压民生保障资金

对增长主义而言，低收入群体对经济增长不但起不到推动作用，反而是一种累赘；国家资金对社会公共事业投资，减少了用于经济增长的资金。因此，增长主义意识和高增长目标对经济利益的片面追求，自然隐含着对公平的轻视。地方官员，甚至人均购买力 GDP 已经和发达国家相差无几的地区，仍然主张把做大蛋糕当作重点工作，反对强调分好蛋糕。增长优先使初次收入分配都很难注重公平，兼顾意义上再分配收入公平就更不愿意被看重。

在中国，不仅企业退休职工退休费低，机关事业单位退休费也很低，表现就是，退休者收入占在职职工收入的比例，与国际通行的标准相比相差甚远，还有一些城镇居民没有退休费。

现行医疗保险制度实际是一种报销一定比例医保内项目医药费的福利制度，严格地说还不是“保障”。职工医保保障水平较高，但交通事故、护理费都不报销，报销还有上限，城镇居民医保和农村合作医疗的报销上限很低，对于大病、某些特殊医疗费、低收入者、特困户而言，“医疗保险”还非常不“保险”，看不起病、包括一些职工在内的一些人因病致贫的现象还很突出。实际上，要做到病有所医，并不需要很多的财政资金。笔者曾做过详细测算，在坚持个人缴费的前提下，“医疗保障财政预算支出/财政预算收入”无须达到号称免费医疗的神木县的 6.64%，只要达到 4.5%～5%，即可超过神木的保障程度。或者，财政卫生开支增加 1/3，医疗保障彻底化就没有问题。或者，只要医疗机构实行固定工资制，解决过度医疗问题，省下的资金既可以保证医生收入，也可以保证病有所医。

困难救济资金长期以来数额很小。与此相反的遗产税、房产税却迟迟不能出台。

中国的教育经费占财政支出的比重长期达不到设定的目标。教师的工资长期达不到法律规定的不低于或超过公务员收入的标准。许多农村教师和部分县城教师的工资尤其低下。在实施了绩效工资后，有的发达地区县在职中小学教师的月工资，2012 年一般还在 1 600～2 300 元。

过去很长一段时间政府在居民住房方面投资很少，少数城镇居民和多数进城农民工的住房解决得不好。还有大量“贫民窟”、棚户区。

增长主义架空了民生，这是我们一直强调改善分配状况，改善民生，却迟迟难以见效的根本原因，因为上上下下都为了经济增长。有媒体报道，有的经济强县只有一辆救护车，这是经济增长主义的典型表现。[①]在增长主义意识支配下，公共产品的发展往往浅尝辄止、放不开手脚。尽管近年来有些基础设施建设的边际效用已经很小甚至浪费超过效用，尽管投资民生事业会产生更大的边际效用，但是财政支出投向仍然难以出现期待的理想结果。

初次分配不公加上再分配力度不够，使我国收入差距的形势极为严峻，脱离了社会主义共同富裕的原则。通常的材料强调中国的收入差距超过了基尼系数 0.4 的警戒线，但据中国人民大学和香港科技大学的联合调查，2004 年中国的基尼系数就已达 0.53。据 2004 年联合国人类发展报告的数据，中国的基尼系数也高达 0.45～0.53。[②]2012 年 12 月，西南财经大学中国家庭金融调查报告显示，2010 年中国家庭基尼系数为 0.61，远远高于国家统计局公布的 0.481。李实的调研和分析称，目前中国的基尼系数大致在 0.5 左右。有调查显示，中国最富裕的 10%收入占全国家庭总收入的 56%。《国际金融报》2012 年 01 月 11 日报道，据王小鲁自建的模型推算，2008 年，全国居民隐性收入总规模为 9.3 万亿元。其中，隐性收入的 80%集中在收入最高的那 20%的家庭里面，其中最高端的 10%就占了隐性收入的 62%。全国居民最高收入的 10%家庭和最低 10%家庭的人均收入之比是 65∶1，而非政府统

① 李义平：《论经济增长与社会发展的失衡》，载《经济理论与经济管理》2011 年第 6 期。

② 杨圣明、郝梅瑞：《关于构建和谐分配关系问题》，载《当代中国史研究》2006 年第 2 期。

计数据显示的23∶1左右。

财富差距大于收入差距。《华尔街日报》和《联合早报》报道，西南财经大学的一项调查表明，55%的中国家庭很少甚至没有储蓄，2011 年进行的这次调查以 8 000 户家庭为样本。调查结果显示，中国最富裕的 10%的家庭控制着全国财富总数的 86%，而在世界上属于贫富悬殊的美国，美国联邦储备委员会的数字显示，10%的最富裕人口掌握着财富总量的 74%。根据李实的研究，财富差距 2000 年为 0.55，2010 年已上升至 0.76。宜信财富与联办财经研究院共同推出《2014 中国财富报告：展望与策略》称，最高资产 10 个百分点的中国家庭拥有 63.9%的资产。由于多占房产被容忍，据西南财经大学中国家庭金融调查与研究中心的调查，2011—2013 年中国中等资产阶层各类资产的增长对总资产增长贡献最大的是房产，贡献率为 76.8%。

当然，贫富分化是全球性的。世界经济发展组织乐施会 2014 年 1 月 20 日发布的报告指出，2013 年全球最富有的 1%的人口掌握的财富，是 35 亿最贫困人口总资产的 65 倍，全球 85 名大富豪占世界财富 46%，等同 35 亿人的总资产。

差距分明、利益格局固化的局面使得弱势群体在丧失希望的心态下采取过激的行动来争取自己的利益或发泄自己的不满，导致群体事件频发，并成为社会动荡的隐患。2012 年 10 月末，《中国青年报》社会调查中心通过题客调查网和民意中国网，对全国 31 个省、市、自治区的 11 405 名网友实施在线即时调查，调查显示，在公众眼中，未来 10 年中，公众最期待能得到显著改善的首位问题是“医疗”（68.8%），最有可能阻碍中国未来 10 年发展的首要问题是“贫富分化严重”（75.4%）。2011 年 6 月 16 日新华网转载《半月谈》的报道说，中国自杀率是国际平均数的 2.3 倍。这和经济社会关系不和谐不无联系。

5.4.3 增长优先破坏社会和谐关系

我国长期奉行“效率优先”的指导思想，近年来虽然强调更加注重公平，但效率优先的观念并未根本扭转。不仅如此，其含义为投入产出之比的“效率”实际上被理解为增长速度，因而“公平”与“和谐”被全面忽视了。

一个重要表现是雇用劳动者的权益得不到应有的保护。2005 年，广东商学院社会工作系教授谢泽宪调查发现，珠三角每年断指事故 3 万宗。《工人日报》2006

年 10 月 18 日报道称，据中国人民大学中国社会保障研究中心调查，深圳民工每五个人中就有一人受过工伤或患过职业病，而深圳民工有大约 800 万。近年情况虽然在改善，但事故率仍然很高，有报道称 2010 年深圳每年工伤人数约为 5 万人，2012 年 5 月 28 日《南方都市报》报道，佛山专业收治工伤的医院估计一年至少 4 000 例断指。矿难方面，2003 年的一个统计显示，中国每百万吨煤的死亡率是美国的 100 倍，是俄罗斯和印度的 10 倍，是南非 30 倍，死亡人数超过世界其他各国的总和。《凤凰周刊》2009 年 4 月 3 日报道，不计瞒报成风，自 1999 年算起，大陆煤矿业发展的 10 年中，共有 54 160 人因矿难而失去生命。以上状况无疑与地方政府的袒护有关，例如珠三角一些地区把外来民工正常的诉讼时间拉长达到 3 年以上，迫使伤残民工因耗费不起钱财只能放弃权益。

许多企业劳资关系严重不和谐。2012 年 1 月 28 日《纽约时报》报道，根据调查，在苹果的供应商富士康公司，很多工人的工作时长超过了 60 个小时。小东的工资单显示，他一天工作 12 个小时，一周工作六天。迟到的要写检讨，有时还要罚抄总裁语录。有时工人需要连续工作两个班次。一套三居室的宿舍，有时要挤下二十个人。去年由于劳资纠纷，工人们怨愤滔天，导致宿舍区发生了一场骚动。愤怒的工人从宿舍往楼下扔瓶子、垃圾筒和点燃的纸。据目击者说，当地出动了两百名警察冲进厂区，逮捕了八名工人才平息。2007 年，苹果审核了三十多家工厂，其中 2/3 的工厂表示他们的工人一周工作超过苹果所规定的上限 60 个小时。除此之外，还有六项极为严重的违规，包括雇用 15 岁以下的童工以及伪造记录。在接下来的 3 年，苹果共进行了 282 次审查。在这段时期，苹果共发现 70 起极为严重的违规，比如非自愿加班、使用童工、伪造记录、不当处理有毒有害废弃物，以及一例上百工人受到有毒化学品侵害的事件。有些工人的收入低于最低工资标准，而工厂有时还会克扣工人的工资以作惩罚。苹果并不是唯一一家供应链上生产环境恶劣的电子产品公司。戴尔、惠普、联想、索尼、摩托罗拉、诺基亚等公司都被发现其生产车间内的工作环境严苛。[①]受到国外客户审查制约的富士康，却在其准备迁移时成为中国各地政府抢夺的对象。富士康是四川省的“一号工程”，政府指派每个市都要完成招工任务，每个县都分到了几千工人的招工名额。因此，像“抓壮丁”一样，乡镇干部协助招工，并且亲自带队将大批工人送到富士康上班。凡是劳务公

① 张楠：《美媒曝苹果中国血汗工厂》，2012 年 1 月 30 日《东方早报》。

司带一个工人来富士康，就由政府支付 1 200 元的报酬。可以想象政府能否大力维护雇工权益。

地方政府立足点更多地站在资本一边，是增长优先政策的必然选择。《法制晚报》曾报道，某市规定了 12 条 5 000 万元以上投资者享有的各种政治法律特权，其中包括可以不受交通法规的制约、医院看病享受半价、子女随便选择学校、出入娱乐场所（赌博嫖娼）不受公安机关检查等，还规定每月 1 日—25 日为企业“安静日”，包括司法机关在内的全市任何部门不得进入企业，违者立刻开除，到记者发稿时，已有 7 名公务员因进入企业而被开除。其实这类规定在东南沿海地区早就出现了，一位市政法委书记在解释为什么要让法院判决民工败诉时，竟然对着中央电视台的镜头就敢赤裸裸地说：“很简单，我这里民工多的是，引进外资却很难，不替外资说话替谁说话？发展才是硬道理。”

分配关系恶化实际上是富有阶层更多地利用了人类共有的自然资源。不仅如此，普通阶层更多地承受了环境污染之苦，又缺乏更多的时间和金钱去享受优美的自然环境和营造更好的生活环境，形成了相当的生态消费不均。

追求增长也给社会和谐带来威胁。连省委书记都在党报公开承认流行的说法，基层干部 1/3 精力用于维稳。上访问题比重最大的是征地拆迁，征地拆迁冲突及上访的主要背景是在增长的大扩张中，资本利益压倒很多群众的利益。

5.5 物价高位运行、经济全面过剩

5.5.1 刺激经济制造通货膨胀压力

1978—2011 年的 34 年中，中国有 17 年 CPI 涨幅超过 3%的警戒线，有 5 年 CPI 涨幅超过 10%。实际上，公布的 CPI 不包括房价，也与人们对物价上涨的感受不一致，而且显著低于国民生产总值综合价格指数。中国的通胀主要原因就是追求经济的高速增长。如 1993 年 GDP 增长 14.0%，投资额却增长 61.7%，结果 1994 年全国居民消费价格上涨了 24%。2003 年以后，投资增速一直处于 25%左右的高水平，所以总起来自 2004 年以后的多年中物价上涨率比较高。

物价全面上涨的直接原因是货币流通量增加和需求过高。以近年飞速上涨的房

价而言，舆论界和政策研究界往往把房价过高的原因归结为地方政府对 GDP 和高额卖地收入的追求。其实，地方政府根本没有能力大幅度左右房价，基本的经济常识告诉我们：没有那么多的货币购买力和强烈的购买意愿，高房价怎么能维持下去？根据货币流通规律，除非特大灾荒造成物资奇缺，世界上根本不存在成本推动的通货膨胀或结构性原因推动物价全面持续上升。地方政府把房价拉到合理水平的唯一可用直接调控手段是规定每户只能拥有一套住房，且外地人不得购买。但国家没有这种政策，在今天的社会意识氛围内，地方政府也没有可能做出这一决定。即便国家做出这样的规定，从房产领域转移出去的货币也会把其他商品价格抬得更高。

一定时期的货币流通量是货币供应和货币需求相互作用的结果，而货币需求又受投资、消费需求的制约。为了刺激增长，政府增加投资，尤其是政府举债投资，鼓励企业增加投资，鼓励居民创业，鼓励居民消费，房贷利率打折和减少首付购房，都增加货币需求和投资、消费需求。宽松的货币政策，放宽商业银行贷款条件，通过窗口指导等途径要求银行增加对中小企业的贷款，中央银行增加基础货币投放，都增加货币供应。以下重点说明外需和外资拉动经济的机制对货币供应的重大影响，因为我国前几年通货膨胀压力的首要原因是为了保增长导致的汇率僵化和国际收支顺差。

与 GDP 相比，我国近年来 M_2 大约超过日本的 1.5 倍，是美国的 3 倍多，而美国货币多半存于国外（我国 M_2 与美国 M_2 口径差别不大）。我国货币过多的首要原因是央行购买巨额外汇而发行了巨额人民币，2011 年 12 月末，金融机构外汇占款余额已达到 25.36 万亿元，2013 年 12 月末为 28.63 万亿元。即使没有结汇制，大部分外汇也不会被社会公众所持有而会卖给银行。这 20 多万亿元人民币即使有一部分被企业提现用于支付结算，大部分还会变成原始存款去派生数倍货币。有实证研究显示，1996—2008 年广义货币供给量和基础货币量与外汇占款相关程度分别达到 0.948 995 和 0.934 012。[①]

外汇占款造成的货币（存款）增加量，可以顺差较大的 2010 年为例进行计算：截至 2010 年年底，我国外汇占款 22.5 万亿元，这些原始存款会派生货币，存款派生倍数由法定存款准备金率、超额准备率、提现率等因素决定。相关数据是：①自 12 月 20 日起，存款类金融机构人民币法定存款准备金率为 18.5%，由于中小金融

① 刘铁牛：《浅析我国外汇占款对货币供给的影响》，载《湖南财经高等专科学校学报》2009 年第 2 期。

机构 15%，平均数可按 17.7%计算。②2010 年年底，金融机构超额准备金率为 2.0%。③2010 年年底，全社会流通中现金 44 628.17 亿元，全社会活期存款加活期储蓄为 346 881.93 亿元，提现率为 12.87%。④定期存款比例，用"（统计的全部定期存款+定期储蓄+其他存款）/（统计的全部活期存款+活期储蓄）"计算，定活比例=（143 232.08+178 413.93+12 905.1）/（221 993.37+124 888.56）=369 732.96/ 346 881.93 = 1.066。综上可得：

狭义货币乘数 k_1= 1/（法定准备金率 r+超额准备率 e+提现率 c）=1/（0.177 +0.020 +0.128 7）=1/0.325 7=3.070 3

如 K_2 为广义货币乘数，r_d 为活期款准备金率，t 为定期和储蓄存款与活期存款之比，r_t 为定期存款准备金率，则

$$K_2 = \frac{\mathrm{M}_2}{B} = \frac{1+c+t}{c+r_d+t\cdot r_t+e}$$

=（1+0.128 7+1.066）/（0.177+0.020+0.128 7+0.177×1.066）=2.194 7/0.514 382 = 4.266 67

外汇可派生的 M_1=外汇占款（原始存款）×货币乘数 k_1=22.5 万亿元×3.070 3=69.08 万亿元。

外汇可派生的 M_2=22.5 万亿元×4.266 67=96.00 万亿元。

当时，央行的总资产（基础货币发行途径）是 25.92 万亿元，而其中的外汇资产高达 20.68 万亿元（外汇占款 22.5 万亿元由于人民币升值而减少了 2.32 万亿元），可见外汇占款占基础货币发行的比例之大。央行对金融机构债权（再贷款再贴现）只有 0.948 5 万亿元。

当然这不是说外汇实际上创造了 96.00 万亿元的货币，22.5 万亿元外汇占款未能都创造货币，因为央行还通过各种途径回收基础货币，其中，能够派生存款的金融机构负债高达 13.64 万亿元，发行债券（央行票据）4.05 万亿元，政府在央行存款大于央行对政府债权。2010 年 12 月 M_2 实际是 72.58 万亿元。

实际上，外汇占款导致的货币量增加与贷款量增加导致的货币量增加作用并不相同。外汇占款来源于增加的出口货款、外商投资和混入的游资所兑换的人民币，这些人民币都会存入银行变成原始存款。而贷款的来源有三部分：①中央银行再贷款，这是原始存款；②外汇占款；③贷款变成的存款。由贷款变成的存款再次贷款，其派生存款的倍数与原始存款的派生倍数相比大大减小。因此，M_2 的增加不

等于贷款量的增加和外汇占款之和。外汇占款带来的货币增加比重远大于自身增加的比重。

这就是我国前几年货币过多和通货膨胀的首要原因。在经济下滑时期，产品和产能过剩，投资和消费不足，物价暂时不上涨，一旦经济恢复，需求增加，通货膨胀将难以抑制。前几年，房价涨速惊人，全面反映物价变化的国民生产总值物价折算指数，笔者计算，2009 年、2010 年、2011 年分别为-0.65（CPI 为-0.7%，PPI 为-5.4%）、7.379（CPI 为 3.3%，PPI 为 5.5%）、8.24（CPI 为 5.4%，PPI 为 6.0%）。

如前所述，巨额外汇储备即巨额国际收支顺差产生的原因是调节国际收支的基本市场变量——汇率的僵化。我国每一个经济学教科书都将国际收支平衡列为宏观经济调控的目标。产生巨额国际储备即意味着国际收支严重不平衡，而巨额国际储备意味外汇供过于求，供过于求就应价格下降，即及时下调汇率，扭转顺差实现平衡。但这要求容忍经济增速下降。

如果不容忍经济增速下降而容忍严重顺差，巨额外汇储备产生后就很难顺利消化了。比如通过巨额逆差来消化，几乎是不可想象的。

在严重顺差时无须人民币升值而使汇率立即合理的唯一途径是通过货币巨量超发促使国内物价迅速翻番。但恶性通货膨胀常常会使一国经济崩溃，甚至会使社会陷入动乱。由于那样做会减少出口，也不会为增长主义所赞成。如果等待通过本国通货膨胀和其他因素致使汇率慢慢走向均衡，让几十年的货币增长令巨额外汇显得微不足道，则一国必然遭受巨大的资源财富外送和通货膨胀的煎熬，而且通货膨胀又意味着低收入者的财富向富裕阶层转移。

应对和防止物价上涨必须控制货币量和投资、消费、出口、政府四项需求，其他建议都不合适。应对和防止通货膨胀，一种建议是增加直接融资以减少贷款从而减少货币派生，但这样做并不会减少外汇占款这种超额货币；美国虽然直接融资较多，但直接融资融的货币也要变成银行存款（即 M_2），对货币需求的减少数量有限。第二种观点认为，虚拟经济发展会吸纳大量货币从而货币量增加不致造成物价上升，但实际上我国证券市场规模占 GDP 的比重已经不比国际水平低，而证券公司客户保证金只不过 1 万亿元左右。第三种流行的观点认为提高利率可以缓解物价上涨，但实际上利率大幅上升虽然可能减缓投资类资产价格上升，但对于抑制生产资料和生活资料价格的上升作用并不明显，反而增加企业成本，并使热钱流入更多。第四种途径——提高法定存款准备金率——也难以从根本上解决问题。首先，如果准备金率较低，提高法定存款准备金率上收的货币都是货币市场游资或闲置资金，对贷款和消费从而对一般物价不发生影响。其次，如果法定存款准备金率急剧大幅提高，将极大压制经济发展。因为流出去的货币，除上缴的法定存款准备金外，已基本进入经济循环过程，货币循环进去容易退出难，如果紧缩的货币政策企图通过大幅压缩贷款的手段抑制物价，信贷被压缩到一定程度必然造成企业资金普遍紧张，民间利率急剧上升，甚至形成许多烂尾工程和大批企业破产。最后，由于中央银行对商业银行的准备金存款支付的利率远低于银行吸收存款的利率，法定存款准备金率特别高的时候还可能进一步降低利率，甚至像其他国家那样不付息，而当准备金率提高到一定程度之后，必然会使得存款性金融机构濒临亏损的境地。

5.5.2 强拉增长孕育金融危机和经济危机

经济危机的实质就是生产过剩，生产过剩虽然主要由企业追求利润所引起，但政府的经济刺激政策和银行系统的鼓励性政策也会推波助澜。美国宽松的房贷政策以及车贷政策、西班牙的房产泡沫、欧洲的持续财政赤字政策，都对其金融危机、债务危机和经济危机的发生起到推动作用。各国政府面对经济增长的困难，总是不顾生产过剩的现实，忽视经济发展的内在规律，运用扩张性的货币政策与财政政策继续强拉经济增长，其结果只能是造成新的过剩，延缓经济危机的化解，孕育新的危机，造成后续经济增长十分困难。

2008 年美国金融危机后中国推行扩张性经济政策，信贷总量过快增长、政府数万亿元投资并且带动更多社会投资、雄心勃勃的地方政府大抓“项目”的干劲一如既往。其结果，加剧了设备厂房过剩、住房过剩、商铺过剩、基础设施过剩、街头上的车流过剩，以及货币过剩和大学大扩张带来的大学生过剩。郎咸平计算，2012 年我国产能过剩率水泥为 28%、电解铝为 35%、不锈钢为 60%、农药为 60%、光伏为 95%、玻璃为 93%。此外像甲醛、农药、造船、高速公路等都严重过剩。根据 2012 年 IMF 报告，中国 2011 年的产能利用率只有 60%。美国当前的全工业利用率为 78.9%，而在金融危机高峰期这个比率也有 66.8%。这意味着中国目前的产能利用率尚不及美国 2008—2009 年金融危机高峰期的水平。官方统计，2012 年，钢铁、水泥、电解铝、焦炭、船舶、光伏、工程机械等产能行业平均利用率在 75% 上下，主要产品产能利用率不到一半，2013 年工业产能利用率回升 3～5 个百分点。

日信证券陈乐天研究，2008—2011 年中国产能利用率在 60%～70%的区间下行，2012 年为 57.8%，2013 年第一季度为 54.7%，降至 50%～60%的波动区间，比 72%～75%的“合意”区间低 15～20 个百分点，2009 年大投资是这次超级产能周期的根本原因。严重的产能过剩实质上就是经济危机的隐性形式，并可能导致剧烈的显性经济危机。当然，企业出问题也会引发金融业的危机。

美国《时代》周刊 2010 年 4 月刊发文章《鬼城》称，没有比这个问题更让众多经济学家、投资者和银行家们夜不能寐的了：中国房地产市场是泡沫吗？自美国房地产业崩盘变成全球经济衰退催化剂以来，很多人士担心这一幕在中国重演将是灾难性的。《时代》周刊指出，事实上，供给过剩的证据到处都是，为数百万居民建造的城市耸立着，却成为了一座“鬼城”。2012 年邯郸在建与在售楼盘至少需要消化 10 年。2012 年安徽一个县长告诉知名财经评论家牛刀，县城已经盖好的房子，把全县农民全部迁到县城住，都起码还有一半空房子。此外，该修的路已经全部修通，该盖的大楼这三年也全部盖起来，什么文化公园、体育馆也全部落成。该县和各地一样，最近三年来，不顾一切保增长，累计债务 170 亿元人民币，而本县财政实际上只有 6.5 亿元，还贷款的利息都不够，不管哪一届政府，以后什么事也不用做，只要做一件事——还债。这实际上就是地方债务危机。

很多经济困难实际上已是一种“局部危机”。在前几年大量企业上马的背景下，2012 年中国企业的倒闭率高达 8%～10%，业内人士指出，餐饮企业月倒闭率高达 15%，而正常情况下企业的倒闭率为 3%～5%，这种情况预计在几年内还将持续。2007 年开始铁道部每年的基建投资从 1 762 亿元飙升至 2010 年的 7 949 亿元，铁道部大量的客专项目上马运营，仅有少量处于经济发达地区的中短途线路能够实现盈利，大量线路收益不敷成本，亏损严重。2012 年年底，铁道部总资产为 44 877.00 亿元，截至第三季度税后利润则为−85.41 亿元，年底净利润只有区区 1.96 亿元。

一定时期的可利用生态资源总量和社会需求是决定人类社会经济活动规模的两个基本条件。如果经济增长的规模没有达到生态资源供给能力的上限，并且具有社会需求时，经济就可以稳定增长。而当经济增长规模达到甚至超过生态资源总量限制的水平时，再也没有多余的资源可以浪费，环境质量贬损令人无法接受，持续发展受到威胁，原材料紧张，油价上涨，自然灾害等资源短缺造成企业成本太高无利可图，生态危机就会爆发；当经济增长规模显著超过社会需求总量时，某种形式的经济危机就会发生。在危机爆发后，只有压缩生产规模而不是继续刺激增长，经济才有可能健康复苏，实现科学发展。否则，就会加剧危机所造成的资源的巨大浪费和环境的破坏，进一步降低我们的生态福利。

第 6 章

增长主义的产生根源

长期以来，学术界和舆论界对增长主义产生的根源进行了诸多直接和间接的评论，对追求经济快速增长的动因进行了大量的研究。这些评论和研究具有不少合理因素，其研究思路具有启发性，但也有些分析不够精准，有些观点没有抓住要害，对增长主义的促动机制研究不够具体，对增长主义的社会根源重视不够。我们必须全面认识和深入分析增长主义的深刻根源和具体机制，以便寻找克服增长主义的更正确、更有效的途径。

6.1 我国学术界关于增长主义根源的讨论

在专门论述我国增长主义的文献中，一般都简要指出增长主义源于宏观经济战略，同时中央对地方政府的政绩激励和财政激励起了推动作用。在研究中国经济快速增长动力的文献中，普遍认为中国经济增长迅速的原因是地方政府主要领导干部具有经济增长的充分激励。对于这种激励的来源，主要从经济绩效与官职晋升的关系、经济增长与财政收入的关系两个方面进行研究。

6.1.1 "以经济建设为中心"的赶超战略

李义平把增长主义的根源归结为"计划经济下直接拼经济增长的思维惯性"。①李海青把增长主义的根源归结为"不发达的经济社会现状、'落后就要挨打'的危机意识、急于证明社会主义优越性的赶超意识使得公共权力把经济的增长特别是其'数量'与'速度'的提升作为发展的重中之重",以"GDP 为中心"的政绩考核方式也使得官员把关注点集中于单纯的经济增长之上,从而推动了经济至上发展模式的形成。②秋风认为,各级官员似乎抱定这样一种信念:中国一切麻烦问题的根源就是生产力水平低下,那么解决这些问题的唯一办法就是不惜一切代价,实现经济高速增长,积累足够财富。地方政府间竞争,就是增长主义的产物,而这种竞争展开的前提就是官员商人化、政府公司化。政府在经济增长过程中扮演了过分重要的角色。③陈彦斌等认为,我国希冀以单纯的经济更高速增长来解决或掩盖发展过程中出现的各种矛盾和问题。改革开放以后,我国政府确立了"以经济建设为中心"的基本路线,并以发展作为党执政兴国的第一要务。这种对经济增长的重视,使得政府事实上采取了增长主义模式。以经济增长为核心的官员考核模式和"分灶吃饭"的财政制度则进一步为地方政府推动经济增长提供了强大的激励机制。④

实际上,不仅中国,其他国家的政府也都具有较强的经济增长动力。对"民主体制"中的选举周期研究表明,政治家可能会在选举之前有意增加政府投资和公共支出以求胜选(Alesina,et al.,1997;MacRae,1977)。⑤而在"非民主体制"下,政府也完全可能实施促进经济增长的政策来加强政权合法性(Shirk,1993;Yang,

---

① 李义平、柏晶伟:《警惕经济增长主义的弊端》,2010 年 3 月 26 日《中国经济时报》。

② 李海青:《"更加注重社会公平"是对"效率优先、兼顾公平"的批判与否定——一种基于文本解读的理论反思》,载《伦理学研究》2010 年第 6 期。

③ 秋风:《走出增长主义陷阱,提升民众幸福感》,载《中国新闻周刊》2011 年第 8 期。

④ 陈彦斌、唐诗磊、阎衍等:《中国宏观经济分析与预测报告(2011 年第一季度)》,2011 年 3 月 2 日《中国证券报》。

⑤ Alesina A.,N. Roubini,G: Cohen,*Political Cycles and the Macroeconomy*,Cambridge,MA: The MIT Press. 1997.

MacRac C.:A Political Model of the Business Cycle,*Journal of Political Economy*,1977,85,pp.239-263.

2006）。[①]

6.1.2 地方主要领导干部的晋升激励

（1）认为以 GDP 增长绩效为中心提拔干部是经济增长的重要动力。流行的观点一直认为，我国对地方官员的政治晋升主要以 GDP 增速为主要考核指标，许多学术文献也认为，晋升是官员激励的主要来源，地方经济增长实绩构成了地方官员政绩考核的重要依据，晋升锦标赛成为中国政府官员的激励模式。[②]周黎安等写了多篇论文论证这一观点，[③]如运用中国 28 个省或直辖市 1979—2002 年的主要经济信息和每年在位的 187 位省（市）委书记和 157 位省（市）长的信息研究，发现经济绩效对省级官员的晋升有正的影响，在任官员相对于前任的经济绩效对其晋升有着显著的正影响，而且中央在考核地方官员的绩效时理性地运用相对绩效评估的方法来减少绩效考核的误差。文章认为这种人事激励方式成为了中国经济增长奇迹的重要驱动力，但忽略了增长质量，导致环境质量问题、重复建设问题。[④]在较近期的研究中，郭广珍认为，中国在评价地方官员时，经济指标占了很大比重，这使得中国政治对经济影响比其他直接选举体制国家更大。[⑤]2013 年出现了一批相关研究

---

① Yang，D.，Economic Transformation and Its Political Discontents in China，*Annual Review of Political Science*，2006，9，pp.143-164.

Susan L. Shirk，*The Political Logic of Economic Reform in China*，University of California press. 1993.

② 张宇燕、何帆：《由财政压力引起的制度变迁》，载《从计划经济到市场经济》（盛洪、张宇燕主编），北京：中国财政经济出版社，1998 年版。

Blanchard Oliver，Andrew Shleifer，Federalism with and without Political Centralization：China vs. Russia in Transitional Economics：How Much Progress？*IMF Staff Papers*，2001，48，171-179.

Kaiyuen Tsui and Youqiang Wang，Between Separate Stoves and a Single Menu：Fiscal Decentralization in China，*Journal of China Quarterly*，2004，Vol.177，pp. 71-90.

③ 周黎安：《晋升博弈中政府官员的激励与合作：兼论我国地方保护主义和重复建设长期存在的原因》，载《经济研究》2004 年第 6 期。

Li Hongbin，Li-An Zhou：Political Turnover and Economic Performance：the Incentive Role of Personnel Control in China，*Journal of Public Economics*，2005，Vol.89，No.（9-10），pp.1743-1762.

周黎安：《中国地方官员的晋升锦标赛模式研究》，载《经济研究》2007 年第 7 期。

④ 周黎安、李宏彬、陈烨：《相对绩效考核：关于中国地方官员晋升的一项经验研究》，载《经济学报》2005 年第 1 期。

⑤ 郭广珍：《地方官员行为与经济发展：一个基于政治晋升、财政分权与腐败的文献综述》，载《制度经济学研究》2010 年第 3 期。

论文，大多与前述观点相似。

与此相关的一个思路是将晋升激励与财政激励结合起来。Jin 等（2005）指出财政分权和政治晋升的研究显然是互补的。[①]傅勇、张晏（2007）利用 1994—2004 年的省级面板数据，解释了中国的财政分权以及基于政绩考核下的政府竞争，在支出结构上造就了地方政府“重基本建设、轻人力资本投资和公共服务”的严重扭曲。[②]王孝松，高乐咏将政治晋升激励、行政分权与财政激励一同纳入中央政府的激励机制中来，但中央政府给予地方官员不同待遇仍然是以地方官员的经济绩效为依据的。[③]刘佳等采用 2003—2008 年中国 257 个地级市政府的非平衡面板数据分析，认为地方政府官员晋升竞争是引发土地财政的根本原因。[④]

（2）认为上级政府没有根据增长绩效提拔干部。对于省级以下各级政府主要领导的提拔原因，邢华（2007）通过对江苏省 1990—2005 年 52 个县（市）领导的升迁与经济增长和财政收入的数据研究，发现经济增长和官员升迁负相关的计量结果。[⑤]Mei（2009）发现湖北地级市官员与其任期内 GDP 移动平均增长率没有正相关，而一些经济规模较小地方的官员在升迁之前，必须先被调任到某些特定地区（如经济或政治重要区域）任职。[⑥]这可能是政治网络背景起作用。林挺进（2010）搜集了到 2005 年为止全国 264 位地级市市长的数据，发现官员升迁方面的优势将会有助于他们到一个有较好经济绩效的城市去担任市长。[⑦]对省级官员，Wu 和 Ma（2009）的研究采用事项历史分析方法，发现 GDP 增长对中国省级官员的擢升仅有极其微弱的影响。[⑧]

陶然等认为“官员晋升锦标赛”理论难以解释中国转轨高增长。例如，考虑中

---

① Jin HY，Qian B：*Weingast，Regional Decentralization and Fiscal Incentives：Federalism*，Chinese Style，Journal of Public Economics，2005，89：1719-1742.

② 傅勇、张晏：《中国式分权与财政支出结构偏向：为增长而竞争的代价》，载《管理世界》2007 年第 3 期。

③ 王孝松、高乐咏：《中央政府的激励机制与地方经济增长》，载《财经问题研究》2009 年第 2 期。

④ 刘佳、吴建南、马亮：《地方政府官员晋升与土地财政——基于中国地市级面板数据的实证分析》，载《公共管理学报》2012 年第 2 期。

⑤ 邢华：《政治企业家与制度变迁——对中国经济转型的一个解释》，中国人民大学博士论文，2007。

⑥ Mei Ciqi：*Brings the politics back in：Political incentive and policy distortion in China*，Ph. D. Dissertation，University of Maryland. 2009.

⑦ 林挺进：《中国地级市市长职位升迁的经济逻辑分析》，载《公共管理研究》2010 年第 5 卷。

⑧ Wu Jiannan，Ma Liang：*Does Government Performance Really Matter？ An Event History Analysis of the Promotion of Provincial in China*，Working paper，2009.

国不同地方资源禀赋和经济发展基础上的巨大差异，上级政府把经济增长率作为地方官员政治提拔时的主要考察指标是否合理？[①]陶然等对周黎安等人的观点进行了系统反驳。他们发现改革开放以后的中国并不存在一个层层放大的、将政治提拔与经济增长，或主要经济指标直接挂钩的考核体系，也没有实证证据表明在省这一级别 GDP 增长率对中国地方官员的政治提拔具有显著影响。干部考核要求运用民主推荐、民主测评、民意调查、实绩分析、个别谈话和综合评价等方法进行综合考核评价。陶然等对周黎安等的计量研究修订了升迁标准、数据错误、个别变量，重估计量不仅证明了本省官员提拔与邻省份经济绩效无关，与前任任期内 GDP 年均增长率的关系也不显著。其原因是：如果明确考核指标，领导在任命下级时自由裁量权会大大缩小；各级政府都知道 GDP 增长率数字扭曲；招商引资竞争主要是市或县级政府，其财政收益主要集中在市、县级别，很难相信一个省份的增长速度主要取决于省级主要领导的作为；即使认定 GDP 增长是提拔的关键因素，那些拥有更好网络关系的官员也完全可能被派到更容易出政绩，或者是能够得到历练的边远地区任职后再升职，一些经济大省、强省或直辖市有更高政治地位，省委书记和省长获得升迁的概率也更大。[②]陶然等人的观点产生了不小的影响。

此外，唐睿、刘红芹采用 1998—2006 年中国省级面板数据，研究显示地方政府行为演变为在社会公平和经济发展的双重目标下的二元竞争模式。部分地方政府在 GDP 上竞争，另一部分政府在社会公平上竞争。[③]李勇刚等认为，地方政府的晋升激励和土地财政是中国经济长期较快增速的重要原因。[④]

（3）认为政治网络关系等因素而不是绩效对干部提拔起关键作用。一些观点认为，个体官员所拥有政治网络的强度对其提拔与否起到关键作用（Nathan，1973；Shih，2009）。[⑤]Opper 和 Brehm（2007）利用中国 1987—2005 年 212 个省级领导人

---

① 陶然、陆曦、苏福兵等：《地区竞争格局演变下的中国转轨：财政激励和发展模式反思》，载《经济研究》2009 年第 7 期。

② 陶然、苏福兵、陆曦等：《经济增长能够带来晋升吗？——对晋升锦标竞赛理论的逻辑挑战与省级实证重估》，载《管理世界》2010 年第 12 期。

③ 唐睿、刘红芹：《从 GDP 锦标赛到二元竞争：中国地方政府行为变迁的逻辑——基于 1998—2006 年中国省级面板数据的实证研究》，载《公共管理学报》2012 年第 1 期。

④ 李勇刚、高波、许春招：《晋升激励、土地财政与经济增长的区域差异——基于面板数据联立方程的估计》，载《产业经济研究》2013 年第 1 期。

⑤ Nathan，Andrew J，Nathan A.：*A Factionalism Model for CCP Politics*，China Quarterly 1973，53，pp.34-66. SHIH Victor C. Factions and finance in china：elite conflict and inflation.Cambridge University Press，2009.

的 1 101 个观测值表明是否升迁与政治关系（纵向个人联系）高度显著，而经济绩效不显著甚至为负，从而否定了"政绩观"，发展了一个基于政治"网络关系"与"保护伞"形式的、信任与长远合作的省级官员晋升理论。[①]

Sheng（2009）认为从外省份调入和中央委派的官员更易于获得提拔。[②]杜兴强等的研究结果表明，省级官员擢升概率与官员历练、经济增长均显著正相关，但官员历练（中央工作经历、企业工作经历）的边际贡献远高于经济增长。[③]

刘骥经过在某省 11 个县市前后长达 6 个月的田野工作，发现地方官场决定晋升结果真正起作用的策略是"造印象"；地方官场倾向于挑选"忠诚、守纪律、谨慎、乖巧"的成员。[④]

6.1.3 地方主要领导干部的财政激励

（1）认为财政分权激励作用较大。多年来，一种常见的观点是，财政包干、分权改革赋予了地方政府相当大的财政支配权，财政激励构成地方政府推动地方经济增长的重要来源。[⑤]财政分权程度越高，官员的努力也越高。[⑥]20 世纪 90 年代中期以前中国的快速增长与地方政府在预算收入中较高的边际分成比例有直接关系。这一时期中国经济的高速增长可归结于"保护市场的财政联邦主义"和分权式的"财政承包制"（Oi，1992；Montinola et al.，1995；Qian and Weingast，1997）。[⑦]还有

① Opper Sonja，Brehm Stefan：*Networks versus Performance：Political Leadership Promotion in China*，Lund University，working paper，2007.

② Sheng Yumin：*Career Incentives and Political Control under Authoritarianism：Explaining the Political Fortunes of Subnational Leaders in China*，Woking Paper，2009.

③ 杜兴强、曾泉、吴洁雯：《官员历练、经济增长与政治擢升——基于 1978—2008 年中国省级官员的经验证据》，载《金融研究》2012 年第 2 期。

④ 刘骥：《观看与表演——当代中国地方官场的晋升之道（书稿讨论）》，中国政治经济学教育科研网，2012-11-26.

⑤ 沈立人、戴园晨：《我国"诸侯经济"的形成及其弊端和根源》，载《经济研究》1990 年第 3 期。

⑥ 郭广珍、李绍平、黄险峰：《经济发展中的地方官员行为研究——基于政治晋升、财政分权与腐败的视角》，载《经济评论》2011 年第 5 期。

⑦ Jcan C.Oi.：*Fiscal Reform and the Economic Foundations of Local State Corporatism in China*，World Politics，1992，45，pp.99-126.·

Montinola，G.，Y. Qian，B. Weingast：*Federalism，Chinese Style*，World Politics，1995，48，pp.50-81.

Yingyi Qian，Barry R. Weingas：*Federalism as a Commitment to Preserving Market Incentives*，Journal of Economic Perspective，1997，Vol.11，No.4，pp.83-92。

实证研究结论为我国的财政分权有效地提高了地方政府的效率，说明财政分权对经济增长的作用力是真实有效的。[①]2013 年多位学者进行了类似的研究，有学者还提出土地财政是中国经济长期保持较快增速的重要原因，但也有学者认为实证检验中财政分权和经济增长的关系不是很明确。[②]

（2）认为财政压力激励作用更大。一些研究认为，经济增长政绩与弥补财政缺口的双重激励，形成了中国特有的增长机制。[③]1994 年的分税制使地方财政收入比重由近 80% 下降到 45%左右，省以下财力“层层上收”，而支出划分没有显著变化，转移支付分配不平衡，地方政府开始积极从预算外，尤其是从土地征收中为自己聚集财力，“城市化”开始成为地方政府的新增长点。[④]人们通常认为，实行分税制后各地区上划中央两税按平均增长率的 1∶0.3 给予增量返还，加剧了财力不平衡和寻找税收增长点的动力。

（3）认为财政激励并非来源于分权和压力。陶然等认为，地方政府有很强的激励促进本地经济增长，这些激励从原来扶持乃至保护本地政府所有企业转变为 20 世纪 90 年代中期后通过加强地区间投资竞争来培养新的，以私营、外资企业为主的制造业税基和相应的服务业税基。[⑤]

（4）认为财政激励的观点没有说服力。“保护市场的财政联邦主义”观点受到很多批评。有学者认为中国的财政分权并未形成或未完全形成市场维护型联邦主义。张涛和邹恒甫（1998）利用中国 28 个省 1986—1992 年的年度数据，证明较高水平的财政分权通常与区域内较低水平的经济增长相关联。[⑥]虽然林毅夫和刘志强（2000），张晏和龚六堂（2006）分别利用 1970—1993 年和 1986—2002 年的省级数

---

① 骆永民：《财政分权对地方政府效率影响的空间面板数据分析》，载《商业经济与管理》2008 年第 10 期。

② 范荣：《财政分权、分税制与中国经济增长》，载《财经界（学术版）》2013 年第 6 期。

③ Yingyi Qian，Barry R. Weingas：*Federalism as a Commitment to Preserving Market Incentives*，Journal of Economic Perspective，1997，Vol.11，No. 4，pp.83-92。

Hehui Jin，Yingyi Qian，Barry R.Weingast：*Regional Decentralization and Fiscal Incentives：Federalism，Chinese Style*，Journal of Public Economics，2005，Vol.89，No.（9-10），pp.1719-1742.

④ 周飞舟：《分税制十年：制度及其影响》，载《中国社会科学》2006 年第 6 期。

罗必良：《分税制、财政压力与政府“土地财政”偏好》，载《学术研究》2010 年第 10 期。

⑤ 陶然、陆曦、苏福兵等：《地区竞争格局演变下的中国转轨：财政激励和发展模式反思》，载《经济研究》2009 年第 7 期。

⑥ Zhang，Tao&Zou，Hengfu：*Fiscal decentralization，public spending，and economic growth in China*，Journal of Public Economics，1998，Vol. 67，No.2，pp.221-240.

据证实财政分权与经济增长之间存在正相关关系，但这种分权理论“更多地使用抽象的‘地方政府’，从未以地方政治家作为分析对象。[①]而且张晏和龚六堂（2006）发现中国的财政分权与增长在1986—1993年为负。[②]

有研究表明，中国省级主要官员的任职时间大约是3～4年，众多的报道则表明县镇主要干部的任期仅仅2～3年，中部某省90多个县（市、区）中，“近年来只有一名县委书记在岗位上干满一届”（《半月谈》2005年第3期）。在预期不足的情形下，地方政府通过廉价出让土地“招商引资”以创造未来收入流，显然缺乏足够的说服力。由于政绩的考核及干部的任期制度，导致了政府行为的短期化，追求GDP的数量扩张与粗放的“工业增长偏好”成为其内在冲动，工业园区建设、招商立项、引资额度均是重要的内容，是上级考核下级地方政府政绩的重要指标。[③]

6.2 我国增长主义的思想认识根源和社会经济根源

“增长主义”，作为一国经济发展的指导思想，从表面上来看，好像是中央政府制定发展战略的倾向，包括中央政府为激励地方政府及其官员增长动力进行制度设计的思想倾向。但一个国家或社会发展战略主导思想的形成和贯彻，是由多方面的和许多深刻的因素所决定的。例如，分析增长主义的先驱宋绍英认为日本一切以经济增长为中心的增长主义“贯穿于日本的经济、文化、社会等各方面”，“‘官产复合体’的内部协调关系，使日本政府在实践上真正成为垄断资本推行经济增长主义战略的政策主体，”[④]这等于说，增长主义战略是垄断资本而非政府推行的。实际上，增长主义倾向的形成具有多方面的思想认识根源、深刻的社会经济根源和具体的体制、机制原因。

① 杨其静、聂辉华：《保护市场的联邦主义及其批判：基于文献的一个思考》，载《经济研究》2008年第3期。

② 张晏、龚六堂：《分税制改革、财政分权与中国经济增长》，载《经济学季刊》2006年第1期。

③ 罗必良、李尚蒲：《地方政府间竞争：土地出让与策略模仿——来自中国省级面板数据（1993—2009）》，《第十一届中国制度经济学年会论文汇编》（上）2011年版，第41～52页。

④ 宋绍英：《论日本的经济增长主义》，载《东北师大学报（哲学社会科学版）》1988年第6期。

6.2.1 对国家发展战略的认识偏差与对生态财富的轻视

（1）片面地理解和实施以经济建设为中心的指导思想。当年我国提出“以经济建设为中心”，是针对过去政治活动占用精力过多的情形，强调要以主要精力搞经济，并不是说要一切服从经济增长。与经济建设这个“中心”并列两个“基本点”，其重要性也不比“中心”差多少，坚持社会主义道路，搞改革，都需要付出巨大的精力和智慧。在强调“以经济建设为中心”的同时，邓小平还不断强调两个文明一起抓，两手都要硬。党的“十三大”把（基本）实现现代化的时间表推迟了半个世纪，并把现代化定位于“富强、民主、文明”。党的“十四大”之后，中央实施了可持续发展战略，提出要推动社会全面进步，努力实现社会、经济、人口及环境与生态的协调发展。党的“十五大”强调，建设有中国特色社会主义的经济、政治和文化的基本目标、基本政策，有机统一，不可分割。党的“十六大”提出了经济更加发展、民主更加健全、科教更加进步、文化更加繁荣、社会更加和谐、人民生活更加殷实的全面小康奋斗目标。党的“十七大”提出建设生态文明，基本形成节约资源能源和保护生态环境的产业结构、增长方式、消费模式。所有这些，都是对“以经济建设为中心”的补充和深化。党的“十八大”强调全面落实经济建设、政治建设、文化建设、社会建设、生态文明建设五位一体总体布局。至于说发展是党执政兴国的第一要务，其实“科学发展观”中的“发展”内涵是社会全面进步而非“增长”。所以，和前边分析过的 “以生产力为标准”相似，“以经济建设为中心”的指导思想并不必然导致增长主义，问题不在于国家发展战略和路线本身的失误，而在于在实践上没有很好地贯彻实施正确的战略和路线，并且对增长主义的各种副作用认识不足。这也与后文论述的 3 个思想观念有关。

（2）过高估计经济增长的作用和高增长的必要性。早在 20 世纪 80 年代，就有经济学家论证，解决某个问题（如新增劳动力的就业）需要每年经济增长几个百分点，解决另一个问题需要经济增长几个百分点，最后算出来每年总共需要经济增长几个百分点。类似的思想，即前文分析过的增长目标误区，目前依然存在，最有影响的观念当然是认为增长是解决所有问题的关键。具体地，一个有代表性的观点认为，在一定时期内 GDP 增长速度不能太低，否则会带来一系列问题：①会给居民收入增长和人民生活带来困难。因为 GDP 是提高和改善人民生活的物质基础，没有 GDP“蛋糕”的适度做大，也就更难分好“蛋糕”。②会使财政收入受到影响，进而影响需要财政支持的经济结构调整、社会事业发展、社会保障等功能的实现。③会由于市场需求疲软而影响企业的宏观经营环境，影响企业的生产和就业的扩大。中国生态问题十分严峻，2013 年 12 月我国甚至发生了人类历史上最大的空气污染雾霾事件，但人们仍然还要大力增加雾霾罪魁之一、已惊人过剩的住房供应，就是受了上述观念的影响。

这种对增长作用的期盼存在相当大的认识幻觉。经济慢速增长不等于负增长。只要经济增速不低于人口增速，生活水平就不会下降，我国 1990—2000 年的年人口平均增长率只有 1.07%，2001—2010 年每年人口年均增长只有 0.57%，经济低速增长怎么就会因此而给“人民生活带来困难”呢？如果经济质量改善，零增长也能改善人民生活水平。发达国家人均“蛋糕”比我们大很多，但两极分化的境况仍然未解决（其基尼系数低，主要是没有城乡收入差距、地区收入差距和行业收入差距，预防腐败和社会保障比我们做得好），分好“蛋糕”靠的是所有制结构调整和收入分配体制改革。如果蛋糕分不好，蛋糕再大，人们也是“端起碗来吃肉，放下筷子骂娘”；片面追求经济增长只会导致利益向资本倾斜，导致投资挤压民生，加剧“蛋糕”的分配不均；我国收入分化加剧正好与快速经济增长相伴随。“经济结构调整”需要信贷结构调整、项目审批调整、科技政策和财政补贴结构调整，并不以财政支持的较大增加为前提。以现有的经济发展水平，在社会事业和社会保障方面做到老有所养、病有所医、学有所教、住有所居，完全不成问题，即便是最难的看不起病的问题，在现有的财政水平上也很容易解决。[①]经济增速低，市场需求增加得慢，而市场需求增加得慢不等于需求疲软，负增长才是疲软，企业生产的扩大也不一定非得达到什么速度；正像一些人拼命赚钱，以至于似乎把赚钱本身当成了目的一样，很多人强调生产的增长，似乎把生产的增长本身当成了目的。至于就业的扩大，如本书前面所讲，经济增长的就业效应其实很小，否则经济规模比我们大的国家为什么失业问题比我们还严重？中国解决就业问题的根本途径是工作分担。

（3）错误认识宏观调控政策的有效性。决定经济增长的因素，是科技水平、劳

① 李济广：《医疗保障彻底化的可行性和实现途径：基于江苏省情的研究》，载《苏州大学学报》2013 年第 2 期。

动者的素质、生产要素的数量、企业和国家的管理水平、制度和体制等，西方经济学还说生产要素包括资本，但作为生产要素的资本指的是资本货物（或资本品），即人类所生产出来的且用于生产其他产品所需的一切工具、机器设备、厂房等。货币仅仅是在交换手段的意义上是交换活动的工具，不可能是决定社会经济增长的要素。即使货币资本是微观企业的生产要素，也不是社会宏观生产要素。但自从所谓的凯恩斯革命以来，一些人误以为央行增加货币发行，财政部增加货币支出，就能使经济摆脱衰退走向繁荣。仅仅可以作为缓解经济下滑的宏观调控政策被错误地当作刺激经济增长的法宝，虽然这一做法不断遭到无情的失败，其副作用比正作用多得多，但积极的财政政策和扩张性货币政策仍然被金融寡头当作制造虚假繁荣、攫取更多资源和利润的工具，被政治家当作“有所作为”、制造短期政绩的手段。在中国的理论界，迷信宏观调控刺激作用的观念比西方还严重，政策研究界和政策制定界自然受到极大的影响。人们迷信货币的促增长作用，于是就不断出台货币性促增长措施，结果却破坏生态、扭曲分配关系、推动物价上涨。

（4）割裂商品生产与生态条件，轻视经济福利、生态福利和社会福利的统一。20 世纪 80 年代我国理论界在就已经认识到了生态问题的严重性，90 年代已把生态问题上升到了国家战略的高度，进入 21 世纪以来，高度重视生态状况成为社会各界的强烈呼声，社会的生态观念和国家的生态战略也不可谓不到位，但生态问题却愈演愈烈，其要害在于，生态问题，说起来重要，单独抓生态问题的时候，相对地说也比较重视，就是在遇到经济增长问题时，就忘了生态平衡和生态保护的重要性，不把生态作为增长的约束条件。例如，当经济学家和政策研究者在谈到经济发展规划时，说到明年或最近几年经济要增长百分之几或百分之十几的时候，说到将采取什么措施去推动经济增长时，都没有涉及，在现有的生态效率下，增加这么多的 GDP，采取这么多的经济措施，是不是会使生态进一步恶化？用生态的继续恶化甚至进一步恶化换取这样的经济速度是否划得来？当人们在雾霾和灰尘污染中呼吸着呛人的空气时，几乎没有官员提到应当减少汽车的生产量和消费量，许多网友还在经常抗议汽油贵，专家们还在不考虑生态的情况下讨论汽车生产与销售增加的百分比和增加住房供应。也就是说，经济是经济，生态是生态，两个密不可分的问题没有被当作一个整体来对待，轻视生态财富和生态生产，制定增长战略时没有把“社会可接受的环境阈值（群众可认可的环境破坏程度）”和“社会可接受的资源阈值”作为商品生产增速的重要约束条件，没有注重经济福利、生态福利和社会福利的统一，生态战略没有与经济战略有机地结合起来。

说到底，生态文化对增长战略没有发挥足够的影响，是因为对生态文明重要性的认识实际上没有达到应有的高度。

6.2.2 市场机制自利动力的强烈追求

现代社会经济增长的动力超过生态保护和生态建设的动力，首要的根源就是在市场经济的条件下，生产经营主体的利益追求，尤其是私有企业对利润的追求。马克思、恩格斯反复指出，生态破坏是资本主义私有制企业为了追求利润（剩余价值）而不顾环境损耗扩大生产的结果。当代国内外生态马克思主义、生态社会主义者们充分地论证了，生态破坏归根到底是资本主义私有制经济盲目追求经济增长和盲目推崇消费的产物。

经济增长的动力来源于国家政权、生产经营者和消费者。增长状态是国家政权和生产经营者共同行为的结果。其中，企业是经济关系、经济方式的主要承载者，而经济关系、经济方式就是经济基础。经济基础决定上层建筑，上层建筑服务于经济基础。企业主追求利润最大化，而且常常超越生态与经济的均衡点去追求更多的利润，其强势的经济利益要求必然在上层建筑中得到反映。虽然利润的盲目追求会打破社会资源环境的正当约束，但企业主的所失和所得与其他社会成员的所失和所得并不对等，国家政权首先是优势阶层的利益代表，在利益的天平上，国家政策总会向优势阶层的利益倾斜。资本主义国家政权为金融寡头的资本力量所控制，而且在资本扩张的同时，总统或总理也获得了政绩。英国学者理查德·杜思韦特在其《增长的困惑》里指出，“增长越快，政治家和商人就越高兴。”[①]所以，增长主义是个世界现象，是企业与政府相互作用的结果。当然，不同的国家体制有差异，增长主义的表现程度和表现形式也有所不同。例如，“发展的国家垄断资本主义同统制经济的历史传统相结合，使日本的国家政权比其他国家更加鲜明地成为垄断资本制定和推行经济增长主义政策，攫取高额利润的工具”。[②]

在社会主义国家，经济发展的根本目的应是满足人民生活需要，但市场机制使

---

① 柏晶伟：《警惕经济增长主义的弊端》，2010 年 3 月 26 日《中国经济时报》。

② 宋绍英：《论日本的经济增长主义》，载《东北师大学报（哲学社会科学版）》1988 年第 6 期。

企业把利润的追求摆在直接目的和突出位置上，政府往往未加抑制反而推波助澜。首先，公有制经济自主经营、自负盈亏、自定薪酬的经营机制催生极强的扩张冲动。国有企业的经营决策机制和分配机制即使在资本主义国家，各国也都不一样。许多国家国有企业领导人的工资是按公务员待遇，职工工资是按劳动力市场工资水平，不会随着企业的利润水平大起大落。大多数国家医生都是挣固定工资，医院也没有利润追求。但我国多年来过多地强调自主经营、自负盈亏、自定薪酬，企业领导报酬与企业利润不适当地过多挂钩。同时，作为公有制企业所有者的国家和社会公众对企业的投资、生产规模缺乏应有的制约，使公有制企业的行为特征在追求利润方面与私有制企业颇为相似，而社会又缺乏统一的生态平衡计划。其次，我国非公有制企业投资冲动更大。由于多年来我国劳动力成本、土地成本比较低，人民币低估导致出口销售很容易，先富起来的氛围非常强，非公有制企业比其他国家的私有制企业投资冲动更大，维护社会生态福利的自觉性也更低。最后，我国地方政府与企业的关系非常密切，政府助推企业增长的动力更足。官员与企业主之间的联系比较多，许多官员家属子女经商办企业，企业主担任“委员”、“代表”的也不少，且一般被领导视为纳税大户。因而，地方主要官员帮助企业扩张的行动也更积极，帮助企业增长的政策也更有力度。

6.2.3 新自由主义思潮私有化、市场化、自由化、全球化的影响

多年来，新自由主义的私有产权迷信和市场迷信，推动盲目追求利润的私有化市场经济占据主体地位，由此加大对生态的掠夺和损耗，成为增长主义的推动力。

在资本主义经济思想发展史上，基本上是自由主义占优势，自 20 世纪 80 年代以来，新自由主义思潮占据了意识形态的主流地位。

新自由主义思潮继承了资产阶级古典自由主义经济理论，并走向极端，极力主张私有化、市场化、自由化和全球化。我们在前文分析了，私有化和自由市场经济是推动经济盲目增长、破坏生态、造成生态福利不公的根本原因。新自由主义轻视乃至反对社会平等，反对社会主义，在全世界推动各国扩大私营经济比重，减少乃至取消国有经济，极力推崇市场机制的自发调节，反对政府的管制、计划和调控。私有制在世界各国的大规模扩展、自由市场机制的泛滥客观上对世界生态恶化和生态不公起到了推波助澜的作用。

新自由主义还试图把以私有产权为基础的由市场配置资源的原则直接推广到环境领域，主张把大自然归结为商品和服务，由市场、市场推动的技术手段和优胜劣汰的人口生产的共同作用最终形成经济和生态的平衡。如新古典经济学认为，只要给地球定价，就能够实现生态学所要达到的保护地球的目标，而根本不用改变资本主义的运作方式。他们认为，环境问题的产生，就在于作为环境代名词的地球没有建立产权，这意味着地球不能进入成本—效益分析的范围。因此，地球必须而且也可以简化为物品和服务，这些物品和服务可以成为可分割可转让的商品，它的价格可以由虚拟的供求曲线决定，供给的价格由获得的难度决定，需求的价格则由快乐定价法和偶然评估法决定。确立了环保标准的供需曲线后，就是建立市场的问题。这个市场的开办者是国家，国家通过两种方法来达成生态平衡：一种是课税或津贴，另一种是建立自行运转的新市场。福斯特指出，这种解决办法只能在短时期内使问题缓解，最终还是会加剧所有矛盾，原因是资本主义商品经济的绝对动力，不接受自身以外的任何阻碍，只是一味追求扩大它的影响范围而不考虑对生物圈的负面作用。生态破坏的原因不在于作为环境资源的大部分自然尚未纳入商品和服务的范围，而是越来越多的自然被简化为单纯的金钱关系。[①]其实，快乐定价（利用具有不同生活环境福利设施的不动产价值差异来估计这些生活福利设施的价值）只能由国家来组织，国家组织定价必须以国家所有和计划化为前提。笼统地反对政府在经济增长过程中扮演重要角色，是不利于生态保护的。

英国科学家哈丁的“公地的悲剧”观点，证明了在人们完全从私人动机出发自由利用公共资源时，也就是完全利用私有化市场机制分散独立决策时，公共资源将被过度利用、低效使用和浪费。由独立分散的所有者利用环境和公共资源之所以会出现这种悲剧，原因在于每个可以利用公共资源的人都面临着一种不可避免的“囚徒困境”：大家都不污染环境、都不掠夺资源最好，但是如果我不污染不掠夺而别人污染环境掠夺环境，则别人占了便宜而自己吃了亏，大家都污染也比别人污染获利而我一无所得好得多，所以对单个人而言，不顾污染和资源损耗而竭力使用资源就是最佳选择。正因为如此，要保护好生态环境，必须将私有者个人决策的博弈活动，转变为团体合作的决策行为，环境方面的有效团队合作只能建立在社会所有的基础上。相反，如果完全依靠市场交易的方式来解决生态问题，有钱人则可以大肆

① 彭学农：《福斯特对新自由主义环境理论的批判路径及其特点》，载《理论与现代化》2010 年第 4 期。

挥霍公有资源，可以利用自己的金钱优势让没钱人让出自己的生态财富，而自己在经济利益和生态利益两方面都能够尽占先机，更加破坏资源环境共有共享的原则。

在新自由主义的推动下，资本在全球的流动更加方便和自由。在强国制定规则、弱肉强食、经济秩序不合理的全球化的今天，跨国资本正在以前所未有的资本和技术优势，向全球更广大的地区进行更加全面的扩张。“狼一般的贪欲”和“竞争使资本主义生产方式的内在规律作为外在的强制规律支配着每一个资本家”，刺激着资本家不顾一切去消耗地球资源和环境。随着跨国资本的广泛扩张，对全球特别是发展中国家生态的破坏和环境的污染也达到了更加严重的程度。

新自由主义在生态殖民主义方面扮演了非常不光彩的角色。1991 年，新自由主义者、世界银行首席经济学家萨默斯提出了在传统经济学家中广为接受的一些关于环境的观点，反映这一观点的文章如 1992 年 2 月 8 日在英国《经济学家》杂志上发表的题目为《让他们吃下污染》。这篇文章认为，应鼓励污染企业迁往欠发达国家。理由有三：①对引起健康损害的污染的成本衡量取决于因发病率和死亡率的增加而失去的利益。一定量的损害健康的污染应该在成本最低的国家进行，这些国家的工资水平最低。②由于在污染水平很低时增加污染的成本可能会非常低，污染成本曲线可能是非线性的。与墨西哥城相比，非洲的空气质量可能是毫无意义的太好了。③基于审美和健康原因，人们对于清洁的需求很可能具有非常高的收入弹性。这是一种典型的只讲经济不讲道德，只讲效率不讲公正，只讲市场机制不讲生态的资本逻辑。事实上，资本也正是按照这个逻辑在世界扩张的。

6.3 存在官员自利空间的增长主义体制机制根源

我国增长主义的体制机制根源，除了宏观经济决策缺乏制约机制外，主要是增长过程存在严重的地方官员自利机会，这使地方领导干部追求经济增长动力超强。形成地方官员增长中的自利机会的相关体制制度是多方面的。

6.3.1 不严谨的晋升标准与重要的能力显示方式

一个重要的不合理增长动机，还是晋升。中国各级政府从来没有像流行的说法那样，以 GDP 为中心考核地方主要领导干部并以此主要依据进行提拔，在领导干部的晋升考核内容中根本没有经济增速这一条；但这并不否认偏好增长的上一级政府对下一级政府在工作中提出加快经济增长的要求，尤其是地方政府要求下级政府加快招商引资、加快上大项目、加快增加财政收入等要求。虽然领导干部知道干部提拔主要不是取决于平级干部之间的经济增长竞赛，主要领导干部提拔与经济增长政绩没有明显的相关性，但这不意味着他们不认为，经济增长成绩与干部的提拔晋升、卸职年龄、闲职和要职的安排、清水衙门和油水岗位的配备有时可能有联系。干部提拔考核的清晰条文与上级提拔决策的模糊依据，会有很大的差别，在基本条件具备时，总体印象和某些拿不到考核材料上的不严谨的东西实际上很重要，比如资历，上下级个人间的历史联系和现实关系，想象的或实际的派系，人际能力，年龄，执行上级指示的坚决性，沉稳性以及“实绩”和“维持局面的能力”等。“实绩”往往需要一些实例和数字加以支撑，一个人办成了什么事、搞成了什么项目等有助于“有能力”印象的形成。在经济上“有所作为”是给上级造成工作努力、有能力、对上级领导的工作有贡献等良好印象的必要途径。一个县长即使搞了一个对社会弊大于利的项目，但如果给本地区增加了“成绩”，也会使市委书记视为“有能力”而得到推荐。在竞争者之间，有时条件综合起来不相上下，但经济“实绩”（不限于 GDP）不同，该地区主要领导被提拔、不被提拔甚至被冷落就多了一个理由。经济“实绩”至少可以使得政府工作报告、党代会工作报告、述职报告和年终总结有话可说。主要领导干部以片面追求增长来显示政绩，是不严谨的干部选拔方法促成的。

当然，增长的动机是复杂的。经验和理论告诉我们，自我实现或成就感、自我表现或好大喜功、主观意志和权力发挥、为地方办好事和改善民生等正确的或有偏差的“事业心”，都会推动一些领导干部努力推动经济增长，把自己偏爱的项目和政策付诸实施，直至不惜违背经济发展规律，或从局部看起来是合理的项目由于数量过多而导致社会经济总规模超越市场需求和生态的许可。

6.3.2 非均衡的财政体制与不规范的财力使用

只有实行统收统支的财政体制，地方政府才会没有经济增长的财政激励。只要实行“分灶吃饭”，即使是在计划经济时期，地方政府也存在明显的经济增长的财政动机，或樊纲所说的地方政府间的“兄弟竞争”。财政包干是较高强度的分灶吃饭，地方政府自然更重视财政收入“开源”。分税制的一个基本内容是政府间财政转移支付，其目的是调节财政平衡，实现各地区公共服务水平的均等化，实现中央政府的调控意图。但我国的分税制是半截子分税制，照顾既得利益，转移支付不足，越到基层越困难，在长达 10 年之中财政资金匮乏的地区上级连工资都不保，在中央保工资之后还有很多地区财政仍然比较困难，地方政府的财政压力当然更大，某些竭泽而渔的开发与此有一定关系。非均衡的财政体制必然形成增长的财政激励，尤其是对本地干部而言。

虽然有时财政激励甚至比 GDP 激励还要大，但财政激励的内在动力并非都是为了增加地方利益，缓解财政压力。领导们清楚，分给地方财权，不等于地方就有财力，如果没有好的机遇，拼十年八年财力都不一定有很大的改观。应付财政压力的“有效”手段，一是通过各种渠道向上级争资金、求资金，二是压缩民生开支，三是借债和欠账。至于非分权非压力的一般财政激励，如果地方财力的增加与领导自身的直接利益没有关系，地方主要领导通过抓增长来抓财力的动力也没有现在那么大。

激励地方领导开辟财源的重要因素之一是不规范的财力分配给领导带来的利益空间。我国财力分配的一个基本特点是领导决断，而且主要领导的决断权特别大。资金使用没有真正的集体表决，没有人大或议会对每个开支项目及其金额的逐项审核，对下没有严密的拨款规则，对个人利益的获得也缺乏严密的制约，于是，对于存在自利性的财力决策者来说，必然在不同程度上使财政支出最大化个人效用，而财力越雄厚，尤其是增量财力越多，个人效用就可以越多。例如，虽然财力匮乏不妨碍“三公消费”的奢侈，但财力比较充裕则可使职务腐败消费更便利、更上层次。财力充裕了，不仅自己的工资可以提高，还可以大搞政绩工程、面子工程、尤其是回扣工程，盖豪华办公楼、置办豪华办公室设备、建赏心悦目的豪华广场，向上级和有权力的部门行贿，手握资金让下级来求自己等，不一而足。

6.3.3 不严密的预防腐败制度与经济增长中的腐败机会

Mauro（1995）利用国际数据对各国的腐败对公共支出结构的影响进行了经验研究，该研究表明，相对于人力资本投资，地方政府更愿意对基础设施建设进行投资，因为后者更容易腐败。[①]在中国，老百姓很了解投资过度与腐败的直接联系，而学术界虽然研究了腐败对经济发展的影响，却很少能把回扣类腐败视为经济增长过快的重要动力，显示出这方面数字计量研究的局限性。

虽然案发的建设项目腐败是全部项目腐败的一小部分，但在腐败案件中，书记、市长、县长等通过帮助亲属和其他开发商揽工程、协调施工环境、推进施工进度、保证资金拨付等来为自己谋取利益积攒钱财的报道并不少见。除了政府基础设施建设投资，在房地产开发中主要官员腐败获利也很容易，如土地使用权的出让转让和划拨、拆迁安置、土地补偿、工程发包，房地产开发项目审批、规划、工程监管、验收、工程款支付及贷款等诸多环节，都离不开有关部门的审批。开发商除了对每个环节“打点”，更容易通过主要领导“打招呼”而顺利过关。不仅如此，几十年来，大量国有单位搞基本建设的劲头都几近疯狂，往往第一动力就是回扣。

招商引资中的腐败机会也很多。很多时候对于企业的优惠政策都是随机商议，由领导和企业具体谈，或等待领导拍板。协议规定企业按照生产规模上缴多少利税后在一定年限内进行税收返还，但往往会通过主要领导，让税收提前返还或者在未达成任务的前提下返还。政府规定土地圈不建两年应该收回，按照一定的投资强度进行投资之后再发土地证，但是都不一定执行。由于在招商中，许多主要领导都是亲自抓项目及其进程，形成许多权力寻租空间，[②]领导因之愿意竭尽全力大搞招商引资。事实是，很多官员引进外资的持续巨大热情都有着强烈的利己动机，据称，中国市场、也是国际市场一个重要的潜规则——“10%法则”，即项目回扣占总业务额的10%。

此外，对于已有企业扩大投资，同样存在类似的机会。

有了物质利益，至少是建立了雄厚的人脉关系，即使没有官职考虑，没有财政激励，没有事业心，主要领导干部抓项目也会“干劲十足”。

6.3.4 非民主的经济决策机制与地方官员的自利便利

以上 3 点官员自利机会，都以领导独断和个人专断式经济决策机制为前提。主

---

① Mauro P.: *Corruption and Growth*, Quarterly Journal of Economics, 1995, 110（3）: 681-712.

② 刘永：《河南安阳零地价招商透支资源　多名高官落马》，2012 年 8 月 25 日《中国经营报》。

要包括：

（1）干部晋升缺乏民主性。对主要领导的民意测验，是由直接下属干部打分，并不征求普通群众意见。主要领导只要维护好直接下属干部，就可以让自己的“群众意见”过得去，即使下属干部也不满意，这些干部也愿意打高分让其高升离开本地。对扭曲增长最不满意的是群众，但群众对干部不仅没有罢免权，也不能影响其晋升，有投票权的代表也没有差额选择权，而扭曲的增长还会为决定官员命运的上级领导增添“政绩”。

（2）经济发展规划和重大投资项目的决策缺乏民主性。一个数百万元、数亿元、数百亿元甚至更大规模的项目，一个造城运动，经常取决于一个长官的意志。一项重要的促增长举措，人大还没讨论，政府首长就已经当作正式的决定开始实施了，人大好像是被市长们所领导。由于“一把手”可以影响副职的前程和权力，副职通常都是随声附和；一般公众更无机会加以制约。

（3）财政开支决策缺乏民主性。编制财政支出预算时事先缺乏公开的和充分的讨论，每年一次的人民代表大会，人大代表缺乏充分的时间对预算草案进行认真研究，即使给代表充分的时间进行讨论，相关材料对让大多数代表来说也晦涩难懂，即使代表看得懂材料，人大代表在预算和决算表决时也倾向于站在政府官员一边。预算编制后，支出经常按长官的意志随意调整，随意增加。政府财政开支的效益、效率、合理性、合规性，都缺乏有效的评价考核与监督。

（4）反腐败缺乏民主性。群众对有腐败行为的政府部门和较大单位的领导干部没有投出评议票和选票的机会，没有正式的机会表达自己的态度。群众和职工对有腐败嫌疑的项目没有事先讨论的机会，没有民意调查反映他们的意见，更谈不到否决。对于腐败性财政开支项目和不合理的财政开支结构，村民、职工和市民更无权力制止和纠正。遏制腐败的根本途径是民主，遏制不合理增长行为的根本途径也是民主。没有有效的民主决策、民主管理、民主选举、民主罢免和民主纠察，领导干部无需对民众负责，一些人便罔顾公共利益、民众诉求和长期繁荣，为了寻求个人任内利益最大化而进行经济决策，从而破坏环境，浪费资源。

反腐败制度建设滞后，民主管理的缺位导致公有制度不完善，这是建立了法律上的公有制之后仍然会产生增长主义的关键性机制原因。

第 7 章

克服增长主义的基本对策

对于克服增长主义倾向的对策，我国学术界近期的主要建议是：①政府向服务性转型。李义平首先提出要切实转变政府职能，政府应当从计划经济下直接拼经济增长的思维惯性中解脱出来，提供必要的公共产品，创造公平竞争的环境。[①]陈彦斌等提出应将增长主义政府转型为公共服务型政府。[②]姚先国也呼吁建设服务型政府，主张确立三大共识，即转型比增长重要、改善环境比扶持企业重要、政府转型比产业转型重要。[③]迟福林主张为克服增长主义，要实现以公共服务为中心的政府转型，国有资本逐步从一般竞争性领域退出，改变竞争性地方政府的经济增长方式。[④]我们认为，建设"服务性政府"不能否定社会主义社会国家具有经济发展职能，问题在于国家怎样管理经济。国有经济从竞争性领域退出等于否定了公有制为主体的国家基本经济制度。②调整官员考核指标。如改变干部的衡量标准和选拔标准，[⑤]加大民生类型的考核指标。[⑥]由于经济增长从来不是选拔干部的实际标准，

① 李义平、柏晶伟：《警惕经济发展增长主义的弊端》，2010 年 3 月 26 日《中国经济时报》。

② 陈彦斌、唐诗磊，阎衍，朱戎：《中国宏观经济分析与预测报告（2011 年第一季度）》，2011 年 3 月 2 日《中国证券报》。

③ 姚先国：《转型发展如何摆脱"增长主义"》，载《学术前沿》2012 年第 6 期（下）。

④ 迟福林：《改变"增长主义"政府倾向》，载《行政管理改革》2012 年第 8 期；《地方层面的增长主义症结》，2013 年 11 月 11 日《北京日报》。

⑤ 李义平、柏晶伟：《警惕经济发展增长主义的弊端》，2010 年 3 月 26 日《中国经济时报》。

⑥ 秋风：《走出增长主义陷阱，提升民众幸福感》，载《中国新闻周刊》2011 年第 8 期。

所以这种改革虽然需要，但作用有限。③公众参与。李义平提出在党管干部的前提下，应让人民群众在干部选拔问题上有更多的发言权。[①]秋风提出，要让民众告诉政府自己需要什么，政府按照民众的意愿去做；一个以民众幸福为导向的治理体系，必须是一个民众可以方便参与公共治理决策，尤其是预算决策的民主的治理体系。例如，人大代表更为细致地讨论预算。[②]如何在经济领域有效发挥人民群众的民主制约作用，有待于深入具体研究。

根据增长主义的产生原因，以上对策还不够全面，有效遏制增长主义倾向，必须做出更多的努力。

7.1 推进经济意识形态革命，实现发展方式转变

有效克服增长主义，首先必须在思想意识方面实行革命，彻底清除诱导增长主义、阻碍生态文明建设的错误观念。

7.1.1 从工业文明的观念中解放出来，树立科学的生态文明观

人类社会从农业文明走向工业文明，创造出了漫长的农业文明时代无可比拟的巨额物质财富，但工业文明的存在以巨量资源和环境耗费为基础，不能长期持续发展，只能尽快由生态与经济协调发展的生态文明所取代。要建设好生态文明，需要科学的生态文明观为指导。

（1）生态价值观和生态财富观是树立科学的生态文明观的前提。工业文明的主导价值意识是人类的物质需求，生态文明的价值取向是人、经济、社会与自然协调发展。孙彦泉指出，工业文明价值观是一种以人为中心的价值观，又是一种经济价值观。这种价值观，对于任何事物都以其对人的欲望特别是物质欲望的满足来判断其价值。人类中心主义价值观片面强调人的主体性，否定了自然本身的价值。生态文明阶段把社会物质生产以人为中心的价值取向，转到人、社会、生态的协调发展的价值取向上。[③]马克思主义生态经济学家刘思华系统论述了生态文明价值观，提

---

① 李义平：《克服经济增长主义》，2011 年 5 月 6 日《光明日报》。

② 秋风：《走出增长主义陷阱，提升民众幸福感》，载《中国新闻周刊》2011 年第 8 期。

③ 孙彦泉：《走出工业文明的误区》，载《山东矿业学院学报（社会科学版）》1999 年第 4 期。

出，生态文明从“人—社会—自然”复合系统的整体性出发，以人类与其生存生态环境的协同进化与协调发展为价值取向，来建设现代新文明。这个新文明观本质上是非人类中心主义的。人类实践的价值取向必须发生这样的转换：由只是为人类生存发展的需要与利益作为人类实践的唯一的、终极的价值尺度转变为同时也必须把非人类物种的需要和整个生物圈的整体利益作为人类实践的终极价值尺度，构成可持续发展实践的两重最终目的，它实质上就是人类经济社会实践选择的两重的终极的价值尺度。[①]刘思华教授和方时姣教授进一步提出，马克思和恩格斯在建立和发展马克思主义理论时，始终把人的解放与全面发展和自然的解放与高度发展作为自己的经济学、哲学、科学社会主义学说的终极价值追求和最高价值取向。这是马克思学说与马克思经济学双重价值取向的本来面目。[②]李锐锋、彭慧芳也指出，生态文明还应树立有机论自然观，把包括人类在内的整个自然界视为不可分割的有机整体；在价值观方面认为自然万物都是以自身为目的，因而都具有内在价值和天赋的生存权利。[③]

本书前文已指出，生态财富是产业生产发展的基础，是人民身心健康、富裕、享乐和文明的保障。确立与生态文明相适应的生态财富观及相应的生态福利观是科学的生态文明观的重要内容。

（2）生态实现观和生态发展观是生态价值观和生态财富观的必然结论。一方面，生态实现观和生态发展观是三类需要整体实现观和生态经济社会整体发展观。刘思华教授指出，增进人的身心健康和智力发展的生态需要，已成为人类生存与发展的最基本的消费需求。社会主义生产目的是保证满足全体人民的生态、物质和文化的需要。在社会主义制度下三类需要的实现过程，也就是社会主义三大现代文明建设过程。人民群众的生态需要及其满足程度和实现方式，构成社会主义生态文明的基本内容，也是社会主义物质文明和精神文明的重要表现。可持续发展观作为生态经济社会整体发展观，是经济、社会和生态可持续性的有机统一的整体发展观与实现

---

① 刘思华：《生态文明与可持续发展问题的再探讨》，载《东南学术》2002年第6期。

② 刘思华、方时姣：《马克思主义经济学双重价值取向理论初探——兼论建设生态文明的双重终极目的》，载《湖北民族学院学报（哲学社会科学版）》2008年第5期。

③ 李锐锋、彭慧芳：《生态文明与工业文明的比较研究》，载《南京林业大学学报（人文社会科学版）》2012年第3期。

观。[①]另一方面，生态实现观和生态发展观是人类利益与生物圈利益双重整体实现论。刘思华教授提出，把实现人类自身的利益的同时也同等地实现非人类物种乃至整个生物圈的利益，都作为可持续发展的根本目标与最终目的，在真正增进人类自身福利的同时也同等地增进非人类物种乃至整个生物圈的福利。[②]

（3）综合政绩观和生态政绩观是生态实现观和生态发展观得以落实的保障。各级党组织、人大和政府及其领导干部的工作都必须重视人民与生态的全面价值，重视生态财富，以“生态—经济—社会”高度统一与协调发展为目标，实现人民包括生态需求在内的全面需求，达成物质、精神、生态三大文明的全面发展。不仅领导干部对自身的工作要以正确的政绩观为指导，更关键的是上一级考核下一级政绩的标准要符合生态实现观和生态发展观。干部考核考评办法，必须真正落实以人为本、实现社会全面进步的原则，把满足人民的生态需要与满足人的物质需要作为同等重要的衡量领导干部实绩的主要标准，在生态问题严重时，应当把生态发展作为比经济发展更为重要的任务来考核。

7.1.2 抵御“主流经济学”的理论误导

自 20 世纪 90 年代以来，西方经济学在我国的影响日渐强大，经济学界普遍认为，西方经济学成了我国的“主流经济学”。庸俗的西方资产阶级经济学的泛滥给我国的经济发展和生态发展产生了严重的影响，必须予以甄别与清除。

7.1.2.1 认清西方经济学基础理论和西方主流经济学在生态方面的局限性

西方经济学以“经济人”组成的市场经济的运行机制为研究对象，必然脱离自然生态系统对经济发展的制约作用和目的性作用。西方经济学虽然也讲到资源的稀缺性，但只是研究资源在不同生产和消费之间的分配或所谓的合理“配置”，关注的并不是经济增长总量与资源有限性的矛盾，不是经济发展过程中的资源稀缺，因此客观上是以自然资源动态无限为前提的。西方主流经济学教科书还忽视制度安排对资源使用效率即生态效率的影响。这些重大缺陷使其误导经济发展而对生态系统造成破坏。

---

① 刘思华：《生态文明与可持续发展问题的再探讨》，载《东南学术》2002 年第 6 期。

② 刘思华：《生态文明与可持续发展问题的再探讨》，载《东南学术》2002 年第 6 期。

西方的微观经济学考察经济个体行为，消费者的效用、厂商的成本和生产函数，都不涉及资源环境，对效用最大化的消费者和利润最大化的厂商来说，资源环境是不变的、取之不尽用之不竭的，资源环境被假定为对微观经济不起作用、与经济系统无关。福利经济学的经济效率和最优条件也根本没有涉及生态效率和生态福利。研究制度变迁的交易成本和激励机制的“制度分析”，同样不关心经济制度、经济增长与资源环境的关系。

宏观经济学本应把资源环境作为经济分析的基本变量之一，但是，尽管三四十年之前学界就对资源资源问题的严峻性大声疾呼，西方主流经济学基本理论框架对资源环境与经济运行的基本关系研究仍然无动于衷。关于经济增长的生产函数，关于经济运行的长期宏观经济模型很少把资源环境当做必要变量。宏观经济没有生态生产概念，不可再生资源的永久消失、生存环境的污染和破坏、各种自然遗产损失，都没有正式进行成本核算，而治理环境污染、修复资源环境的生态成本却被计作收益——GNP 的一部分。号称“现代主流经济学新综合”的新古典综合派关于宏观调控的不科学理论成为我国“主流经济学”的金科玉律。经济学家们向政府决策者提出宏观经济政策建议，千方百计地刺激企业家扩大投资规模、鼓励老百姓增加消费数量，好像生产发展现在没有受到资源约束，好像这些增长建议的实施不会使空气变得更坏。正如马洪波所说，微观个体凭着最大化的本能追求生产和消费，政府则从外部以各种手段推动生产和消费，国民经济必然会成为一架高速运转着的环境资源的加工机器，这样对自然的掠夺就达到了无以复加的地步了。①

7.1.2.2 进一步清除新自由主义的恶劣影响

新自由主义思潮从 20 世纪 80 年代初开始在中国得到传播，在我国学术界影响巨大而深远。新自由主义思想的基本特征可以概括为“私有产权+自由市场”。

新自由主义理论宣称，私有产权将通过市场机制的作用，实现资源的有效配置，并随之实现经济增长、社会公正等社会目标。西方经济学家杜撰了一个科斯本人都不知道的“科斯定理”，认为只要产权清晰，假如没有交易费用，私有经济主体总可以通过协商解决他们之间的外部性问题。中国的自由主义经济学家甚至抛开没有交易费用假设，宣传私有化市场机制肯定可以解决几乎所有的经济问题。他们把中国的产能过剩归咎于国有企业和国有银行对投资不担心损失，而看不到非公有制经

① 马洪波：《可持续发展理论的形成及其对西方主流经济学的挑战》，载《青海社会科学》2007 年第 5 期。

济投资增速更高、创业更多，看不到国有经济投资中存在问题主要是因为现行国有经济决策机制未实现公有制经济应有的民主化。我国马克思主义经济学者对新自由主义的“私有产权迷信”进行了深入持久的批判，但新自由主义者的基本态度是，对阐述公有制为主体合理性的文献基本不阅读、不反驳，而对于全盘私有化观点的则不断重复。许多够不上是新自由主义者的人也深受影响。私有化思潮推动私有化进程，大比重的私有化企业的利润动力，成为扭曲社会公平、破坏生态的重大力量。

尽管生态破坏是市场经济的严重“负外部性”，新自由主义“市场迷信”论者仍然把市场失灵局限在极为狭小的范围内，不仅笼统地发对任何国家宏观调控，更反对经济的计划性；他们尤其主张金融市场完全开放，反对国家对金融市场的严格监管。新自由主义认为市场可以有效发挥功能，实现“出清”，如果经济出现紊乱，那就是政府失灵或市场化不完全的结果。他们把国有经济的存在渲染为非市场化和政府干预。经济学家赵磊指出，中国主流经济学始终坚信“市场能够搞定一切”，而市场之所以还没能“搞定一切”，是因为市场化的改革还“不彻底”，还“不到位”。在他们看来，当前我国出现的种种社会问题，其根源还是在于计划体制残余的影响。只要我们彻底推进市场化，融入全球化，与欧美等发达国家社会经济体制完全“接轨”，一切问题均会迎刃而解。但实际上，我们今天所面临的问题主要是市场化过程中产生的“新问题”。[①]清除新自由主义“私有产权迷信”和“市场迷信”影响的工作任重而道远。

7.1.3　坚持以人为本的科学发展道路

多年来，我国主流经济学为片面追求 GDP 无限增长战略提供了理论依据和政策支撑。例如，认为只有让 GDP 较快增长才能解决就业问题，认为收入悬殊的缓解应等待库兹涅茨倒 U 定理作用的发挥，主张发展中遇到的问题只能通过发展来解决，提出鼓励汽车消费要有长期政策，宣扬拉动经济离不开房地产，建议要想保增长还得扩大投资等。种种似是而非的观点都贯穿着“GDP 迷信”，带来了诸多不良影响。正如赵磊教授指出，“在发展中解决问题”，在现实中却往往异化成了“在发展中掩盖问题”。发展并不能自动解决问题，如果缺乏解决问题的诚意或解决问题的思路本身就是错的，那么在发展中制造的问题恐怕比它解决的问题还要多。[①]而实际上，只有坚持社会主义的科学发展道路，才能有效解决各种社会问题：①要做到“以人为本”，把实现好、维护好、发展好最广大人民群众的根本利益作为发展的出发点和落脚点，一切工作都要从满足人的全面需求、促进人的全面发展出发，在经济发展的基础上，不断提高人民群众的物质、文化、生态生活水平。要坚持群众路线，发扬民主，尊重和保障群众的经济、政治、文化和生态权利，在工作部署中，只有得到绝大多数群众支持和同意的经济、社会政策和措施，才能出台。②为切实做到全面、协调、可持续的发展，党委、人大和政府的各项经济决策要切实把生态影响作为约束条件。要全面认识与把握全面、协调、可持续发展的基本要求，从黑色文明向绿色文明转型。③要改变粗放型投资推动的增长方式，推动集约增长。为此，需要建立公正的国家科技经费分配机制，如彻底的匿名评审，建立公正的人才评价机制，坚决遏制有潜质的高层次人才向国外流失，减少对企业的各种娇惯式优惠补贴。④要做到党和国家经济发展规划、经济政策和经济举措生态文明化，以科学的国家发展战略与规划以及制度与机制保障生态文明建设的成效。

7.2 科学确定商品生产增速和经济增长战略

7.2.1 生态成本增速、生态生产增速和生态效率增速的统一

资源都是经济活动消耗的，环境都是经济活动破坏的。即使企业生产都符合环保标准，经济规模过大也会让生态无法实现平衡。很多文件和论文提出了一系列解决生态问题的对策，但是不否定一大堆推动经济增长的政策和措施，生态难题就无法得到根本性解决。

解决生态问题的关键是经济战略和生态战略不能割裂，要把商品生产和生态生产统一起来确定为社会总生产的发展战略，在由生态生产速度决定的生态财富增速和生态效率提高（如节能减排）程度的制约下确定耗费生态成本的商品生产的增长速度。为了保证经济的长期可持续发展，应做到（商品经济增速－国民经济生态效

---

① 赵磊：《我国主流经济学的三大迷信》，载《财贸经济》2003 年第 10 期。

率增速）≤（生态财富增速－经济增长的生态成本增速）；在当前生态严重失衡时期，应做到（商品经济增速－国民经济资源效率增速）＜（要素资源增速－经济增长的资源成本增速），（商品经济增速－国民经济环境效率增速）＜（环境财富增速－经济增长的环境成本增速）；在较长的时期中，为了建设好生态文明，必须做到“资源环境损耗＜新增资源环境财富”；无论如何，都要坚守经济增长的生态底线，不突破“社会可接受的环境阈值（群众可认可的环境破坏程度）”，不突破“社会可接受的资源阈值（原燃料、能源不能支持经济持续增长的现实困难）”。

现在的天空经常是灰蒙蒙的一片，2013 年广东省共发布 194 次黄色灰霾预警信号。钟南山院士表示，灰霾会引发人的心血管和呼吸系统疾病，对哮喘、慢阻肺，特别是肺癌的影响显而易见。发表在《美国科学院院报》上关于淮河南北降尘浓度的对比研究证实，灰霾浓度每立方米增加 100 μg，预期寿命缩短 3 年（南方都市报，2014 年 3 月 7 日）。环保部 2014 年 3 月 15 日发布了名为《中国人群环境暴露行为模式研究》的首个全国性大规模的研究，结果显示，我国有 2.5 亿居民的住宅区靠近重点排污企业和交通干道，2.8 亿居民使用不安全饮用水（新京报，2014 年 3 月 15 日）。这表明，环境已经突破可接受阈值，必须综合治理，包括直接、间接容忍各类经济活动下降。

“保生态”才是社会总生产发展规律的客观要求。在资源和环境形势紧张时，必须加大生态保护力度并从而减慢商品生产增速，直至达到上述均衡条件。流行观点认为“增长水平是由资本积累、劳动力数量和质量的提高以及资本和劳动力等生产要素配置和使用效率决定的”，这极为片面，因为资源平衡和环境福利可接受阈值是商品生产增速的第一必要约束条件，长期市场需求水平是商品生产增速的第二客观约束条件。此外，确定经济增长措施还要考虑这些措施对物价、民生和贫富差距的影响。

企图通过经济繁荣，减轻公众不满，以维护稳定，并为官员和商家提供利益，可能陷入亨廷顿所说的“政绩困局”：如果实现了经济增长或政治稳定，民众将关注公平、民主、自由等；把合法性与经济绩效挂钩，当经济增长受制于自身规律而不能实现时，会导致合法性的丧失。

7.2.2 取消目标增长率，不讲潜在增长率，研究合意增长率，争取最优增长率

在没有分析生态约束的情况下，人为规定国民经济目标增长率，会破坏经济增长与资源环境的均衡条件，加上经济增长受到诸多不确定因素影响，经济增长率难以主观确保和稳定，因此不能事先划定经济增长速度目标。

目标增长率也不能像经济学家们所说的那样可以根据“潜在经济增长率”来制定。潜在经济增长率是指在各种资源正常地充分利用时，或最大限度地充分利用时所能实现的经济增长率。据称，对潜在的经济增长率可用科布-道格拉斯生产函数来测算，或按一个较长时期的年均经济增长率来确定。判断经济增速的合理区间，最重要的是看经济增长速率与潜在增长水平是否大体一致。这种观点恐与生态逻辑相冲突。我国过去年均经济增速已突破生态可接受阈值，把这种增速的平均数作为合理的潜在增长率，显然是与生态目标相悖的目标增长率。如果资源的充分利用生产了大量中间产品即过剩的产能和设施，这种与潜在增长水平一致的增速怎么可能是合理的呢？没有环境约束的生产函数研究只能起误导作用。

哈罗德-多玛经济增长理论的“合意增长率”常常被当作宏观调控的目标。如有研究从结构调整、人力资本和科技资本投资、城市化发展等方面设计了一个可持续增长模型，认为中国经济未来十年合意增长率约为 6%～7%。[①]合意增长率指能使“企业家感到满意”的经济增长率，它等于合意的储蓄率（符合居民意愿的储蓄需求）除以符合企业家意愿的资本产出比率。实际上，按这种没有环境约束，也没有市场约束的增长模型导出的增长率，不可能是“社会”“合意”的增长率。“合意增长率”只能是在保证产销平衡、生态平衡、利益平衡条件下的经济增长率，其最高速度不能突破环境可接受阈值，通常应保证生态文明发展。

“最佳经济增长率”应当是能够实现由商品福利、生态福利与社会福利构成的社会总福利最大化的经济增长率。社会总福利最大化的条件是：增加一单位商品生产带来的经济福利和社会福利，大于或至少等于一单位商品生产消耗的生态成本损失的生态福利和社会福利。达不到这个条件，经济就应减速。经济减速不

---

① 翁媛媛、高汝熹：《中国经济增长动力分析及未来增长空间预测》，载《经济学家》2011 年第 8 期。

仅有利于社会总福利最大化，还有利于提高没有水分的长期经济发展速度。在资源环境紧张时，推动经济长期增长的政策菜单只能是：①提高技术水平和管理水平以提高经济效率和生态效率。②发现和创造（生产）新的可用资源，创造（生产）新的环境。

7.2.3 在合理消费、节制投资的条件下科学增长、增加就业

要在经济、生态和社会发展的统一中提高消费水平。①“刺激消费”的口号必须让位于“合理消费”乃至“节制消费”的观念。增加消费的速度要与人类生态生产发展的速度和生态效率提高的速度相适应。如目前对家庭小汽车的使用不应采取鼓励措施而应予以限制。“扩大内需”这样的话应当少讲，“刺激消费”的话更不宜提，因为这种话语意味着消费是为了生产增长，本末倒置。正确的话语应当是“满足人民消费需要”。②“刺激消费”的口号应当让位于“平等消费”乃至“公正消费”的观念。“平等消费”是缓解生产过剩的必要途径，“公正消费”可以保证较为平等的消费关系，维护代际的消费平等性。为此，要满足急需消费的人群如患者、贫困者以及各种存在生活困难人群的消费需要，增加公共消费比重；要缩小收入差距，如建设独立于企业管理层的工会，通过行业性区域性工会与企业进行工资谈判；大幅提高农村进城务工人员和私企员工养老保险参保标准；帮助员工参与企业利润分享等。

要在投资与消费、投资与生态、商品生产与生态生产比例协调、相互作用的过程中扩大投资。应注意：①刺激“投资拉动”只有在某些特殊情况下才是总体有益的，主要是经济负增长时期，危机大爆发时期。在长期中靠“投资拉动”、“刺激投资”推动经济增长必然破坏经济与生态、生产与消费、货币与商品的恰当关系。鼓励的投资，必须属于原有产能已经或即将满足不了市场需求，或应当进行技术升级的投资，这种升级必须达到国际先进水平，或能创造真正的新使用价值。②对于一般性的生产能力增加，应在技术、土地、环保、信贷等方面“节制投资”。如必须约束房地产投资的浪费性增长，把住宅定位于满足人民生活需要的必需品，而不是当作拉动经济的工具，遏制住房的投资需求，政策上应不准使用住房公积金和贷款购买第二套住房，购买第三套及以上住房要征收增值税。当我们“支持创业”，“解决中小企业融资难”的时候，要看一看宏观总量创业、投资的增长是否与生态和市

场有冲突，看一看商场饭店等是否已经建得过多。

房价高涨，许多人认为价格是由供求关系决定的，因而增大供给可以抑制房价。这种观点正中增长主义下怀，但极其荒谬。房子已极其过剩，而土地和其他建筑材料资源极其宝贵，这些材料的生产给环境带来的压力也极其严重，在这种情况下还要大力增加住房供应，置生态于何地？再者，房子需求取决于货币供应量、住房贷款利率、贷款宽松程度，房产税、房产增值税和遗产税的有无及其税率、转让所得税的税率，有无闲置房的税收及罚款等。而这些是由货币政策和财税政策决定的。

与其消耗资源环境保就业，不如规范与缩短劳动时间，通过劳动分担、分享工作保就业。①把大多数劳动者的劳动时间限定在每周 40 小时之内乃至更短，还可以实行工作岗位分享，轮换上岗，延长带薪休假时间等措施，直至充分就业得以实现。规范与缩短劳动时间是中国解决就业问题的根本途径，也是克服增长依赖症和出口依赖症的有利条件。②就算有些工人失业，也完全可以轻易解决。例如，对于失业增加完全可以通过去掉出口退税节省的资金实施补贴来解决，2012 年和 2013 年全国出口退（免）税都超过万亿元，要是有几千万失业者，用这些钱照发工资都够了，经济再减点速也划得来。实际上本币低估造成的汇率补贴比这多几倍，转化为对内劳动补贴用不完。

7.2.4 坚守平衡性财政、货币、外贸、外资政策

经济发展的根本途径是科技创新，其他途径还有机制创新，管理创新，发现和生产新的可用资源，在经济、生态和社会发展的统一中提高消费水平，但不包括货币类的刺激手段。

赤字财政政策只有在特定情况下才是必要或利大于弊的，主要是在经济负增长或经济急剧下滑的危机爆发时期，对于救济性补贴、适当的救急性注资，以及小量的政府投资，可以短期扩大政府支出。但为了防止通货膨胀、资源浪费、逆向再分配和债务危机，在长期中应实行平衡性财政政策，一般不应使用积极的财政政策强拉增长。

出现通货膨胀，可以实行紧缩性货币政策，在经济危机爆发期间对有挽救价值的企业注入资金，可以缓解经济的连锁性下滑，但任何时候都不必实施扩张性货币政策，因后者在萧条时期对恢复经济没有作用，而在非萧条时期加剧过剩和通胀。

正确的货币政策原则只能是适应性的货币政策，即相机调节货币量、利率和汇率使它们与经济运行相适应，与其他经济变量相协调；所谓协调、适应就是在市场需求和资源环境约束满足的条件下，金融变量在宏观上符合实体经济需要。[①]

为防止巨量外汇储备带来的资源外用、财富外移、资源耗费、通胀压力和贬值风险，国际收支必须坚持基本平衡原则而不是 GDP 最大化，外汇过多时就要使本币升值或停止收购外汇以使汇率向均衡汇率波动，大幅削减出口退税，有时出现一些逆差也应视为正常。对外资应根据其带来的经济净收益与资源环境损耗的对比，以及是否具有比内资更高的科技含量决定对其是否鼓励支持。

7.3 推进生态文化建设，强化生态保护和生态生产

7.3.1 推动合理消费、科学消费与生态消费，遏制盲目增长的市场需求

1992 年联合国环境与发展首脑会议《21 世纪议程》曾提出："消费问题是环境危机问题的核心"，"解决全球环境危机问题，必须从改变消费模式入手"。为此需采取多方面措施。

（1）倡导先进的人生观、生活观。要塑造社会主义生活方式，引导人们从单纯注重物质追求到注重人自身的发展，把工作、创造、奉献、责任感、自我实现当作比消费更重要的人生价值。

（2）培育生态价值观和生态道德伦理。培植生态完整性、和谐性的价值观念，倡导对大自然的尊重感和道德责任感，引导社会成员文明地对待自然界，用生态伦理道德约束自己的行为。

（3）提倡节约，反对浪费。据胡润研究院的《2012 年千万富豪品牌倾向报告》，中国 503 名资产过千万元的富豪平均年消费 173 万元，拥有 3 辆劳斯莱斯级别的豪华座驾、6 块与江诗丹顿齐名的顶级手表、平均每年出国 4 次。据推算，中国每年浪费的食物接近全国粮食总产量的十分之一，最少倒掉约 2 亿人的口粮。奢华浪费的宴请成为不少人撑面子、讲排场、体现热情的表达方式。国外也有类似现象，如

① 李济广：《扩张性货币政策批判：货币政策传导机制的无效性》，载《财经科学》2013 年第 3 期。

德国每年被当作垃圾处理掉的食品高达 1 100 万 t。为遏制浪费，国家的文化建设应把有节制地吃穿住行作为社会的基本理念，倡导节俭和朴素；要遏制诱导冗余性消费的商业公告，对奢侈性、浪费性消费公开批评，对浪费能源、破坏环境、浪费消费品的行为实施惩处；减缓电子产品和汽车产品的升级换代，提高水、热、油、电、气价格。

（4）推进生态消费与科学消费。生态消费是不对生态环境造成危害的消费行为，主要表现为注重消费那些消费品本身及其生产过程是绿色环保型的商品如天然性食物和自然疗法，消费品过程不对环境造成伤害。科学消费以生活本身为目的，是为了人更好地生存和健康而消费，而不是注重口腹之欲，不为外在物欲所迷惑。应开展生态消费、科学消费的实践活动，如对室内温度调节，夏季下限规定为 25～27℃，冬季上限规定为 18～21℃；大力倡导以植物性食物为主要食品的科学、节约的生活方式。

7.3.2 强化生态保护，遏制非正常的经济增长

（1）严禁以优惠办法招商引资。国有土地出让严格实行招拍挂和市场价。禁止地方政府以减免税和补贴的办法低效招商引资。土地监察和税收执法要对违规者严加处罚。

（2）提高资源类税税率，强化资源类税征收。鉴于我国是资源严重短缺（进口）国家，资源税税率必须高于资源富国。对收益率高的资源性企业征收超额利润税，或资源国营统一制定销售价。资源产品不实行出口退税，对重要而紧缺的资源产品征收出口税。树立“土地增值归公”观念，改变土地增值税似征非征状态，严格征收土地增值税。提高土地税税率。

（3）提高对环境压力大的消费品的消费税税率，扩大消费税征收范围。提高乘用小汽车消费税和汽油消费税税率，提高的程度是：通过提高税率，空气质量明显变好，交通堵塞情况基本解决。还应对私人潜艇/游艇、私人飞机、别墅、一次性饮料容器、过度包装材料和耗能严重产品等征收消费税。

（4）提高污染性投入品税率。巨幅提高饲料添加剂（激素、安眠药、廉价抗生素、尿素等）的税率，直至养殖鸡、鸭、鱼、牛、羊的经营者使用添加剂饲养难以盈利。大幅提高植物生长激素、化学氮肥、化学农药的税率，促使经营者合理使用

化肥农药并转向绿色种植。

（5）提高排污标准和排污费费率，确保违规受罚。排污收费标准须高于污染治理成本，或提高排污费费率直至环境状态令人满意。对高污染行业落后产能和严重污染区域煤炭消耗加大税收遏制。对超排、偷排、累犯加重处罚，构建环境公益诉讼和污染损害赔偿制度，建立环境污染刑事责任追究制度，惩处政府官员为保增长而放宽环保要求的做法。

7.3.3 将更多资源用于生产生态财富，而不是过多地用于增加 GDP

（1）提高绿色补贴和环保支持的力度。对环保技术的开发和使用、重点地区的环境治理、污染削减的技术改造、农村生态环境、绿色消费、城市绿化等应给予较多的财政支持、信贷支持、利率优惠和上市优先的支持。例如，对低毒、低残留农药，农业节水灌溉技术等要多予资助。此外，要完善环境治理和生态修复制度。

（2）突出支持生态化农业。“现代化”方式养出来的家畜、家禽、蔬菜、粮食既失去风味，又增加有害风险。连我们天天吃的蔬菜也要靠激素催大。其隐形危害不是农业专家能够轻易检测出来的。但国内外生态农业在技术上都不是难题。在河南安阳，中科院蒋高明及其课题小组有 1 万亩的有机农业推广田。若用农药防虫，不计农民生病后的健康代价，人工成本加农药费每亩为 445 元。而采用物理+生物方法，算上电费、人工费和工具费用，合计每亩为 58 元。亦即生态防虫的成本只有农药防虫成本的 13%。[①]在山东平邑，蒋高明和他的课题小组严格不使用化肥、农药、农膜、除草剂、添加剂、转基因技术，用诱虫灯、网捕、天敌办法等来灭虫；青贮收购的秸秆用来喂牛，而用牛粪代替化肥，加上沼气肥料和其他有机堆肥，解决了肥料问题；此外，还使用综合增产技术如深耕碎土、有机肥还田等，实现了“吨粮田”的突破。在实验地段，有机肥养地 3 年后，完全不用化肥、农药、除草剂，玉米实际产量比化肥农业提高 14.5%。这说明，生态农业加上适度的农村合作化，完全能生产出健康的食品来。但大规模推广还很难，因为务农不赚钱，农民纷纷放弃耕种而进城打工，生态农业队伍是老人和妇女[①②]，农药太便宜，农民不愿人工除

① 蒋高明：《中国农业的生态化图景》，载《绿叶》2013 年 1&2 合刊（总第 175 期）。
蒋高明：《生态农场纪实》，北京：中国科学技术出版社，2013 年版。

② 蒋高明：《“六不用”换回吨粮田》，2012 年 1 月 21 日《新京报》。

草，另外向生态农业转型还需要一定的过渡时间和技术，需要精工细作，一般农民不愿等，不会做。为了提高食品质量，保障国家粮食安全，我们要取消化肥农药补贴，向西方学习，对（生态）农业实行巨额补贴，大力扶植生态农业发展。

（3）大力支持绿色能源。虽然绿色能源难以一蹴而就，但可以节约不可再生资源、减少污染、增加需求（如动力车）、减少能源的对外依赖和价格波动风险。据说世界上有约 89 个国家确立了可再生能源（绿色能源）的政策目标。我们要加大洁净煤技术支持力度，鼓励使用天然气等较清洁燃料，增加水能、生物能、太阳能、风能、地热能和海洋能的开发补贴。

7.4 改变官员决策的自利机制，推进经济民主

很多文章和领导讲话都提出不要过分追求 GDP，要重视生态环境、民生社保、收入差距、增长方式和物价上涨等问题，但未能认识到有力转变决策机制是克制增长主义不可缺少的前提，这使上述问题的有效解决大打折扣。

7.4.1 加强领导干部的生态绩效考核和社会绩效考核

如果对领导班子不考核经济增长指标，主要领导抓经济的干劲也不会太差，反而可能趋于正常。如果要统计和公布经济增长指标，与国内生产总值相比，去掉物质消耗的国民生产净值和人均国民生产净值是正确的综合性指标，自主创新、农业综合生产能力等问题也应加以考核，而出口增速、投资增速、上项目数等市场行为则不能进入领导个人述职、领导班子成绩考核和政府工作报告中的政绩部分。考核领导班子经济政绩要进行客观分析，把经济发展速度与本地区客观条件及其变化、国家地区政策和产业政策及其变化对本地区的影响结合起来，把现实发展与发展潜质结合起来，考虑本地区创新对国家的创新、生态和实力的贡献。

与其公布和考核经济规模增长指标，不如公布和考核生产力即包括生态效率在内的经济效率指标。衡量资源总投入与总产出关系的最综合性的效率指标是资产净增加值率（净增加值/资产总额），也叫“社会贡献率”。类似的指标还可有“单位净增加值成本”、“单位成本净增加值率”、“销售额净增加值率”。至于专门的生态效率指标则有很多，如单位资源（如标准煤）所取得的净增加值、单位增加值综合

能耗、单位增加值占地量、耗水量、原料消耗量。此外，还应考核生态环境状况指标，如废水废气排放达标率、污染物排放削减率、废渣综合利用率、平均就诊频率、职业病发病率，尤其是水和空气质量指数等。

国民经济核算要进行生态核算，要编制与公布各级生态平衡账户，包括资源收支平衡账户、环境收支平衡账户、资源资产负债表、环境资产负债表。在此基础上进行生态文明分析。

社会发展的考核需进一步科学化。如政府工作报告及政绩考核要淡化人均收入指标而重视收入差距、财产差距指标，要考核与公布职工和资本在增加值中各自所得份额，不要讲社保参保人数而要讲社保覆盖面和保障程度；要考核健康指数、幸福指数、劳动时间、员工满意率、员工稳定率和公共服务发展等。

7.4.2 加强转移支付、规范财政支出

为了消除财政压力这一盲目增长的借口，中央对地方的刚性财政支出要予以充分保证。为使各地区财政支出趋于均衡，在确定财政转移支付数额时，测算地区标准财政收入应摒弃基数法，严格按经济状况、标准税基和标准税率测算各地区标准收入，按影响支出的客观因素测算地区标准财政支出，并将政府各部门的专项拨款尽量纳入转移支付。为减缓财政收入角度的不合理增长冲动，应取消定额补助（或上解）和超基数税收返还，特别是要规范地方领导的个人收入和职位消费以切断地方经济发展水平与主要领导个人收入、职位消费的关系，规范财政支出程序以防止地方主要领导根据个人效用滥用增加的财政收入，还要对财政支出的效率进行评估。

7.4.3 加强经济建设中的预防腐败制度建设

为抑制过度招商引资和冗余基本建设的腐败动力，除群众民主制约外，要在领导层实行集体领导，实行项目方案党委全委会和人大票决制；为防止领导打招呼起作用，政府审批可取消个人决断制，审批事项分别改为登记制、抽签制、“价低者得”的竞标制（不评标）、双匿名票决制、异地异行业评委会评审制，评审材料长时间公开制。

要坚决禁止领导干部家属子女（普通干部家属子女不在本行业）经商办企业，以防止政府的经济举措向企业主利润和企业增长倾斜。制止领导机关粮、菜、水、气搞“特供”，主要领导干部配偶、未成年子女及本人卸职后一般不得移居国外，减少主要领导频繁调动，以增强领导干部的生态紧迫感。

7.4.4 推进经济民主

西方历史表明，当污染非常严重的时候，往往是政府和私营企业之间存在强有力支持关系的时候。在美国和欧洲，公民的行动再加上非政府组织（NGO）将这些行动组织成大众绿色运动，才真正推动了政府的改变。[①] 1992 年联合国《21 世纪议程》就提出，要实现可持续的发展，基本的先决条件之一是公众广泛参与决策。只有决策民主才能实现生态制约下商品经济最佳发展速度的基本均衡条件，即人民群众觉得增加某一商品生产带来的经济社会福利或幸福，大于这一商品生产消耗的生态成本损失的生态福利或生态需要，这一商品生产才是值得进行的，否则就应允许按人民意愿经济减速，如空气或水问题严重时就要关闭一些生产消费排污源。

多要一些空置房、小汽车和大项目，从而增加一些 GDP 和个人物质财富，还是多要一些空间、绿化地、$PM_{2.5}$ 较少的新鲜空气、较低的城市温度，以及少生病、多活几年？如果人民选择，就不难实现社会总福利最大化并提高普通群众在总福利中的份额。

社会主义国家构建执政党与群众民主权力之间的张力是社会主义事业长久巩固的必要条件，也是解决好生态问题的必要保证。从根本上遏制腐败、确立科学经济决策机制的政治体制改革可行而必要的途径，是在确保执政党在思想、军事、治安和国家层面的政治等方面绝对领导的前提下，实行直接经济民主和基层民主，以及组织上党的领导与民主机制双向制约。主要包括：

（1）国家机关层面经济决策的民主制衡。重要经济政策应由中央提出，在公众讨论的基础上由党代会而不是由应为执行部门的行政部门甚至个人决定，经济法规应由人大经济委员会而不能由行政部门组织起草，经济措施和财政货币政策由行政

① 兰晓萌：《空气污染和中国模式》，2013 年 2 月 16 日《华夏时报》。

部门和人大代表建议，经公众讨论、人代会审批后执行。人大代表的经济提案不能仅仅交由被监督者行政部门随意处理，比较正式的应由人代会表决，通过即为法案或决议而必须执行。财政支出各项目预算、较大建设项目方案、举债支出等都应附具体说明，由人代会会前审读、会中讨论、分项表决，不能笼统地表决政府工作报告。

（2）社会层面对经济决策的民主制约。要通过互联网、公开栏、报刊、征求意见表等形式，把经济举措、财政预决算细目、投资项目申报材料、领导任免考核、环保法规、生态措施、排污许可审批、污染治理验收、环境违法案件等问题面向社会公开；畅通投诉渠道；建立非政府组织参与、民意调查、开放的听证会、环境谈判、对经济举措和项目及政府举债等实行公民投票表决等制度。

（3）国有经济和国有事业单位的民主管理。国有资产监管委员会和国有企事业单位领导者换届应由所有者人民群众与党组织数倍差额双向提名、双向遴选；各类公有企事业单位应由所有者大会、不担任领导职务的群众组成的职工代表大会、群众大会和职工管理委员会行使重要决策通过权，直至直接管理权。

（4）干部晋升中的民主机制。对各级主要领导干部（如书记市长院长校长）考核进行民意测验时，参加者必须是普通群众而不是该领导干部的下属干部。其他领导干部考核民意测验应由群众而非中层干部或下属人员对其负责的某领域工作的评价为准。人大经济委员会要由党组织确认其拥护社会主义、非官员非富有群众为主体、竞聘或多倍差额选举产生。

7.5 坚持公有制和公有性为主体

资本逻辑与生态逻辑的矛盾要求人类社会遵循生态逻辑的要求，抵制资本逻辑的无限扩张，使得经济发展朝着保护和改善生态环境的方向发展，并为从根本上解决增长逻辑与生态逻辑的矛盾以及增长逻辑与社会逻辑的矛盾创造良好的社会制度条件。

马克思指出：“这种共产主义，作为完成了的自然主义，等于人道主义，而作为完成了的人道主义，等于自然主义，它是人和自然界之间、人和人之间的矛盾的真正解决”。[①]正如陈学明所说，“目前所出现的生态问题，说到底还是一个社会制度的问题”。“在马克思看来，反对资本主义还有一个重大理由，这就是他认为这也是一个促使一些人无止境地盘剥自然，造成人与自然之间对抗的制度。我们所面对的现实世界也无情地告诉人们，只要资本逻辑占有统治地位，只要是为着最大限度地获取利润而生产，就不可能从根本上消除生态危机。”[②]

公有制经济以人民生活需要为目的，有利于合理地控制投资的利润冲动，能更好地控制生产过剩经济危机造成的资源浪费，有利于按计划地节制资源的使用，保护环境，有利于合理安排经济增长与劳动时间的关系，实现全面发展。因此，发展公有制并真正贯彻公有制的原则是建设生态平衡的制度基础。当然这以公有制经济形成公有性的体制即民主决策体制为前提。

7.5.1 大力发展公有制经济，增强公有制经济的公有性

为了使国有经济的数量满足社会主义制度公有经济为主体的要求，不能只有发展非公有制经济的政策措施，要制定发展公有制经济的政策措施，应要求各级政府领导干部努力搞好公有制经济，将公有制经济的发展和效率列入考核范围。在公有制经济不占主体而需要加快发展的情况下，领导者不能将私（民）营经济增长和外资利用数量当作工作成绩、工作规划和施政纲领，不能对非公经济的发展领域毫无限制。在多种可能的产权选择中，能使用公有制程度高的，就首先采用公有制程度高的，不宜采用公有制程度高的就选用公有制程度较低的，最后选用非公有的。应主要以国有公益的形式发展教育、医疗和文化事业。

国家或社会所有的含义在于社会成员获得收益权和最终支配权，以及必要的占有使用权和监督管理权。所以，国有经济要保证公有性就要实行人民决策，这有利于把人民群众的包括生态福利在内的社会总福利最大化作为经济增长的目的；要确保公有性还需要弱化“自主经营、自负盈亏”原则，割断企业领导层的报酬与企业利润量的相关性，以淡化企业盲目追求增长的逐利动机。

---

① 《马克思恩格斯全集》第四十二卷，北京：人民出版社，1979 年版，第 120 页。

② 陈学明：《资本逻辑与生态危机》，载《中国社会科学》2012 年第 11 期。

7.5.2 坚持资源财富的公有性，确保环境财富的共享性

2012 年“里约+20”联合国可持续发展大会提出的新概念是绿色经济（褚大建，2012）。“里约+20”大会绿色经济的 3 个关键问题代表了国际上生态经济理论与政策研究的基本主张：强调经济增长要控制在关键自然资本的边界之内，将“公平”或包容性变成与传统经济学中的“效率”同等重要的基本理念。“公平”与“效率”结合的最佳道路是社会主义公有制。

在资源环境领域完全实行公有制，而且是国有制或全社会所有制，有助于统筹解决好资源的有计划平衡利用，有助于消除生态享用和污染承受上的不平等。农村土地制度改革的最佳选择是土地国有化，因为土地国有利于对土地进行总体规划、征收与监管；在国有土地上发展城镇化，可以做到成本低廉，进展迅速，免生征地纠纷，低成本地推进规模化经营和城镇化；可以保持土地财政的持续性和重大作用；可以防止少数城郊农民靠土地增值大发其财而多数农民收入过低，同时也是实现共同富裕不可缺少的条件。全社会公有性可具有不同层次，首先，国家应保留原来的对集体土地的最终支配权、征收权和监控权。其次，通过多种途径确立国家的所有权，如国家采用农业财政补贴换取所有权、直接收购获取所有权、城市户籍吸收就业换取所有权的方式实现土地国有化，然后实行国有民营，承包、租赁给集体、合作社和农民个人，通过征收的级差地租（困难者和劣地免租）和土地增值税加大对农民的支持，用于提高农民和进城务工人员的社会保障水平、农村社会救济水平或用于其他农村建设。最后，根据条件向高层次的公有制比如国有农场的方向发展。工商用地和商品房（尤其是两套以上）用地的使用权到期应续费，并交纳土地增值税和超额累进所得税，将土地增值收益大部分收归国家。城市拆迁补偿时超过一定面积以上住房的增值额应主要归国家。农地征用时对失地农民在给予住房、农业收入补偿、纳入城镇社保体系的条件下，土地增值收益也应归国家。

7.5.3 对私有经济增添公有性，加强资源使用的计划性

资本的反生态性要求我们必须对资本破坏生态的作用加以限制，将资本对自然的伤害降低到最低限度。所有制的最终实现是剩余的分配，改变所有制经济的收入

分配关系，也等于改变私有经济的所有制成分。大大提高私有企业劳动报酬占企业新创造价值的比重以便让职工分享企业的利润，使社会保险达到较高的水平，对高收入者征收税率较高的个人所得税，推广民主管理，都等于为私有企业增添公有因素。搞好社会保障和社会福利，开征税率较高的遗产税及财产税，则是在社会范围增添公有制的成分。对于私有商品生产增添公有性，可以使其营利性扩张冲动得到不同程度的缓解，弱化企业滥排污、偷排污、制造污染食物的动机。把医院变成纯粹公益性的，也可防止医疗机构过度检查、过度用药、过度手术。加强资源使用的计划性调节，是对私有制经济盲目性的限制和引导。总之，在发挥资本作用的同时，要通过人民群众的价值选择，尽量消解非公有资本的负面效应。

7.5.4 推动经济与生态的全球治理，把世界大同作为解决生态问题的根本出路

很多生态问题具有全球性，人民群众只有把整个地球从增长主义的损毁下解放出来，才能彻底解决单一国家的生态问题。人类大同不仅是在全球范围建设高度的生态文明的根本途径，也是顺利发展生产力、实现社会平等和真正民主的根本途径。我们要与资本主义国家推行的资本主义“普世价值”、“和平演变”和“颜色革命”的战略针锋相对，力所能及地推进共产主义这一“普世价值”。我们要争取“全世界劳动阶级性质的左翼政党联合起来，全世界劳动阶级性质的左翼工会、马克思主义和左翼性质的学会、媒体、论坛联合起来，全世界劳动阶级和左翼性质的运动联合起来。”[①]中国作为最有力量的社会主义国家，在思想上、政治上、组织上、经济上、军事上，适时支援世界共产主义运动，是题中应有之义。

虽然世界大同的实现是一个渐进的过程，但经过马克思主义组织的努力，在世界上，生态马克思主义思想、科学生态社会主义的纲领，也就是高层次的公有制理想将逐渐得到实现。在当前，我们要努力争取公有因素以不同形式逐步增加，即国有企业增加，财产和收入分配状态改善，生态与经济的国际调控力度加大。在未来，要让资本主义市场经济制度得到根本改变，让商品交换更多地让位于产品交换和计划交换，让私人利润追求越来越多地让位于社会对人民需要满足的追求，从而使人

① 程恩富：《世界社会主义的未来取决于国际无产阶级有效联合行动》，载《国外社会科学》2012 年第 5 期。

们的物质、文化和生态生活变得更加美好。

7.6 坚持科学的城镇化道路

城镇化是影响我国经济发展的重大因素。城镇化工作要做到效果尽可能好，代价尽可能低，必须保证政策措施科学，而政策措施科学有赖于精准地明确城镇化的目的。把城镇化的目的归结为扩大需求、拉动经济增长，角度是不够准确的；对城镇化的作用仅谈到有助于调整结构、发展服务业、扩大基础设施投资、提升就业和创业、产生集聚效应等，不仅不够全面，也未涉及实质。根据社会主义经济的根本目的，城镇化的宗旨就是提高城乡人民的生活水平，首先是提高农村居民的生活水平或福利水平。生活水平或福利水平既包括物质生活状况，也包括在生态生活、社会生活、政治生活、工作生活、文化生活领域中生态需要、公正需要、民主需要、发展需要、享受需要满足的状况。为了更好地实现城镇化的目的，必须尊重客观经济规律，实施城乡协调、节约环保、利益共享的城镇化。

7.6.1 实施城乡协调的、适度的城镇化

农民进城是为了获得更高的收入，进而提高自己的生活水平，然而进城之后能否提高自己的综合生活水平却不一定。一般而言，农民进入城镇后，吃、穿、住、行、医的费用都提高了，而且不进入城镇也有可能提高生活水平。进城还有很多副效应，如交通比较拥挤、污染往往严重、不易吃到有机食品、住房面积缩小。那些半城镇化进城务工人员境况更差，来自一线的全国人大代表刘丽说，2.6 亿农民工可以用 3 句话概括：农民的身份，干工人的活，过流浪者的生活。按联合国的统计，2010 年中国城市中居住在贫民窟的人口比例占到 28.2%。[①]。而且一些人远离家庭，带回去的钱比在家乡的收入多不了许多。为了保证城市化的效果，防止城市病积聚社会矛盾，必须根据城市的接纳能力、进城农民得到妥善安排的程度合理把握城镇化的速度和程度，也就是根据城市化的质量和效益，实施适度的城镇化。

---

① 张然：《社科院发布首部国际城市蓝皮书 大城市步入“城市病”爆发期》，2012 年 2 月 10 日《京华时报》。

与农村相比，城镇中人均的车辆、菜市场、地铁、饭店、能源、水等耗费，治安和城市管理等服务成本，垃圾处理等费用等比较多，所以，城镇化虽然带来经济福利增加，但除土地外人均消耗的资源也比较多。城市人口过度聚集，还会给新老居民造成污染等压力。因而，城镇化的速度还要在对生态不造成显著冲击的前提下，量生态承载力而行。

在衡量城镇化的净收益从而把握城镇化的进度时，还要在城镇化的收益中减去进城农民离开农村失去的正效用。进入大中城市后，农村中密切的人际交往，恬静的自然美景，可口的田园菜蔬，甜甜的空气和水，开阔的原野和田园风光，优质特色绿色农产品，有一个小院的砖瓦房庭院，都享受不到了。一些家属子女还成为留守妇女儿童。如果努力缩小城乡收入差距，提高乡村的信息化等基础设施水平，解决好农村垃圾处理和燃气等问题，用高薪吸引人才的办法提高农村医疗和教育水平，即使农村人均收入低一些，农村人的生活水平也将与城市人综合生活水平差不多。

把握城镇化的度，还要注意到保留较多数量农村及其生产生活方式的必要性。首先，较多的劳动力留在农村，可以为农业精耕细作、生产绿色食品奠定基础。其次，尽量维护原有的农村社区和进城人员的土地承包权，可以将农村作为人口和劳动力的“蓄水池”。从目前中国经济发展的情况来看，进城农民中的很大一部分很难在城市安居乐业、持续居住，应当为他们很容易地回到农村和农业保留条件。再次，在经济萧条时期，有弹性的农村社区也可以吸纳临时失业的农村进城人员。因此，只能对那些在城镇确实可持续居住的人口实行“土地换户籍”。最后，维持农村居住方式有利于农业生产。如果为了政绩和官员私利而赶农民上楼，消灭平房农舍院落，让农民向聚居区集中，不仅造成农业循环链断裂，而且失去了庭院经济的收益，由于远离田地、无法安置农具和牲畜而使生产困难。

总之，不必与发达国家比较城镇化的比重，尤其是要注意防止高成本的大城市化比重过高。但同时，农村本身也要最大限度增添城市文明要素，在重视城市文明的同时不忽视消除“农村病”。要使农村在保留农业社区特征的前提下增添城市文明的因素，在第一产业的基础上增添第二产业和第三产业的成分，要让农工商、教文卫一体发展，小城镇与现代农村紧密衔接、相互融合。

7.6.2 实施节约的、环保的城镇化

近代城镇化是第二次产业大发展并从第一次产业分化出来的自然结果，在城镇的第三次产业中，流通部门的发展规模，应符合第二产业创造的物质产品交换需要；生产服务和生活服务部门的发展规模，应取决于物质生产部门对生产服务以及一定物质生产力水平下居民生活服务的需求。因此，脱离当代生产力的主要载体工业而先造城，后集聚企业和人口，以及“大力发展第三产业”，是违背经济社会发展规律的。可以说，“城镇化可以拉动经济”是对的，但是，“把城镇化当作拉动经济的战略”则是不准确的。正确城镇化的道路，基础工作是在市场、生态约束下，发展可持续性的工业，同步实施信息化，带动农民稳定就业，由此带动服务业的发展，政府随之搞好公共服务和社会保障等工作，在此过程中，“城”和“镇”自然形成和扩展。

靠城镇化拉动经济，必然违背城镇化的发展规律，造成极大浪费。过去的做法恰恰如此。在一项调查中，被访者 45.9%认为目前所见的地方将推进城镇化的目标重点放在“抓建设工程、建示范城镇让城镇变得更现代”方面，而在多数民众最关心、最希望城镇化带来的“发展特色经济优势产业”、“完善城镇社会服务功能”和“提供更多就业机会”等方面，实际工作的推进力度并没有得到被访者的认可，选择比例分别为 17.3%、13%和 8.4%。[①]。不少地方小城镇建起来了，县城新楼鳞次栉比，但空空荡荡，给农民提供的就业机会寥寥无几。如果重蹈覆辙，继续走大占耕地、大搞房地产、大拆大建、大造空城的城镇化之路，将消耗大量资源，同时使许多农民失去耕地却没有稳定工作、没有市民待遇，并引发拆迁、占地补偿中许多社会矛盾。

靠城镇化拉动经济不仅引发“造城运动”，还将形成钢铁、水泥、机械设备等许多行业较高的需求，从而拉动这些行业形成较高的生产能力。一旦大规模城镇化及其基础设施建设不得不减速，这些生产能力将形成严重的产能过剩，产生更多浪费。急躁冒进的城镇化运动还必将为此而大举借债，一旦政府债务负担过重就将难以化解，社会发展所需财政开支需要也就得不到满足，最终发生严重的通货膨胀，

---

① 杨玉华、李松、张展鹏：《我国城镇化推进面临难题》，载《半月谈》2010 年第 24 期。

直至引发经济社会混乱。

今后的城镇化并不需要新建多少房。我国的闲置房数量极其巨大，但是往往被掩盖，为了消除这种巨大浪费，防止以后继续发生这种巨大浪费，必须清除而不是增加闲置房。如要在房地产实名制、产权登记联网和住房普查的基础上，对超过一定面积的第二套住房如闲置须加征空置税，合并计算一定面积以上的第三套及以上住房如闲置半年以上实行低价征收、征用或拍卖，或课以超过增值率的闲置税。

与此同时，商饮服务业和金融业的网点设施必须与人口数有一个恰当的比例。目前，许多大小商店饭店顾客稀少，其建筑也是一种极大的浪费。动辄以就业创业为由鼓励新办企业有违生态节约原则。

除了节约资源，还必须严格环境标准。要对城镇化新聚集的企业提出更高的排放要求，对新的建筑提出更高的节能低碳要求。应为城市划出宽敞笔直的走廊作为"风道"，并高密度绿化，以便降低城市热岛效应。国家要制定法律，强制各地资源循环再利用，确保水质量，统一制定清洁空气法。必须减少小汽车的使用：分级征收较高的过路费、停车费和交通拥挤费（而不搞单双日限行），限制车辆牌照（并要竞拍而不是抽签），增加公交、自行车专用道与步行街，发展节能、低污染的轨道交通。此外，新城区建设尽量放在废弃的老工业区和荒山坡地。[①]

7.6.3 实施以公有为主的、利益共享的城镇化

科学发展要求发展成果人民共享，发展成果人民共享的最基础条件是公有制。例如，转为市民的农民的承包地和宅基地等资源退给所有者的村集体效果最佳。这些资源无论是由集体经营，还是交给其他农民经营，其资源收入都可以增加留下来的农民的收入，从而缩小城乡收入差距。如果将这些资源"流转"给资本所有者，不管是外来的，还是本地的，都会将地租和利润赋予少数人，使城镇化的红利扩大收入差距。因此，在城镇化的过程中不能通过长期"流转"搞占有权、使用权、收益权上的土地私有化。

对于没有进城的农民，更不能把其土地变相剥夺。如果让外国资本或房地产商入主，农民又难以得到很好的可持续性安置，同样是很危险的，至少不利于缩小收

① 仇保兴：《新型城镇化 从概念到行动》，载《行政管理改革》2012 年第 11 期。

入差距。目前，很多分散的地块和分散的经营项目适合家庭经营，很多收入较低和劳动时间不规则的项目比较适合对收入要求不高的年老体弱的劳动者经营，很多项目由集体经营能灵活地安置农民就业，而如果将土地流转给私人企业，老弱病残和一些本地劳动力将被排斥在就业之外。许多进军农业的私人企业获得了大量的财政补贴，如果将这些补贴补给弱势农民，则将有助于缩小社会贫富差距。

城镇的扩展也可以较多地利用公有性手段。城镇化过程中土地的增值是社会发展造成的，其增值的价值是其他领域劳动者创造、经土地（使用权）和商品房销售转移过来的，因而土地增值应基本归于社会，原土地使用者只要获得居所、社会保障和少量的农业收入补偿，就不应获得过多的非劳动性土地增值收入。此外，城市化的产业集聚不能只讲发展“民营企业”和吸引外资，根据国家基本经济制度，要尽力发展有利于共同富裕和人的发展的国有经济。在资金允许的情况下，城镇的工商用房完全可以由政府或国有企业修建，租给需要的企业，而资源性企业、公益事业和城市基础设施更需确保国有国营。

保证城市化的健康性必须平衡城乡居民之间和城镇居民之间的利益关系。大城市利用行政手段支配资源，建立高档次的城市形态，保证现有城市居民的高福利，而农民既被吸引进城，又不能充分享受教育、社保、医疗等福利，住不上房，导致内涵残缺的城镇化。“北上广”集中了最好的事业发展机会、最多的高收入机会、最优质的教育和医疗资源，刺激了人口的大量流入，不仅形成了人际差距过大的城市二元社会，造成了畸高的房价，也造成了雾霾严重，水源匮乏，还使很大一部分生命浪费在上下班的途中。在一定程度上，高污染、高房价等是高福利的产物。如果城市化伴随着贫富悬殊、消费抑制和生态紧张的加剧，那就与城镇化的目的事与愿违。因此，必须消除大城市的福利特权，少盖点楼，少修点路，解决好进城持续居住者和乡村农民的教育、社保、住房、医疗等问题。在户籍方面，鉴于地方政府反对户籍放开的态度，户籍改革必须由全国做出统一具体规定。过去的原则是地市级以下户籍完全放开，再稳妥一点并为了易于使政策得到落实，可以小城镇完全放开，大中城市对可持续居住人口放开（不是取消户籍），特大型城市只对长期居住人口和特殊需要人才放开，对无户籍常住人口给予教育和医疗保障的平等待遇。

目前，房产增值成为中国城乡之间以及城镇多房户、少房户和无房户之间财富差距惊人拉大的突出原因，对此，应树立共同富裕观念从而坚定抑制房价、抑制住房投资的决心。要对住房超过一定面积以上的部分征收与房产增值率接近的土地增值税，或超率累进的土地增值税加高税率的超额累进所得税，人均与户均综合计算，使多拥有的住房像存款一样难以获得房产增值收益（可以获得房租），并加征遗产税。德国对卖房差价征收高额税费，如买房后一年就卖，差价的95%由国家收走，5年后卖差价的55%由国家收走。另外，应破除房产开发公司的垄断，大力支持居民合作建房。

7.7 经济新常态与克服增长主义、建设生态文明

2014年，习近平总书记指出我国经济进入新常态，中央经济工作会议提出，认识新常态，适应新常态，引领新常态，是当前和今后一个时期我国经济发展的大逻辑。这一大逻辑是对“增长主义”的又一次遏制。但是，要把新常态的指导思想真正贯彻落实好，还需切实认识到位，随时准备克服可能出现的增长主义倾向。

正确把控经济新常态，必须科学理解我国经济从高速增长转为中高速增长的主要原因，正确认识新常态经济的主要特征，合理构建新常态经济健康发展的主要动力，而这一切，离不开对新常态经济与生态文明建设关系的把握。

7.7.1 维护生态文明是新常态经济的基本约束之一

对于当下约束经济增长速度的因素，学者们列举了不下20条。其实，制约经济增长的基本因素有两方面，即市场约束和生态约束。

就市场约束来说，只要具备市场需求，其他约束因素如要素价格上升、劳动力数量减少、发展不平衡、资源配置效率下降、投资产出效率下降、技术引进效应下降、财政货币政策运作空间减小、储蓄率和投资率下降等都不是问题，而产能过剩、出口拉动空间缩小、三大需求的拉动作用下降、全球化红利减弱等，本身就是市场问题。

但是，具有足够的市场，经济也不一定能够快速增长，因为当今世界资源环境也是经济增长的基本制约因素。多年来，高消耗、高污染换来的高增长透支了自然资源，损伤了生态福利，没有能够很好地满足人们的生态需要。面对城市缺水、河流干涸、石油高度对外依存、许多土壤板结、大量水质不达标、雾霾挥之不去，如果还是延续过去的增长方式，不仅资源系统面临崩溃，环境污染也将更加令人难以忍受。

在既定的时期，经济增速与生态状况成反向变动关系。2014 年 APEC 会议期间，北京市城六区 11 月 3 日 $PM_{2.5}$ 浓度接近一级优水平，11 月 1 日至 12 日空气质量均为优良，形成所谓的“APEC 蓝”。其代价是全市所有工地停工，机动车限行，70%公车停驶，职工调休放假，大气污染企业 69 家停产、72 家限产；周边 8 个以上城市汽车限行，公车 70%封存，天津部分地区停止供暖，河北省 2 000 多家企业停产，1 900 多家企业限产，1 700 多处工地停工，山西、内蒙古、山东省污染行业也停产限产。瑞士信贷估计，这种措施可能使中国工业增加值同比增速从 9 月份的 8%降至 7%～7.4%。这清楚地说明，在今天，为了提高生态文明水平，必须得让经济以较低的速度增长。

2015 年，习近平在博鳌亚洲论坛谈到，7%的经济增量已相当可观。以此推断，5%～6%的速度似乎也不算慢。极而言之，如果有一天中国增速下降为世界平均增速新常态即 2%～3%，那难道是不可容忍的？2%～3%的速度肯定不是我们想要的，我们也会努力摆脱，但如果市场需求在一定时期造成这一速度，生态规律在一定时期要求这一速度，我们应不应当不顾一切盲目投资强拉速度？肯定是不应当的。即使失业增加也完全可以通过限制极其严重的加班加点来增加劳动力需求。没有确切理由断定中国经济的潜在增长率就是 7%或 8%。

市场约束是硬约束，市场没有了，企业自然难以扩大生产。相对而言，生态约束是软约束，生态好坏具有很大的弹性，即使生态状况已经十分严重了，生产仍然可以继续扩张。因此，突破生态防线，是新常态经济最可能遭到的破坏。坚守生态红线，最重要的是经济增长不能突破这条红线。

在今天，在既定的时期，要增长还是要生态？要更多物质财富还是要更多的生态财富？这是一个重大的选择，也是一个艰难的选择，但必须有一个正确的选择。

7.7.2 走向生态平衡是新常态经济的基本特征之一

2014 年 12 月召开的中央经济工作会议从九个方面概括了新常态的趋势性变化，其第 8 条“环境承载能力已达到或接近上限，必须推动形成绿色低碳循环发展新方式”，应是新常态经济的一个主要特征。

2014 年中央经济工作会议公报指出，经济发展进入新常态，表现为从高速增长转向中高速增长，从规模速度型粗放增长转向质量效率型集约增长，从增量扩能为主转向调整存量、做优增量并存，从传统增长点转向新的增长点。其中规模速度型粗放增长、增量扩能为主的增长、传统增长点的增长乃至高速增长都是破坏生态平衡、损伤生态文明的，是受增长主义影响的增长，而质量效率型集约增长、调整存量做优增量的增长和新增长点的增长则是有利于走向生态平衡，发展生态文明的增长，或者说，只有维护生态平衡，发展生态文明，才能实现经济新常态转向。

走向生态平衡这一新常态经济的重要特征必须通过巨大主观努力才能形成。

（1）走向生态平衡，发展生态文明，必须在经济发展中大力度限制资源使用和环境损伤。①要对生态违规行为零容忍。一个地区出现环保“越雷池”事件，要追查环保部门是否失职、地方主要官员是否包庇。②制定各项经济政策都要把资源环境状态作为约束条件。现实的世界，一旦一国经济面临下行倾向，就会推动大批项目上马，就会鼓励大面积创业，就会要求银行增加融资，就会寄希望于拉动房地产，但新上的项目不一定有市场，增加的融资不一定有效益，大量的创业不一定能成功，新建的房屋不一定有人住，而这些措施一定会消耗资源和破坏环境，都会增加过剩的产能和建筑。有许许多多的论文、财经评论和论坛发言讨论经济增长的潜力和调控措施，在这些讨论中，大多数都没有把生态损伤和生态维护作为经济增长及其刺激措施的影响因素，因而充满极大的误区。几百年的金融经济危机历史表明，金融危机的爆发总是与经济过热有关，总是与过度融资有关，总是与资产泡沫有联系，现代危机往往与房地产过热有联系；过度追求经济增长的结果，往往是经济金融的崩溃，危机不爆发也会有大浪费。一种观点认为，出现经济下滑、疲软的时候，就是用基础设施的投资作为缓周期措施的时候。[①]而一些人质疑基础设施建设过于超前和过度。不管孰是孰非，部分基础设施建设的冗余性、重复性和过度超前的现象确实是存在的。今天，“新常态”已经成为国家执政理念，研究经济增长必须自觉接受生态制约，在防止增速过快下跌导致经济混乱的前提下，不设定脱离市场和生态的增长速度目标。否则，经济发展也不可能真正进入新常态。③要有效遏制地方政府的增长冲动。为此，除加强对地方领导干部的生态考核、保证经济后进地区基本财政开支需要外，更要推进经济发展和建设项目的科学决策、集体决策和民主决策，尤其是要搞好预防腐败制度建设，制约通过上项目谋取私利的腐败行为。

① 丁蕊：《林毅夫：应该用基础设施投资应对经济缓周期》，新浪财经，2015 年 3 月 28 日。

（2）走向生态平衡，发展生态文明，必须大力创造生态产品。2013 年 4 月，习近平在海南考察时指出，保护生态环境就是保护生产力，改善生态环境就是发展生产力。良好生态环境是最公平的公共产品，是最普惠的民生福祉。[①]生态环境包括生活的自然环境，也包括提供生产要素的自然环境，如森林、草原、土壤、水流等。我们不仅要保护这些自然环境以维护生态平衡，还要改善自然环境以恢复生态平衡。改善自然环境就是创造生态产品。一方面生态产品是人类的生活环境，这些生态产品就像大米、手机这些物质产品一样，是满足人民生活需要的必要条件，而且这些生态产品应与物质产品保持平衡。另一方面作为生产力的自然环境，是制造物质产品的生产力条件，大力生产这些生态产品才能保证经济顺利增长。

7.7.3 提升生态效率是新常态经济的基本动力之一

由于“环境承载能力已达到或接近上限”，要想在环境不会更加恶化、资源不会更加接近崩溃边缘的前提下继续推进经济增长，或者需要开发新的生态产品填充资源改善环境，或者需要利用同样多的资源环境创造出更多的财富即提高生态效率。由于新增资源环境增长速度与经济增长速度相差甚远，提高生态效率就成为中国经济健康发展的前提。

新常态“质量效率型集约增长”、“绿色低碳循环发展”的核心就是提高生态效率。例如，“绿色”就是指通过节约与高效利用能源与其他资源，以清洁能源及其他减少污染、降低消耗的技术推动增长。而普及清洁能源的关键是使太阳能、生物能、风能、地热能等可再生能源和核能的利用效率大大提高，从而逐渐取代化石燃料。

提高生态效率，除了加强宏微观管理及其创新以实现对资源环境的合理使用和节约外，最根本的途径就是科技创新。实现高水平的科技创新才能大幅提高要素生产率，以既有的资源环境创造更多更好的物质福利，并创造新生态。要根本改变几十年一直没有改好的经济增长方式，需要切实扭转创新驱动机制，包括人才培养机制、经费投入机制、科技评价机制以及这些机制内含的科技激励机制。

（1）创新人才培养机制。对中小学素质教育最能起到引领作用的，是高考试题要考出素质、考出创新精神。政府教研部门和督学要着力评价学校对学生创新能力

---

① 《习近平：良好生态环境是最公平的公共产品》，2013-04-11，新华社海口电，http: //www.hq.xinhuanet.com。

培养情况。对大学人才培养，关键在于根本改变对大学的评价方式。要根本扭转组织部门、主管部门和大学排行榜的评价标准，为推动大学以求实的精神提高教育质量、克服形式主义，应取消对学校科研经费量、师资外在标识、图书量、房舍设备量、重点学科、重点研究基地、重点实验室、论文被美国检索的数量等比较，主要以一定的随机统考和学生素质考核、毕业生就业后的创新成果和受欢迎程度以及教师科研成果的质量及其对中国的贡献来评价大学。同时要正视大面积学习不刻苦的现状，推行大比例的不毕业率和留级率制度。

（2）创新经费投入机制。以项目为中心的投入推动的粗放科技发展方式必须转向成果导向的质量效率型科技发展方式。多年来，巨量科研项目经费无法正常使用和正常报销，而许多科技创新努力却得不到资助。更重要的是，知识分子创新兴趣并非十分浓厚，创新本身动力不足，而国家几乎没有对创新成果的物质奖励。对此，要形成以经费投入和科研成果奖励并重的科研投入方式。要实事求是地大幅削减对科研项目、重点学科和重点研究基地等的科研经费拨款，本着按劳分配为主、按贡献分配为辅的精神，国家基础研究和应用研究经费在扩大资助面的同时，要把二分之一用于优秀成果的较大面积个人奖励和成果的补偿性资助。项目经费也要允许用于额外劳动补贴和成果奖励。国家技术开发补贴和税收科技补贴应以创投入股和中期贷款的形式予以资助，以防止没有高水平创新或并不亟须资金的低效企业拉关系挤占科技经费，并使国家科技经费越滚越多。

（3）创新科技评价机制。高水平赶超的创新依赖于聚精会神、公正激励和资源配置合理，而这一切，离不开科学公正的科技工作评价机制。从企业到学校和科研单位，从科研立项、技术开发资助、成果评定到优秀人才认定，都必须实行不限额自由申报、申请人与评委双向匿名评审和非本单位非本系统的社会化评审、异地评审，从而使创新资源、创新荣誉、创新激励更有效地配置到更有能力、更有时间、更有毅力从事创新的人手中，杜绝大量的贿赂与变相贿赂、人情、关系以及官本位行政化严重侵蚀创新的动力和效率。如果我们不能实现高水平一流的创新，我们就不得不一再求助于投资扩张去驱动不计生态后果的经济增长。

参考文献

[1] 马克思. 资本论. 北京：人民出版社，2004.

[2] 马克思恩格斯选集. 北京：人民出版社，1995.

[3] 马克思恩格斯文集. 北京：人民出版社，2009.

[4] 刘思华. 生态马克思主义经济学原理. 北京：人民出版社，2006.

[5] 刘思华. 理论生态经济学若干问题研究. 南宁：广西人民出版社，1989.

[6] 刘思华文集编辑组. 最早创立生态经济协调发展学说和生态文明理论的经济学家——中南财经政法大学可持续发展研究中心原主任刘思华//胡茂成，张新平，李欣广主编. 世界马克思主义经济学家思想论集. 中国财政经济出版社，2010.

[7] 李欣广. 生态文明与马克思主义经济理论创新. 北京：中国环境科学出版社，2011.

[8] 余谋昌. 生态文明论. 北京：中央编译出版社，2010.

[9] E. 赫尔普曼. 经济增长的秘密. 王世华，吴筱译. 中国人民大学出版社，2007.

[10] E. J. 米香. 经济增长的代价. 任保平等译. 北京：机械工业出版社，2011.

[11] 宋绍英. 论日本的经济增长主义. 东北师大学报（哲学社会科学版），1988（6）.

[12] 李义平，柏晶伟. 警惕经济发展增长主义的弊端. 中国经济时报，2010-03-26.

[13] 李义平. 克服经济增长主义. 光明日报，2011-05-06.

[14] 李义平. 论经济增长与社会发展的失衡. 经济理论与经济管理，2011（6）.

[15] 陈彦斌，唐诗磊，阎衍，等. 中国宏观经济分析与预测报告（2011 年第一季度）. 中国证券报，2011-03-02.

[16] 秋风. 走出增长主义陷阱，提升民众幸福感. 中国新闻周刊，2011（8）.

[17] 姚先国. 转型发展如何摆脱“增长主义”. 学术前沿，2012（6）（下）.

[18] 胡元木，白峰. 简释可持续发展成本. 山东经济，2008（6）.

[19] 刘诗白. 论自然财富. 光明日报，2004-02-03.

[20] 赵正全. 论确立生态价值观与生态财富观. 岭南学刊，2008（4）.

[21] 张亚连，孙凤英，张卫枚. 企业生态经济效率与可持续发展. 城市问题，2011（6）.

[22] 顾银宽，张红侠. 生态经济效率有关问题研究. 安徽工业大学学报（社会科学版），2008，25（6）.

[23] 樊雅丽. 生态福利的引入与社会化——一个社会政策的研究视角. 河北学刊，2009（6）.

[24] 郑湘萍. 生态学马克思主义的生态批判指向. 理论月刊，2010（8）.

[25] 张剑. 论中国生态文明建设的社会主义性质. 探索，2010（1）.

[26] [德] 萨拉·萨卡，布鲁诺·科恩. 生态社会主义还是野蛮堕落？——一种对资本主义的新批判. 陈慧，林震译. 马克思主义与现实，2011（3）.

[27] 周建成. 路径选择、私有化与土地市场的演进——俄罗斯土地制度转型十五年的历程与进展. 上海经济研究，2007（3）.

[28] 孙亮. 土地，公正，农业发展：拉美与前苏联东欧国家的土地产权改革比较. 国际论坛，2006（6）.

[29] 李太淼. 构建和完善有中国特色的自然资源和环境产权制度. 中州学刊，2009（4）.

[30] 王慎刚. 土地资源公有的经济优势. 经济管理，2006（21）.

[31] 彭学农. 福斯特对新自由主义环境理论的批判路径及其特点. 理论与现代化，2010（4）.

[32] 郭建斌，张春莲，魏毕琴. 我国经济增长与环境质量关系实证研究. 知识经济，2011（20）.

[33] 张燕. 我国经济增长与就业增长的非对称性分析. 特区经济，2010（10）.

[34] 龚玉泉，袁志刚. 中国经济增长与就业增长的非一致性及其形成机理. 经济学动态，2002（10）.

[35] 潘敏，张依茹. 鱼和熊掌能否兼得？：我国财政政策效果研究. 统计研究，2012（4）.

[36] 周黎安. 中国地方官员的晋升锦标赛模式研究. 经济研究，2007（7）.

[37] 周黎安，李宏彬，陈烨. 相对绩效考核：关于中国地方官员晋升的一项经验研究. 经济学报，2005（1）.

[38] 郭广珍. 地方官员行为与经济发展：一个基于政治晋升、财政分权与腐败的文献综述. 制度经济学研究，2010（3）.

[39] 傅勇，张晏. 中国式分权与财政支出结构偏向：为增长而竞争的代价. 管理世界，2007（3）.

[40] 王孝松，高乐咏. 中央政府的激励机制与地方经济增长. 财经问题研究，2009（2）.

[41] 陶然，陆曦，苏福兵，等. 地区竞争格局演变下的中国转轨：财政激励和发展模式反思. 经济研究，2009（7）.

[42] 陶然，苏福兵，陆曦，等. 经济增长能够带来晋升吗？——对晋升锦标竞赛理论的逻辑挑战与省级实证重估. 管理世界，2010（12）.

[43] 唐睿，刘红芹. 从 GDP 锦标赛到二元竞争：中国地方政府行为变迁的逻辑——基于 1998—2006 年中国省级面板数据的实证研究. 公共管理学报，2012（1）.

[44] 杜兴强，曾泉，吴洁雯. 官员历练、经济增长与政治擢升——基于 1978—2008 年中国省级

官员的经验证据. 金融研究，2012（2）.

[45] 刘骥. 观看与表演——当代中国地方官场的晋升之道（书稿讨论）. 中国政治经济学教育科研网，2012-11-26.

[46] 郭广珍，李绍平，黄险峰. 经济发展中的地方官员行为研究——基于政治晋升、财政分权与腐败的视角. 经济评论，2011（5）.

[47] 杨其静，聂辉华. 保护市场的联邦主义及其批判：基于文献的一个思考. 经济研究，2008（3）.

[48] 张晏，龚六堂. 分税制改革、财政分权与中国经济增长. 经济学季刊，2006（1）.

[49] 周飞舟. 分税制十年：制度及其影响. 中国社会科学，2006（6）.

[50] 刘思华，方时姣. 马克思主义经济学双重价值取向理论初探——兼论建设生态文明的双重终极目的. 湖北民族学院学报（哲学社会科学版），2008（5）.

[51] 程恩富. 世界社会主义的未来取决于国际无产阶级有效联合行动. 国外社会科学，2012(5).

[52] 蒋高明. 中国农业的生态化图景. 绿叶，2013 年 1&2 合刊（总第 175 期）.

[53] 杨玉华，李松，张展鹏. 我国城镇化推进面临难题. 半月谈，2010（24）.

[54] 陈学明. 资本逻辑与生态危机. 中国社会科学，2012（11）.

[55] Mauro P. Corruption and Growth，Quarterly Journal of Economics，1995，110（3）：681-712.

[56] Susan L. Shirk. The Political Logic of Economic Reform in China. University of California press，1993.

[57] Blanchard，Oliver，Andrew Shleifer. Federalism with and without Political Centralization：China vs. Russia in Transitional Economics：How Much Progress？ IMF Staff Papers，2001，48，171-179.

[58] Wu Jiannan，Ma Liang. Does Government Performance Really Matter？ An Event History Analysis of the Promotion of Provincial in China. Ohio State University Working paper，2009.

[59] Sheng Yumin. Career Incentives and Political Control under Authoritarianism：Explaining the Political Fortunes of Subnational Leaders in China. The 10th Public Management Research Association Conference，Wayne State University，2009.

[60] Zhang Tao，Zou Hengfu. Fiscal decentralization，public spending，and economic growth in China. Journal of Public Economics，1998，67（2）：221-240.

作者本书相关论文

[1] 李济广. 土地国有制与经济发展、社会平等和生态文明. 社会科学，2013（1）.

[2] 李济广. 马克思主义所有制理论中的生态平衡和生态文明. 南京政治学院学报，2014（4）.

[3] 李济广. 马克思主义所有制理论中的生态平衡和生态文明. 人大复印报刊资料，中国特色社会主义理论，2014（12）.

[4] 李济广. 生态效率与生态福利制约下商品生产与生态生产的协调发展. 吉首大学学报（社会科学版），2013（2）.

[5] 李济广. 汇率低估、贸易顺差、外资净利用与生态文明损失. 湖南财政经济学院学报，2014（1）.

[6] 李济广. 扩张性货币政策批判：货币政策传导机制的无效性. 财经科学，2013（3）.

[7] 李济广. 扩张性货币政策：马克思主义的批判. 当代经济研究，2014（5）.

[8] 李济广. 推进城镇化需把握的三项原则. 开放导报，2013（4）.

[9] 李济广. 国有经济的使命、效率及改革. 探索，2013（1）.

[10] 李济广. 经济体制改革和公有制经济的主体地位——经济体制改革方向再辨析. 管理学刊，2012（1）.

[11] 李济广. 经济过度增长、生态失衡与“增长主义”的根源. 云南社会科学，2014（6）.

[12] 李济广. 经济过度增长、生态失衡与“增长主义”的根源. 人大复印报刊资料，国民经济管理，2015（2）.

[13] 李济广. 克服“唯增长主义” 建设生态文明. 唯实，2015（2）.

[14] 李济广. 新常态下的经济增长与生态文明. 中共天津市委党校学报，2016（1）.

后　记

世界生态形势十分严峻，我国首当其冲，以至于中央说我国环境承载能力已达到或接近上限。然而，生态问题到底为什么如此严峻？其中最重要的原因是什么？如果对此认识不清，就不可能使生态问题得到有效的解决。

人们很容易想到生态恶化是因为环保执法不严、把关不严，低碳循环经济发展不够等，人们经常提起的解决生态问题的对策，也主要是生态把关和绿色低碳循环一类的办法，相比之下，经济增长过快对生态的冲击，却往往为人们所忽视，即使注意到了，也往往只看到地方政府为追求政绩而纵容企业和项目对生态的破坏。而实际上，地方政府的政绩追求只是诸多生态破坏的因素之一。对生态破坏起决定性作用的是整个社会盲目追求经济增长，而盲目追求经济增长有着深刻的社会根源、认识根源、体制根源和政策根源。

本书具体研究了经济增长与生态的关系，具体分析了经济活动与生态成本、生态生产、生态效率、生态财富、生态福利的平衡关系，得出了商品经济增长速度的生态均衡条件，以此分析了过度追求经济增长的"增长主义"是如何违背社会总生产和人类大生态系统发展规律的，并分析了增长主义在生态、社会和经济等方面的严重危害。本书力图全面分析增长主义产生的思想认识根源、社会制度根源和体制机制根源，分析了"保增长"、"保就业"、"宽松的货币政策"、"积极的财政政策"、"投资拉动"、"刺激消费"、"大力支持中小企业"、"应对经济危机"、"发展外向型经济"、"城镇化"、"招商引资"等流行话语和工作中存在的不科学认识，由此出发系统地论证了克服增长主义的基本对策。

本书是在著名经济学家刘思华教授的具体指导下撰写的。30 多年来，刘思华教授在生态理论的一系列重要方面都做出了杰出的创造性贡献，也是首届世界马克思主义经济学杰出成果奖获得者。刘思华教授对经济增长与生态的关系有着深刻的把握，对本书提出了非常具体的撰写和修改指导意见，这对本书的顺利完成和完善起到了重要作用。广西大学李欣广教授也对本书提出了宝贵的修改意见。中南财经政法大学方时娇教授、高红贵教授、中国环境出版社的编辑同志为本书的出版付出了辛勤的劳动。

李济广